UNDERSTANDING AND HEALTH OF MULTICULTURALISM

다문화의 이해와 건강

| 박혜숙 임정희 성정혜 신승이 정정희 조귀영 허금희 허현점 공저 |

양성원

머리말

우리나라는 서구 유럽과 비슷한 형태로 외국 노동력의 유입으로 인한 이주근로자와 1990년대 이후 결혼이주자의 증가와 더불어, 2000년 이후 북한이탈주민도 계속 증가 추세에 있으며, 해외로부터 외국 유학생의 꾸준한 증가 등으로 인하여 단일민족사회에서 다문화사회의 양상으로 바뀌고 있는 실정이다.

이에 정부는 2008년 3월「다문화가족지원법」을 제정하여 다문화가족의 안정적 생활 지원을 위한 정책기반을 마련하였고, "제1차 다문화가족지원정책 기본계획"(2010~2012년)과 "제2차 다문화가족정책 기본계획"(2013~2017년) 및 "제3차 다문화가족정책 기본계획"(2018~2022년)을 각각 수립 · 추진하는 등 지속적으로 다문화가족 지원사업을 추진하여 왔다. 다문화가족정책이 결혼이민자의 결혼준비부터 정착에 이르기까지 생애주기별 통합지원을 목표로 하고는 있지만 결혼이민자의 서비스 수요와 욕구 등을 고려하기보다는 결혼이민자 사망사건 등과 같은 다문화가족 문제가 사회적으로 부각될 때마다 정부부처별로 다양한 정책과제를 발굴 · 추진해 오고 있는 실정이다.

외국인주민은 어떠한 형태로든 새로운 사회에서의 이주 생활에서 생소한 문화에 적응해야 하고, 의사소통의 어려움, 신분상의 불안정성, 경제적 어려움 등 새로운 사회에의 적응을 방해하는 다양한 요소에 직면하며, 이는 그들의 건강에 부정적인 영향을 미치게 된다. 이와 같이 외국인주민이 경험하게 되는 다양한 문제 중의 하나인 건강영역 부분을 다문화사회의 건강이라고 한다. 즉, 다문화사회의 건강이란 다문화사회 구성원에 대한 인간 존엄성의 존중차원에서 기본적으로 건강권을 보호해 주는 것이다.

이처럼 다문화사회의 건강에서 매우 중요한 역할을 담당하고 수행하는 전문직이 간호사이다. 즉, 다문화 대상자에게 건강에 대한 직접 서비스를 제공하는 간호사는 다문화대상자의 문화적 전통과 특성, 태도와 행동에 대해 지식을 갖추고 그들의 건강에 대한 다양한 관점, 행동에 따른 요구에 적절히 반응하면서 간호를 제공하는 문화적 역량이 무엇보다 필요하다고 할 수 있다.

따라서 본 책은 예비 간호사들의 문화적 역량증진을 위해 마련되었으며, 이를 위해 총3부 10장으로 구성하였다. 구체적으로 1부 다문화의 이해는 5개의 장으로 구성되었는데, 1장 문화와 다문화에서는 문화와 다문화의 개념, 다문화사회로의 이행 및 다문화사회의 진입 배경에 대해 기술하였고, 2장 다문화의 이론에서는 다문화 이론 및 다문화 관련 용어에 대해 소개하였고, 3장 세계화와 다문화에서는 세계화의 개념, 세계화의 특징 및 문제점, 인구이동 및 세계화 시대의 문화 혼종성과 정체성에 대해 기술하였고, 4장 한국 다문화사회의 이해에서는 한국의 다문화 현황과 한국 다문화사회의 문제점에 대해 소개하였고, 5장 외국 다문화사회의 형성배경과 통합정책에서는 다문화사회 통합정책의 개념 및 유형, 국가별 사회통합 정책, 외국 다문화사회의 문제에 대해 기술하였다.

2부 다문화사회와 정책에서는 2개의 장으로 구성하였는데, 6장 다문화 관련 법과 제도에서는 다문화 관련 법, 다문화 관련 제도 및 이민정책에 대해 기술하였고, 7장 한국의 다문화정책에서는 다문화가족정책의 이해, 다문화가족 주요 지원제도 및 다문화가족 생애주기별 지원대책에 대해 소개하였다.

3부 다문화사회와 건강에서는 3개의 장으로 구성하였는데, 8장 다문화사회의 건강적 접근에서는 다문화사회의 건강 개념, 생애주기별 건강적 접근 및 문화적 역량과 건강에 대해 기술하였고, 9장 다문화사회의 건강 문제에서는 결혼이주자여성, 외국인 근로자 및 북한이탈주민의 건강문제에 대해 소개하였으며, 10장 다문화가족상담에서는 다문화가족상담의 개념, 다문화상담자의 역할과 역량 및 다문화가족상담의 실제에 대해 구체적으로 기술하였다.

국내 간호사의 문화적 역량증진 교육은 2012년도 2주기 간호교육 인증평가에서 학습성과로 다룬 국제 보건 학생역량의 필요성이 대두되면서 중요성을 인지하고 국내 대학 교육과정에 다문화와 관련한 교육과정이 소수 대학에서부터 개설되기 시작하였다. 따라서 본 책을 통해 예비 간호사들의 문화적 역량증진을 향상시켜 외국인주민도 우리 국민과 같이 조금이라도 행복해졌으면 하는 바람을 가져 본다.

끝으로 이 책의 출판을 허락해 주시고 좋은 책이 될 수 있도록 편집에 힘을 써 주신 양성원 출판사의 강철원 사장님을 비롯해 임직원 여러분들께도 깊은 감사의 마음을 전한다.

2021년 1월

저자 일동

차례

PART 2. 다문화사회와 정책

PART 3. 다문화사회와 건강

PART 1

다문화의 이해

CHAPTER

01

문화와 다문화

01 Chapter 문화와 다문화

배울내용

1. 문화와 다문화의 개념
2. 다문화사회로의 이행
3. 다문화사회의 진입 배경

학습목표

1. 문화의 특성을 설명할 수 있다.
2. 다문화 개념을 설명할 수 있다.
3. 다문화사회로의 이행 과정을 설명할 수 있다.
4. 다문화사회의 진입 배경을 설명할 수 있다.

세계적으로 국가 간 인구이동과 국제교류가 증가하고 민족, 인종, 종교와 계층에서 다양한 문화집단이 생기면서 보건의료와 건강영역에서 문화의 중요성이 나날이 높아지고 있다. 우리나라의 경우도 외국인근로자, 국제결혼이주자, 유학생, 북한이탈주민 등의 증가로 민족과 인종의 다양성에 직면하고 있다. 2008년 국내 체류 외국인 수가 100만명을 넘어선 이래 불과 10년도 지나지 않은 2018년 국내 체류 외국인 수가 200만명을 돌파하는 등 우리사회는 급속도로 다문화사회로 변해왔다. 이런 상황에서 간호사는 이미 지역사회에서 문화적 배경이 다른 대상자를 많이 만나 왔고 그들과 더불어 살아왔다. 그러나 간호사가 보건의료서비스 현장에서 다문화간호대상자들을 만났을 때 그들의 문화 차이를 공감하는데는 많은 한계를 느끼고 보건의료서비스 제공에 어려움을 겪고 있다. 간호사는 대상자의 고유한 문화의 특성을 고려하여 그들에게 필요한 최선의 간호를 그들이 수용할 수 있는 방식으로 제공해야 함에도 불구하고 대상자의 문화에 대한 이해 부족과 의사소통이 어려워 그들을 문화적으로 배려할 수 없고, 한국인을 돌보는 방식대로 간호를 제공하고 있는 실정이다. 이런 점에서 외국인들은 보건의료서비스의 전달과 접근성 면에서 출신 국가와 민족에 따라 불평등한 보건의료서비스를 제공받게 된다. 외국인근로자들은 병원에서 통역서비스를 받기도 어렵고 의료인이 그들에게 특별히 주의를 기울이지도 않는다고 호소하며, 임신과 출산으로 보건의료서비스가 필요한 결혼이주여성의 경우도 언어와 사회, 문화적인 장벽 때문에 병원을 가는 것을 기피하며, 가더라도 수동적이고 소극적일 수밖에 없다고 한다. 실제 외국인근로자의 70% 정도가 보건의료서비스를 이용하지 않고 있으며, 결혼이주여성도 31.7% 만이 보건의료서비스를 이용한다는 보고가 있다(김경원 외, 2019; 김선희 외, 2014; 김성호, 2015).

그러므로 다문화대상자가 해마다 급증하는 우리나라 보건의료서비스 환경에서 문화적 역량은 간호사의 필수 직업능력 중 하나이다. 간호사는 대상자가 가지고 있는 다양한 문화와 신념을 이해하고 존중하며 효과적인 상호작용을 통해 대상자가 가지고 있는 문화에 적합하고 의미 있는 간호를 수행하기 위해 문화간호 역량을 습득하고 개발해나가야만 한다.

1 문화와 다문화의 개념

1) 문화의 개념

문화(culture)는 경작, 재배, 양육 등을 뜻하는 라틴어의 'cultura'에서 유래되었다. 문화란 자연 상태에 있는 것을 인간이 변화시키거나 새롭게 창조하여 만들어 낸 것을 의미한다. 좁은 의미의 문화는 교양이나 세련된 상태, 발전된 의식 등을 말하며, 넓은 의미의 문화는 인류학의 관점에서 인간의 모든 생활양식을 지칭한다. 영국의 인류학자인 Tylor는 '문화는 지식과 신념, 예술, 도덕, 법률, 관습 등 인간이 사회의 구성원으로서 획득한 능력 또는 습관의 총체'라고 정의하였고(강혜영, 2018), 「문화기본법」 3조에서는 문화를 '문화예술, 생활양식, 공동체적 삶의 방식, 가치 체계, 전통 및 신념 등을 포함하는 사회나 사회구성원의 고유한 정신적 · 물질적 · 지적 · 감성적 특성의 총체'로 정의하고 있다(법제처, 2020).

사회철학자 렌(Wren, 2012)은 문화에 대한 정의를 〈표 1-1〉과 같이 9가지 관점으로 구분하여 제시하고 있다(강혜영, 2018).

표 1-1. **관점에 따른 문화의 정의**

구분	내용
주제 중심 관점	문화란 구성요소, 문화적 성향, 속성들과 같이 주제나 일반적인 범주들을 구체적으로 목록화한 모든 것을 말한다.
구조적 관점	문화란 하나의 공동체가 가지는 사회적 관습에 대한 총체적인 표현으로, 그들의 아이디어나 행위들이 통합된 하나의 패턴이다.
기능적 관점	문화란 개인이나 사회가 환경에 적응하거나 함께 살아가면서 생기는 문제를 해결하는 방식이다.
역사적 관점	문화란 한 집단이 공유하고 있는 유산이다.
규범적 관점	문화란 한 집단의 이상, 가치 또는 살아가기 위한 규칙이다.
행위론적 관점	문화란 함께 공유하고 배워 가는 인간 행위로, 누구나 자연스럽게 관찰할 수 있는 삶의 방식이다.
인지적 관점	문화란 충동을 자제하고, 의미와 목표를 공유하며 한 사회체계 속에서 살아갈 수 있게 하는 아이디어와 태도의 복합체이다.
상징적 관점	문화란 한 사회속에서 함께 만들어서 공유하게 되는 모든 주장이나 의미들이다.
비판적 관점	문화란 한 사회속에서 나타나는 권력관계들을 의미하며, 이를 촉진시키는 일련의 상징들과 그것들을 만들어 내는 활동들이다.

출처: 강혜영(2018). 다문화와 긴깅-문화다양성과 문화역량-, 현문사, p.5.

이와 같이 학자들은 관점에 따라 문화의 정의를 다양하게 내리고 있으나 문화의 공통된 속성을 정리하면 다음과 같다(정금희 외, 2012).

(1) 문화는 학습된다

문화는 선천적으로 갖고 태어나는 것이 아니라 후천적으로 개인이 속한 문화를 배워가는 '문화화'의 과정을 거쳐 습득되는 것이다.

(2) 문화는 공유된다

집단 구성원 개인의 행위는 다르지만, 다른 집단과 구별되는 구성원 간의 공통 특성을 갖는다. 한 집단의 사회는 자신들이 문화화를 통해 배운 문화를 무의적으로 공유하며 생활하기 때문에 공유한 구성원 간의 행동 및 사고를 예측할 수 있다. 이런 문화의 속성이 사회생활을 원만하게 유지하게 한다.

(3) 문화는 누적된다

학습된 문화를 언어를 통해 다음 세대로 전달하고, 이를 통해 시간이 흐르면서 문화는 축적되고 팽창한다.

(4) 문화는 변화한다

문화는 역동적인 변화과정을 통해 다른 문화와 섞이면서 변화한다. 개인은 사회생활에 적응하기 위해 새로운 지식을 발견하고 이를 다른 사람에게 전달한다. 이런 지식이 받아들여지면 문화의 일부가 된다. 기존 문화가 다른 문화를 접하면 환경에 적합한 형태로 재창조되면서 발전하게 되며, 이런 과정을 거치지 않는 문화는 사라지게 된다.

(5) 문화는 통합된 전체이다

한 사회의 의 · 식 · 주, 가치와 상징체계 등과 같은 문화의 다양한 요소들이 서로 독립적으로 존재하지 않고 서로 연결되어서 통합적인 전체를 이룬다. 즉, 한 가지 요소가 변하면 나머지 다른 요소도 영향을 받게 된다.

이와같은 속성을 지닌 문화적 가치는 특정 문화가 오랜 세월에 걸쳐 적절한 것으로 수용되어 온 독특한 표현으로 자신감과 자존감을 갖게 하는 행동과 결정을 이끌게 하는데 있다. 레닌저(Leininger, 1991)는 문화의 가치를 행동하거나 인식하는 데 있어 개인이 원하고 선호하는 방식의 직접적인 결과로 발전하여 문화를 지탱하며 행동과 결정을 지배하는 것이라고 한다(정금희 외, 2012). 그러므로 간호사가 다문화대상자의 건강문제해결을 돕기 위해서는 먼저 대상자의 건강과 관련된 행위와 결정을 이끄는 그들의 문화에 대한 이해가 필수적이다.

2) 다문화의 개념

다문화는 다양한 혹은 다수의 문화가 함께 공존하는 것을 말하며, 사전적 의미로 '여러 나라의 생활양식'을 의미한다. 즉, 다문화라는 용어는 여러 문화 간에 발생하는 충돌이 가시화되면서 문화 간에 생기는 여러 유형의 문제를 조화롭게 극복하자는 의도에서 만들어졌으며, 다문화란 여러 나라의 문화를 연결시키고 반영하고 적용하는 것으로 각 문화의 차별화를 강조하고 문화의 다양성을 추구하는 것이다(김성혁 외, 2012).

다문화사회는 '한 국가나 한 사회 속에 다른 인종, 민족, 계급 등 여러 집단이 지닌 문화와 함께 존재하는 사회'를 의미하며, 가치 · 규범 · 생활 스타일 · 언어 · 기대 등 모든 영역에서 문화적 다양성이 존재한다(노인숙 외, 2018).

다문화주의(multiculturalism)란 한 국가 내에서 다양한 문화의 공존을 추구하는 이념이다. 문화의 우열을 가리지 않고 문화를 있는 그대로 인정하고 존중하며, 문화차이에 대한 관용을 중시한다. 이는 다양한 문화와 인종이 어우러져 더 나은 미래를 열 수 있는 새로운 문화를 창출해 낼 수 있을 것이라는 이상적인 기대를 하는 형태를 말한다. 다문화주의의 이념은 1970년 서구 민주주의 국가인 캐나다, 호주 등에서 나타났으며, 우리나라는 1980년대 말 이후 외국인근로자, 결혼이주자 등이 증가하면서 다문화주의에 대한 관심이 생기게 되었다.

20세기 말의 신자유주의의 등장은 자본과 노동의 세계화에 따른 불가피한 이주노동자, 난민의 발생 그리고 인종과 문화의 이동을 가져왔다. 신자유주의에 의한 세계화의 물결은 인종과 종교, 문화가 다른 소수자들이 단일문화 국가에 등장함에 따라 전통적인 개별 국민국가 내부의 국민적 단일성을 위협하고 여러 가지 갈등을 초래하고 있다. 현재 이러한 민족주의적 정서에 대한 도전, 근대성에 대한 인식론적 도전 그리고 세계화가 가져온 변화에 대처하거나 세계화로 초래한 갈등을 해결할 수 있는 하나의 대안으로 다문화주의가 제시되고 있다.

다문화주의는 하나의 '사회학적 사실'로서, 현재 서구사회는 다양한 관점과 요소(인종, 언어, 종교, 계급, 성, 이데올로기, 민족성, 국가 등)에 있어서 문화 차이가 매우 큰 집단들로 구성되어 있다는 사실을 반영한다. 여기서 문화에 따른 종교적 관점의 차이에 대해 하나의 사례를 살펴볼 수 있다.

다문화사회의 구성원들은 언어, 피부색, 문화, 인종 등 다양한 이슈를 가지고 상호작용을 하지만, 이것들 중 종교야말로 가장 민감한 영역으로 볼 수 있다.

인류 역사에서 발생한 전쟁 중 70%는 종교적 갈등과 대립에서 비롯됐다는 말이 있을 정도다. 이는 종교가 개인과 집단의 신념체계를 형성하는 결정적 요인이며, 많은 종교가 자신의 것만이 유일무이하고 정당하다고 믿는 배타성을 가지고 있기 때문이다.

그래서 다문화사회에서 개인이나 집단이 신봉하는 다양한 종교에 대한 이해와 존중은 매우 중요하다. 종교적 갈등에 대한 사례들을 살펴보면 다음과 같다.

사례 1

한국의 대학에도 국제화가 진전되면서 외국 유학생들이 많이 유입되고 있다. 유학생은 주로 중국 등 동남아시아에서 오지만 중동 등의 이슬람문화권의 학생들도 눈에 띈다. 이들은 대개 대학 기숙사에서 생활하는 데 대학에서는 한국 학생을 룸메이트로 묶어준다. 외국학생과 생활하면서 다양한 문화를 이해하도록 하는 배려차원일 것이다. 어느 날 한밤중에 한국 학생은 검은 그림자가 방안에서 움직이는 것을 보고 깜짝 놀랐다. 학생은 도둑이나 강도로 알고 기겁을 했지만 알고 보니 자신의 룸메이트였다. 룸메이트는 파키스탄에서 온 친구로 밤중에 성지 메카를 향해 기도를 했던 것이다.

사례 2

바레인에서 런던으로 가는 걸프에어(Gulf Air) 좌석에는 TV 모니터가 하나씩 장착되어 있다. 이 모니터에는 이슬람교의 성지인 메카를 알려주는 표시가 나온다. 위치인식위성(GPS)이 비행기에 달린 안테나와 교신하면서 메카를 알려주는 것이다. 무슬림 신자들은 비행기 안에서 모니터에서 알려주는 방향에 기도용 융단을 깔고 기도를 올릴 수 있다.

위의 두 사례는 매우 상반된 다문화 수용성을 나타낸다. 만약 한국 유학생이 무슬림 학생은 메카를 향해 하루 다섯 번 기도한다는 교육을 받았다든지, 대학에서 무슬림의 종교적 특성을 고려해 기도방을 만들었다면 한밤중에 놀랄 일은 없었을 것이다. 반면에 걸프에어는 사전에 고객의 특성을 파악하여 그들이 종교의식을 행사할 수 있는 조치를 취했다. "세계적으로 생각하고, 지역적으로 행동한다(think globally, act locally)"라는 세계화의 기치와 맞아 떨어진다(염철현, 다문화사회의 성공요건).

이러한 '기술적' 차원을 넘어서서 다문화주의가 비교적 새로운 현상으로 부각된 것은 그것이 '강력한 규범적 성격'을 가지는 윤리, 정치적 원리로서 제시된 데 있다. 즉, 다문화주의는 정치원리 또는 정책의 구상이 다양한 문화집단들의 목소리를 반영해야 할 뿐만 아니라 나아가서 모든 사회문제(행정과 법, 교육과 고용, 가족, 이민 등)에 관련된 정부정책의 기본목표로서 문화적 다양성을 추구해야 한다는 규범적 주장을 내포한다.

다문화주의에 대비되는 개념은 단문화주의(Monoculturalism)이다. 단문화주의는 하나의 국가나 민족이 하나의 문화를 가진다는 것을 의미하는 것으로 민족의 동질성을 강조하는 개념이다. 단일문화로서의 전통적 문화개념은 18세기 말 독일의 철학자 헤르더(Herder)에 의해 정립되었으며, 이는 우리가 강조해 온 단일민족, 단일문화라는 관념과 매우 비슷한 것이다. 단일문화로서의 전통적 문화개념은 사회적인 동질화, 인종적인 기반 그리고 상호 문화적 경계설정으로 특징지을 수 있다. 즉, 하나의 문화는 연관된 민족의 삶을 전체뿐만 아니라 개인적인 영역에서도 영향을 끼쳐야 하며, 문화는 문화로부터 특수하게 구별되고 경계를 갖고 있어야 함을 의미한다. 현재 세계적으로 단문화주의 국가는 10%도 되지 않는 것으로 알려져 있다(김성혁 외, 2012; 문화콘텐츠기술연구원 다문화콘텐츠연구사업단, 2009; 정금희 외, 2012).

한편 다문화주의와 유사한 개념으로 문화적 다원주의(cultural pluralism)가 있다. 이는 미국에서 널리 사용되는 개념으로 여러 집단이 고유한 문화를 유지하면서 전체 사회에 참여하는 것을 의미하는 것으로 지배적인 문화에서 다른 집단의 문화를 보유할 가치가 있다고 간주하는 것이다(김성혁 외, 2012). 다문화주의와 대비되는 동화주의(cultural assimilation)는 소수민족, 이민자, 혹은 정복당한 민족들이 지배 문화나 사회 주류 문화로 흡수·동화시키는 것을 장려하는 사회 정책을 말한다.

오늘날 다문화사회의 유형은 크게 2가지로 구분할 수 있다. 첫 번째 유형은 유럽국가(영국, 독일, 프랑스, 스웨덴)처럼 비교적 동질적인 문화를 가졌던 전통적인 국민국가들이 자본과 노동의 세계화를 겪게 되고, 그 결과 이민을 받아들이면서 문화적 다양성을 가지게 된 경우이다. 두 번째 유형은 미국, 캐나다, 호주 등 국가의 출범 초기부터 다양한 인종과 문화공동체가 국가를 이룬 경우이다. 단일민족과 단일문화를 강조해 온 우리나라는 첫 번째 유형에 가깝다. 하지만 최근 급격하게 이루어지는 변화에 따라 점점 다양하게 분화되는 인종과 문화, 지역과 종교 등의 도전으로부터 자유롭지 못한 상황이 되었다(김남국, 2010; 신명숙, 2010; 허동현, 2009).

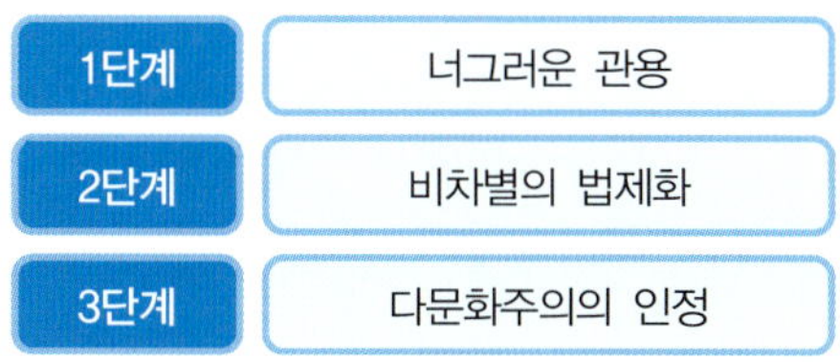

그림 1-1. **다문화사회로의 대응 방식**

유럽에서 이민자들의 유입과 함께 다문화주의로의 변화에 직면했을 때 대응 방식은 〈그림 1-1〉 '너그러운 관용', '비차별의 법제화' 및 '다문화주의의 인정'의 세 단계를 통해 이루어졌다(노인숙 외, 2018).

첫 번째 단계인 '너그러운 관용'은 다수가 소수의 다름을 사회 전체의 평화를 위해 너그러운 마음으로 참아 주는 것이다. 하지만 점차 증가하는 소수 민족 인구를 다수의 자민족이 흡수·동화하는 것이 현실적으로 불가능하게 만들고, 소수 민족 집단의 숫자가 적다는 이유로 우월한 위치를 차지해 온 다수 인구 집단의 정당성을 부정하면서 더 이상 다수의 관용에 호소하지 않게 된다.

두 번째 단계인 '비차별의 법제화'는 다수 민족에 의한 소수 민족의 차별, 즉 무례한 말 사용, 특정 자격시험에 응시하지 못하게 하거나 특정 지역의 집을 구하지 못하게 하는 것, 이유없는 폭력행사 등과 같은 차별의 양상을 구체적으로 법제화하여 객관적이고 합리적으로 적용하는 것으로 관용보다 한 단계 더 나아간 조치를 말한다.

세 번째 단계인 '다문화주의의 인정'은 단순히 단일문화에서 다양한 문화로 변화해 가는 사회의 현상을 가리키는 가치중립적 용어로 사용할 수도 있지만 소수의 권리를 적극적으로 보호해야 한다는 규범적 의미로 사용하기도 한다.

현재 우리 사회는 아직 '관용'을 호소하는 단계에 있는 것이 현실이지만 국제결혼, 외국인근로자 등의 증가 추세를 감안할 때, 비차별의 법제화와 다문화주의 인정의 단계로 나아갈 것으로 예측된다.

이주자들과 소수 민족들은 다문화사회에서 끊임없이 주류 문화와 협상하면서 문화적응(acculturation)을 해 나간다. 베리(Berry, 1990)에 의하면, 이들은 네 가지 문화적응의 유형, 즉 동화(지배문화와 동일화), 통합(두 문화와 밀접한 동일화), 분리(민족문화와 밀접한 동일화) 및 소외(두 문화와 저조한 동일화) 중 한 유형으로 귀결하게 된다고 주장한다(손수경 외, 2014). 주류 문화에 속하는 사람들은 소수 문화 집단이 자신들과 평등한 문화적, 정치적 지위를 가질 수 있도록 편향된 시각으로 보거나 해석하는 자문화중심주의에서 벗어나 그들을 분리와 소외가 아닌 통합의 문화적응 단계로 나갈 수 있도록 다문화주의에 입각하여 도움을 주어야 한다.

2 다문화사회로의 이행

오늘날 세계를 휩쓸고 있는 세계화의 물결은 과거 이데올로기적인 적대관계에서 벗어나 경제, 정보와 인적 교류가 활발해지면서 국가와 민족의 경계를 허물고 국경 없는 다문화사회로 급속히 변해 가고 있다. 그러나 다양한 인종과 종교 그리고 문화가 다른 소수자의 등장은 전통적인 개별 국민국가 내부의 국민적 단일성을 위협하고 사회통합과 정치적 정당성의 문제를 사회 전면에 제기하고 있다.

어떤 사회가 이주민을 받아들여 다문화사회로 이행되어 가는 과정은 〈그림 1-2〉와 같이 세 단계로 설명할 수 있다(김성혁 외, 2012).

1단계	다문화사회로의 진입
2단계	다문화사회로의 전환
3단계	다문화사회의 정착

그림 1-2. **다문화사회로의 진행 과정**

첫 번째 단계는 '진입단계'로서 전체 인구에서 외국인이주민이 차지하는 비율이 점차 증가하는 단계이다. 이 단계는 같은 민족으로 구성되었던 동질적 사회에 다른 민족이 유입되면서 통용되던 민족적 구성원에 대한 혼란이 유발된다. 주류 사회의 구성원들은 이주민에 대하여 진정한 관용의 태도를 갖기 어렵기 때문에, 상당수의 구성원은 이주자들에 대하여 낯설어하면서 함께 사는 것에 대하여 심리적 저항과 차별적, 편견적 태도를 보인다. 이주민들은 주류 사회구성원의 차별적, 배타적 태도로 인해 자신감과 자긍심이 저하되고 정체성의 문제를 나타낼 수 있다.

두 번째 단계는 '다문화사회로의 전환단계'이다. 이 시기는 외국인이주민들이 이주한 국가에서 체류기간이 길어지면서 이주한 국가에서 가족을 형성하고 이들 간의 교류가 활발해지면서 이주민 공동체가 형성되어, 집단 거주지가 형성됨으로써 다문화사회로 전환되는 시기이다. 이 단계는 언어 장벽에 따른 의사소통 부재로 인하여 다문화가족 구성원 간에 무관심과 정서적 지지 약화로 이혼율과 가족해체 증가 등의 문제를 나타낼 수 있다.

세 번째 단계는 '다문화사회의 정착단계'이다. 다문화가족 내에서 자녀가 성장하여 사회진출이 본격화되는 시기이다. 이주민의 자녀들이 민족적 · 인종적 정체성의 혼란과 낮은 교육수준, 인종 간 사회적 마찰 및 주류 문화에 대한 저항을 나타낼 경우 그들의 실업 문제, 범죄 및 집단 소요 등이 나타날 수 있다.

3 다문화사회의 진입 배경

우리나라는 단군을 시조로 하는 순수 혈통과 같은 언어와 문화를 지닌 단일민족이라는 관념이 지배적이었다. 그러나 1990년대 초반 이후 '민족'이란 개념이 근대에 만들어진 '상상의 정치공동체'에 불과하다는 '탈민족주의 담론'이 대두되면서, 이러한 단일민족, 단일문화 관념에 변화가 생기기 시작했다. 특히 2000년대에 들어서 신자유주의 물결에 따른 세계화에 따라 국제사회는 인적 교류, 경제적 교류 및 정보 교류가 활발해짐에 따라 한국 사회는 다인종, 다문화사회로 급격히 변모하고 있다.

1987년을 기점으로 외국인근로자가 한국에 들어오기 시작하여 2017년 2월 현재 우리나라에 체류 중인 외국인은 199만 명으로 총 인구 수의 약 4%를 차지한다. 1992년 김영삼 정부의 세계화 추진 선언 이후 '자본시장과 노동시장 개방'과 '저출산 및 고령화'로 인한 노동인구의 감소에 따라 외국인근로자의 수가 급격히 증가하고 있다. 우리나라의 외국인근로자 정책은 1994년 '산업기술연수생제'로 시작, 2004년 '고용허가제' 도입, 2007년 외국 '동포'에 대한 '방문취업제' 등으로 변해 왔다(정금희 외, 2012).

특히 빠른 속도로 증가하고 있는 다문화가족은 2015년도의 경우 우리나라 전체 혼인 건수의 7.4%가 '다문화혼인'으로, 그중 한국 남자와 외국 여자가 전체 다문화혼인의 62.6%를 차지하여, 2018년 현재 결혼이주여성은 16만 6,882명에 이른다(다문화가족과, 2020). 농촌의 젊은 여성들이 양질의 교육기회와 취업기회를 찾아 도시지역으로 이주함에 따라 농촌의 노총각들이 배우자를 찾는 데 어려움을 겪어 왔다. 이러한 국내 사정과 아울러 한국과 비교하여 상대적으로 빈곤한 국가의 여성들이 경제상황 및 생활환경 등이 여유로운 국가로 이동하여 더 나은 취업의 기회 및 생활환경을 개척하고자 하는 것도 국제결혼 증가의 원인이 되고 있다. 이러한 상황이 지속되면서 타국의 여성을 배우자로 맞이하여 가정을 이루는 경우가 빈번해지기 시작했다.

외국인근로자와 결혼이주여성의 증가는 취업과 결혼을 통해 한국사회에 정착할 수 있는 안정적인 기반을 토대로 장기적 또는 영구적으로 국내에 머물면서 우리 사회를 다문화사회로 불리게 한 결정적인 요인으로 작용하고 있다.

이와 같이 국내의 다문화가족의 발생원인은 세계화에 따른 시장개방, 상대적으로 높은 소득수준 및 노동시장 환경, 그리고 출산율 저하 및 농촌지역의 여성인구 감소 등 국내의 인구학적 변화 등으로 볼 수 있다. 이 외에도 탈북자의 증가로 인한 북한이탈주민 수의 증가, 그리고 해외관광, 유학 등을 통한 해외문화의 직접적 체험과, 인터넷 등 발전된 정보기술을 통한 외국 사회 및 문화에 대한 지식과 정보의 확대 등을 통한 외국 문화의 간접적 경험은 우리 사회를 다문화사회로 급속히 전환시키고 있다.

CHAPTER 02

다문화에 대한 이론

02 Chapter 다문화에 대한 이론

배울내용
1. 다문화 이론
2. 다문화 관련 용어

학습목표
1. 다문화사회 관련 이론에 대해 설명할 수 있다.
2. 문화적응 접근방식에 대해 설명할 수 있다.
3. 다문화사회통합 방식에 따른 다문화주의 모형을 설명할 수 있다.
4. 문화다원주의와 문화상대주의를 구분하여 설명할 수 있다.
5. 다문화교육 및 정책에 관한 이론을 설명할 수 있다.

1 다문화 이론

대부분의 서구 국가들이 이미 경험해 온 바와 같이 우리나라도 다양한 체류외국인이 급격히 증가함으로써 다민족 · 다문화사회로 변화하고 있다. 다문화(multi-culture)는 한 사회에 다양한 문화가 공존하는 것을 의미하지만, 이를 다르게 표현하자면 고유한 주류집단과 이주민의 소수집단이 대립하는 구조 속에서 서로 공존하고 있다고 할 수 있다. 우리는 다문화사회의 구조적 불균형과 갈등을 해소하고 진정한 다문화사회에 도달하기 위한 목표를 실현하기 위해 다문화 관련 이론 활용에 관심이 높고 제도적 기반이 조성되어 바람직한 다문화사회를 앞당기는 데 기여할 수 있기를 기대한다. 다문화에 대한 이론에는 대표적으로 용광로이론, 샐러드볼이론, 모자이크이론 등이 있다. 그리고 이주민들이 주류사회의 문화에 적응하는 모형과 다문화주의 모델 등이 있다

1) 다문화사회의 정책 유형

다문화정책 유형에서 대표적인 이론으로는 용광로이론(melting pot theory), 샐러드볼이론(salad bowl theory), 모자이크이론(mosaic theory)을 들 수 있다.

(1) 용광로이론

대표적인 이민국가인 미국의 경우, 인종이나 민족의 차이에서 유발되는 갈등을 해결하는 사회적 비용을 줄이고자 1970년대 다문화주의(multiculturalism)라는 용어가 대두되었고 관련 연구가 본격적으로 진행되었다. 우리보다 관련 연구가 빨리 진행된 만큼 여러 시행착오를 겪어 왔는데, 용광로이론(melting pot theory)도 그중 하나라고 할 수 있다.

이 이론은 1921년 영국의 철학자인 길버트 체스터톤(Gilbert Chesterton)이 미국을 방문했을 때 다양한 인종들이 어울려 사는 모습을 인상적으로 보고 그것을 용광로에 비유한 데서 비롯되었다. 즉, 다양한 종류의 철광석을 용광로에 넣으면 모두 녹아 하나가 되는 것처럼 이주민들이 그 주류사회 문화에 녹아들 수 있을 것이라고 보는 것으로, 멜팅 팟(melting pot)이라고 한다. 이는 이주민들이 미국사회에 정착하는 과정에서 백인 주류문화에 흡수됨을 바탕으로 하고 있으므로 동화주의에 가깝다고 할 수 있다. 즉, 다양한 인종과 문화를 가진 사람들이 섞여 용광로에 들어가 어느 정도 시간이 경과되면 녹아서 새로운 인종인 순수 미국인으로 만들어져 하나의 동일한 문화를 가지게 되

므로 주류문화에 흡수되는 것을 의미한다. 하나의 예를 들어, 중국은 수많은 소수 민족이 있지만, 국민 91% 이상을 차지하는 한족 중심 정책을 쓰면서 소수민족 문화를 전체 문화에 융화시키고 있는데 이는 용광로이론에 입각한 정책, 즉 동화교육 정책을 의미한다.

용광로이론의 한계점을 몇 가지 들자면, 첫째, 문화적 다양성에서 오는 가치를 염두에 두지 않고, 둘째, 문화를 단순히 물질로 치부하는 지나친 이상주의적 이론이며, 셋째, 실제로는 소수민족의 문화가 주류민족의 문화에 '흡수'되는 것을 유도하는 동화주의적 측면을 내포한 것이라고 할 수 있다. 그리고 이 이론의 가치로는 다양한 시행착오를 겪으며 그 속에서 교훈을 얻을 수 있었다는 점이다.

계몽사상과 다윈(Darwin)의 진화론을 이론적 배경으로 한 용광로이론은 미국의 백인 주류 문화를 바탕으로 생겨났으나 요즘처럼 다문화주의로 변해 가는 추세에서는 설득력을 잃어 가고 있다고 평가되고 있다.

(2) 샐러드볼이론

미국과 호주 등 이민자가 많은 나라에서 1970년대에 등장해 활발히 논의되면서 세계적인 개념으로 자리잡은 샐러드볼이론(salad bowl theory)은, 20세기 후반에 들어 세계화 추세로 다양한 문화가 공존하는 일들이 급증하면서 이전의 다문화주의 이론이었던 인종의 용광로(melting pot)이론에 대한 대안으로 나온 이론 중 하나이며, 상대적으로 문화의 정체성을 최대한 유지하는 개념이라 볼 수 있다.

이 이론은 국가라는 큰 그릇 안에서 다양한 문화들이 각자의 고유한 맛을 가지고 샐러드처럼 함께 어울리는 맛을 만들어 나간다는 뜻을 비유적으로 표현한 것이다. 즉, 각국의 이민자들이 주류사회의 성장과 발전에 기여할 필요가 있음을 인정하고 그들의 고유한 민족정신과 문화를 포기하지 않고 고수하면서 상호공존하는 것을 의미한다.

이러한 배경은 기존 문화에 통합 및 흡수시키려는 용광로이론과 달리, 문화다원주의 이론으로서 다양한 문화들의 독립성과 공존을 중시하는 개념에 근거하고 있다.

문화다원주의는 1915년 갈렌(Kallen)의 논문 「민주주의 대 용광로」에서 용광로이론을 비판하면서 처음으로 사용하였다. 즉, 백인종을 제외한 흑인, 인디언, 유색인종들을 미국 주류집단에서 이방인으로 취급했음을 비판하였다. 캐나다가 모자이크이론의 대표 국가라면 미국의 샐러드볼이론은 동화주의적인 용광로이론과 다르게 각국의 이민족들이 자국의 언어와 문화, 정체성을 최대한 지키면서 주류사회에서 일원으로 살아갈 수 있도록 하는 개념이다. 그러나 샐러드 재료인 과일, 야채 등의 순수한 자체의 맛을 음미할 수 없듯이 샐러드는 개개인의 정체성을 고수하는 것보다는 조화로움을 강조하는 경향이 있다.

(3) 모자이크이론

모자이크이론(mosaic theory)은 캐나다의 존 머레이 깁번(Jone Murray Gibbon)이 1938년 처음으로 『캐나다식의 모자이크』 저서에서 사용한 데서 유래되었다. 미국은 다양한 이민자를 수용하여 용광로에 용해, 편입되게 하여 미국인의 일원으로 살아가게 하는 용광로이론은 다양한 인종과 민족의 문화를 인정하지 않겠다는 정책인 반면 캐나다는 소수 민족의 문화의 특성을 살려 주류사회 속에서 자기 나름대로 문화와 정신을 유지하면서 조화를 추구하는 모자이크이론이 1970년대에 생성되었다.

이 이론은 1960년대 미국의 용광로이론이 소수민족의 특수성을 인정하지 않는 정책이라고 깁번이 비판하면서 제기되었다. 모자이크이론은 다양한 소수 민족, 인종의 문화들이 공존하여 조화를 이루는 것이 핵심이다.

다양한 국가의 소수민족들의 문화를 적극적으로 수용하여 공존하는 관점은 샐러드볼이론, 다문화주의, 문화다원주의와 유사한 개념이다. 모자이크이론은 다양한 색채를 가진 조각들이 퍼즐처럼 이민자들이 모여 조화로운 하나의 모자이크로 완성되었지만 이 모자이크이론도 최근에는 그 밑바탕이 주류집단의 문화를 근본으로 하고 있다는 이유에서 비판을 받고 있다. 즉, 다양한 이민자들이 누리는 문화를 주류집단의 문화로 인정한 상태에서 부수적으로 소수이민자들의 문화를 허용하기 때문에, 결국 소수이민자의 문화는 주류집단의 문화에서 소외되어 있는 주변문화로 전락하게 된다는 문제를 안고 있기 때문이다(서윤호, 2010).

2) 문화적응 접근형태의 유형

문화적응은 개인이나 집단이 자기가 태어난 나라가 아닌 문화적 배경이 상이한 주류사회의 새로운 문화접촉으로 발생하는 일련의 집단적, 정서적 변화를 의미한다. 따라서 문화적응은 서로 다른 문화적 배경을 지닌 집단과 그 구성원들 사이의 문화적 접촉으로 인해 발생하는 문화적 변화이다. 대다수의 이민자들은 새로운 문화에 적응하기까지는 국가의 특성에 따라서 나타나는 문화적 차이를 느끼게 되며 자국의 언어, 문화, 전통, 경제적 상황과는 다른 적응이 요구된다. 적응은 인간이 새로운 환경에 균형을 맞추기 위해 끝없이 노력하여 자기 스스로를 변화시켜서 새로운 환경에 적응하는 경우와 주변의 환경을 자신의 욕구에 맞게 변화시켜서 적응하는 두 가지 경우가 있다. 이민자들은 새로운 환경에 적응을 하는 과정에서 많은 어려움을 겪게 되지만 각자의 처한 상황에 따라 적응의 결과는 달라질 수도 있다(Berry, Kim, Minde & Mok, 1987). 문화적응을 설명하는 이론에는 베리(1997)의 다차원 모델이 있다.

베리(1997)는 문화적응의 개념을 '개인이나 집단이 새로운 문화와 접촉할 때 경험하는 변화'로 보고 문화적응의 상태를 두 가지 차원의 네 가지 결과로 범주화하였다. 그는 문화적응에 대한 다양한 측정기법을 개발하였으며, 문화의 변화를 문화적(집단) 차원과 심리적(개인) 차원으로 구분하고 개인의 문화적 정체성의 존속과 지배문화의 가치 수용의 두 가지 차원에 따라 적응유형을 네 가지 형태로 구분하였다. 즉, 이민자 자신의 문화적 가치와 특성을 유지할 것에 따라, 그리고 주류사회와 관계를 유지할 것인지의 문제에 따라 통합(integration), 동화(assimilation), 분리(segregation), 주변화(marginalization)의 형태로 나누고, 네 가지 문화적응 전략 유형 중 하나를 선택하게 된다고 하였다〈표 2-1〉.

표 2-1. Berry(1997)의 문화적응 모형

차원		고유문화의 정체감과 특성을 유지할 것인가?	
		예	아니오
주류문화를 받아들이고 관계를 유지할 것인가?	예	통합(integration)	동화(assimilation)
	아니요	분리(segregation)	주변화(marginalization)

출처: 정진경(2004); 김윤나(2010) 재인용.

통합(integration)은 자신의 정체성을 유지하고 문화적 주체성을 가지는 동시에 새로운 주류사회와도 충분히 적응하고 있는 상태를 의미하고, 동화(assimilation)는 자신의 고유문화에서 비롯된 전통이나 정체성을 버리고 새로운 주류사회에 완전히 흡수되는 것을 의미한다. 이 유형의 이민자들은 겉으로는 새로운 주류사회 환경에 잘 적응하는 것처럼 보이지만 인격적으로는 미성숙한 상태가 나타난다.

그리고 분리(segregation)는 자기 고유집단의 문화적 정체성만을 강하게 고집하면서 주류사회의 새로운 문화를 수용 못하는 유형이다. 이들은 새로운 주류사회 환경에 적응하지 못하고 주류집단 환경과 동떨어져 있는 상태라고 말할 수 있다. 주변화(marginalization)는 자신의 문화 정체성을 유지하지 못하고 새로운 주류문화에도 적응하지 못하는 단절된 상태를 뜻한다. 이 유형은 자신의 고유집단과 새로운 주류사회 모두와의 관계가 단절된 상태를 뜻한다(김윤아, 2008).

3) 사회통합정책의 유형

사회통합(social integration)의 개념은 초기에는 사회구성원을 하나로 묶어 한 사회체제의 안정적 유지를 위한 목적에서 사용되었지만 최근 세계화 현상으로 국가 간의 이주가 증가하면서 이주민과 주류계층 간에 서로의 갈등을 최소화하고 이주민이 주거, 취업, 교육, 사회적 관계망, 사회참여 등에서 공존이 가능하도록 하는 개념으로 발전하였다. 다양한 이민자들은 사회통합을 통해 하나의 통합된 전체로 결합되고 다양한 사회집단이나 인종, 민족 집단들은 상호 간에 조화로운 관계를 맺게 되는 것이다. 캐슬로와 밀러(Castles & Miller, 2003)는 사회통합 유형을 이민자들을 수용하는 인식의 차이에 따라 차별적 배제모형, 동화주의 모형, 다문화주의 모형, 문화다원주의와 문화상대주의로 분류하고 있다.

(1) 차별적 배제모형

차별적 배제모형이란 이민자들을 구별하여 특정한 목적으로 받아들이고 자국인들이 누리는 권리를 인정하지 않는 정책을 의미한다. 이는 국가가 자국의 근로자들이 기피하는 특정한 경제적 분야(예로, 3D 직종의 노동시장)에는 이민자들을 수용하지만 다양한 정치적 참여와 문화, 복지체계, 시민권 같은 사회적 일부 분야에서는 이들을 배제하고 각종 권리도 원천적으로 인정하지 않는 정책으로 이민자들이 영구히 정착하는 것을 거부한다. 따라서 이민자 집단의 자격에 따라 권한을 인정하거나 부정하는 이중적 잣대로 접근을 취하는 경우를 말한다.

각국에서 온 이민자들을 일시적으로 머물다가 돌아가는 방문자로서만 간주하면서 사회통합 대상으로서는 제외하는 전략을 사용한다. 반면 주류국가의 엄격한 조건을 통과하여 공식적으로 인정한 권리를 취득한 이민자들의 경우도 자국(주류집단)의 제도 및 사회문화 등에 동화 또는 적응하는 것을 당연시 하면서 문화적 단일성 유지에 초점을 두고자 하는 경향이 있다. 즉, 차별배제의 정책은 동화주의와 함께 단일문화주의(munculturalism)에 초점을 둔다.

단일문화주의는 다문화주의와 대비되는 개념으로 국가나 민족의 동질성을 전제로 하며 이주민이나 소수민족의 문화, 가치는 주류문화로 동화시키거나 배제를 통하여 사회통합하는 것이 최선이라고 보는 것이다. 차별적 배제모형은 한 국가 내 소수인종 집단의 존재 자체를 인정하지 않고, 소수인종의 이주민을 국민과 국가의 안전을 위협하는 존재로 보는 태도에 기반을 두고 있다. 이 정책의 모델은 이질적인 소수인종을 제거하거나 최소화하는 것을 정책 목표로 설정하여 소수집단 인종의 배제를 의도한다. 이 모델은 일본에 거주하는 제일동포 정책 등에서 그 사례를 찾아볼 수 있다. 우리나라의 다문화정책은 다문화주의 모형을 목표로 지향하고 있지만 여전히 문화적 단일성을 중시한다는 점에서 차별적 배제모형과 동화모형에 해당된다고 할 수 있다.

(2) 동화주의 모형

동화주의 모형(assimilationist model)은 이민자로 하여금 자신의 언어와 문화 등 모든 정체성을 버리고 유입국의 국민 구성원들과 완전히 동화되기를 지향하는 모형이다. 결국 하나의 거대한 용광로(melting pot)에서 단일국가의 국민으로 융화되는 것을 원하는 것이다. 따라서 정부에서는 이민자들의 언어 교육, 자녀들의 정규 교육 지원 등으로 동화가 원만하게 이루어지도록 지원한다. 동화주의의 대표적인 정책이 미국의 용광로 이론이며, 여러 유럽 국가들이 이러한 정책을 실시해 오고 있다. 동화주의 모형은 이민자를 쉽게 받아들이는 경향은 있지만 이민자가 유입국 사회에 완전히 동화되는 것을 강조한다. 이 모형은 주로 단일 문화를 중시하는 국가가 취하는 입장으로 이민자는 유입국의 언어를 비롯한 주류계층이 만들어 놓은 문화, 언어, 사회특성, 관습 등에 완전히 동화되어 궁극적으로는 주류집단의 지배문화에 종속되게 한다. 그리고 동화대상 집단이나 개인들이 주류집단의 문화와 가치관에 동일하게 변모할 것이라고 기대하면서 실시하는 흡수통합 방식이다(이태원, 이유리, 2010).

다양한 소수집단의 이민자들은 자신들의 고유한 민족적 정체성을 포기하고 주류문화에 동화되어 살아가면서 서서히 주류집단의 문화적 정체성을 터득해 간다. 동화주의 정책은 소수집단의 문화와 민족성에 대한 존중보다는 주류집단에 대한 문화적 적응이라는 강압적 방식이라고 할 수 있다. 그러나 소수집단의 세력이 증대되어 주류사회에 영향력 있는 세력으로 형성되어 자신들의 정체성을 표출하는 집단으로 성장하였다. 소수집단들의 사회적 요구사항이 주류사회가 의도한 동화정책의 내부적인 융합과 통합의 원리에 역효과의 파장을 발생시키면서, 이 정책은 점차적으로 변화를 가져올 수 밖에 없었다.

(3) 다문화주의 모형

다문화주의 모형은 다인종으로 구성되어 있는 사회에서 다양한 인종의 문화에 대한 상호존중과 관용을 지칭하는 태도로, 1957년 스위스에서 사용되기 시작한 이후 1960년대 후반에 넓은 영토에 비해 부족한 인구를 이민자들을 수용하여 채운 캐나다는 건국 당시부터 프랑스계 퀘백주의 분리를 방어하기 위해 절실히 사회통합이 필요하였기에 다문화주의 정책을 사용하기 시작하였다. 그 이후 1970년대 영어권 유럽국가에서 본격적으로 사용하기 시작하였다(홍기원 외, 2006).

다문화주의 모형은 소수집단의 문화를 인정하고 존중되어야 함을 주장하면서 주류문화에 대비되는 동화주의 정책과 문화상대주의의 한계를 벗어나기 위해 제시된 이론이다. 이는 이주민들의 고유한 문화, 민족성에서 발생되는 긍정적인 효과를 적극적으로 평가하고 유지할 수 있도록 보장하는 문화주의를 말한다. 한 국가 내에서 두 개 이상의 문화가 공존하는 것을 인정하고 그에 따른 적절한 정책과 사회적 이념 정비를 입법화하는 개념으로 문화적 다양성과 사회적 통합을 조화시키려는 시도라고 할 수 있다. 즉, 이질적인 문화들의 공존을 의미한다. 정치적 의미에서 민주주의의 확산과 다양한 인종의 정체성이 복잡하게 얽혀 있는 국가에서 사회통합을 위한 이념적 수단으로 제기된다(강희원, 2007).

그리고 문화 간의 우열을 부정하는 것이 아니라 열등문화, 소수문화를 보호하고 육성하는 측면이 강하다. 더욱이 다문화주의는 문화 간의 격차와 이질성에 의해서 무시되거나 차별되는 것을 전략적으로 방지하고 문화에 따른 사회적, 경제적, 정치적 갈등을 해소하는 데 목적이 있다(구견서, 2003). 또한 한 국가 사회 내의 소외계층이나 소수인종 또는 세대 간 갈등과 성역할의 차이 등과 같은 문제를 광범위하게 포함하는 것이다.

앞에서 기술한 캐슬스와 밀러(2003)가 제시한 사회통합 정책 관련 세 가지 모형 간 차이점을 요약하여 정리하면 〈표 2-2〉와 같다.

표 2-2. **캐슬스와 밀러(2003)의 사회통합모형**

구분	차별적 배제모형	동화주의 모형	다문화주의 모형
정향성	원치 않는 이민자의 영주 가능성을 막고, 내국인과 차별적 대우를 유지하려고 함	국민됨을 전제로 조속한 동화됨을 지원, 제도적으로 내국민과 평등하게 대우하려고 함	소수자의 동등한 가치를 인정하고 이에 대한 보존 지원, 우대조치를 함
정책목표	인종적 소수자의 제거 및 최소화	소수자의 주류 사회동화	다양성 인정과 공존을 위한 통합
국가역할	적극적 규제	제한적 지원	적극적 지원
이주민에 대한 관점	이방인 위협적 존재	완전한 동화를 전제로 인정	상호존중과 관용
평등 개념	차별의 정당성 강조	사회보장 및 기회 평등	적극적 조치
법적 수단	단속 및 추방	비차별의 제도화	제반 관리 허용

구분	차별적 배제모형	동화주의 모형	다문화주의 모형
정주화	불가능	비교적 가능	가능
국적 부여 원칙	속인주의 엄격한 조건	속지주의 용이한 조건	속지주의 이중국적 허용
정체성	이질화	동질화	이질화
사례국가	독일, 일본	프랑스	미국, 캐나다, 호주

출처: Castles & Miller(2003); 이태원, 이유리(2010). 다문화 가족 정책을 통한 사회통합수준 분석. 인문연구, 62, p.335.

(4) 문화다원주의와 문화상대주의

① 문화다원주의

서구의 제국주의적 세계 지배의 시대가 종식된 후에도 이 지구상에는 경제와 군사적 주도권을 가진 초강대국을 중심으로 경제와 각종 기술을 전제로 선진국과 개발도상국, 후진국으로 분류되어 대립과 갈등이 지속되고 있다. 지금은 어느 국가도 견제할 수 없는 미국의 패권주의적 경향으로, 특히 초국적 기업들이 세계의 문화를 지배해 가는 추세이다. 이러한 구도의 문제점을 인식하는 사람들의 다양한 문화적 대응과 모색이 진행되고 있다. 20세기 후반 미국을 중심으로 다양한 소수인종들의 사회통합을 추구하는 이민정책으로 문화다원주의(multikuluralismus)를 테일러(Taylor)가 제시하였다.

문화다원주의는 다수의 민족이 국가의 성원을 구성하며 혼합해 살아가는 현상을 넘어 각기 문화의 고유성이 유지된다는 전제를 기반으로 한다. 그리고 주류사회의 질서 속에 편입된 문화들은 스스로 조화를 이룬다고 하지만 안정된 삶의 질서를 지탱하면서도 상대적인 차이를 생산하는 것에도 관심을 두고 있다(이수정, 2007).

테일러의 문화다원주의는 다양한 문화에 대한 사실적 인정과 더불어 다양한 문화가 지닌 각각의 고유한 가치에 대한 인정을 전제로 한다. 그리고 다문화주의는 모든 사회 구성원들이 동등하게 공존하는 것을 인정하지만, 문화다원주의는 주류문화를 형성하는 지배계급의 문화를 인정하고 문화적 다양성을 수용하는 것이다. 이 두 개념은 이질적인 다양한 문화의 공존은 인정하고 사회통합을 추구한다는 성질은 같지만 실현하는 방법은 다르다. 문화다원주의(multikuluralismus)는, 모든 국가의 문화, 역사, 전통, 가치관 등은 고유한 특성을 보유하고 있으므로 그것들의 이념과 가치에 대해 인정하고 존중하는 문화적 태도라고 할 수 있다. 즉, 문화적 독자성과 차이, 이질성을 강조하는 것이다. 이러한 문화다원주의는 우리에게 무엇보다도 낯선 문화와의 관계에 있어서 개방성을 요구한다. 예를 들어, 캐나다와 호주에서는 다문화주의를, 미국과 서구에서는 문화다원주의를 사회통합 방식으로 이용하고 있다. 특히 미국은 문화다원주의를 채택하여 백인중심의 주류사회가 문화와 경제 전반을 움직이고 있다.

② 문화상대주의

문화상대주의의 이론은 미국의 인류학자 베네딕트와 허스코비츠(Benedict & Herskovits)에 의해 주창되었으며, 현재 세계화 시대에 다른 문화를 이해하는 데 도움이 되고 있다. 문화상대주의는 어떤 특정 문화의 우월성이 아닌 여러 국가의 문화의 다양성을 인정하자는 의미로서, 한 문화는 그 문화가 처한 환경이나 사회적 맥락 속에서 이해를 해야 한다는 것이다. 즉, 흑인, 백인, 황인종으로 대표되는 인류는 절대적인 우월이 없다. 인종에 우월이 없듯이 인류 각각이 만든 문화 또한 그 문화의 우월성을 인정하기란 힘들다는 것이다. 각각의 문화는 어떤 절대적 기준으로 평가할 수 없는 고유한 의미와 가치를 지니고 있다고 보고, 한 사회의 문화를 그 사회의 입장과 그 역사의 흐름 속에서 이해하려는 태도를 '문화상대주의(文化相對主義, cultural relativism)'라고 한다.

현대사회는 세계화가 급속히 진행됨에 따라 여러 문화의 유입으로 인종적, 문화적 다양성이 증대되고 있기 때문에 하나의 기준을 가지고 다른 문화를 평가하는 것은 편견과 차별을 발생시킬 수 있고, 그로 인해 갈등과 다툼이 발생할 우려가 있다. 또한 국제결혼 및 이주노동자 등의 다문화사회 속에서 기존의 민족주의에 사로잡힌 생각으로 인한 사회적 편견 등 부정적인 사회문제를 해결하고 사회의 통합을 위해 문화상대주의적 태도가 필요하다.

4) 다문화교육과 관련된 이론

오늘날 우리 사회에 존재하는 다양한 문화들을 인정하고, 특히 소수문화에 대한 편견과 차별을 해결하여 사회통합에 기여할 수 있는 다문화교육의 필요성이 증대되고 있다. 즉, 다문화정책은 법제도 개선과 사회조직과 제도 마련을 비롯해 궁극적으로 다문화교육을 통해서 이행되어진다고 볼 수 있다.

다문화교육은 다양한 인종과 민족이 공존하는 미국을 중심으로 발전되었으며 성별, 종교, 계층, 직업, 인종 등에서 비롯되는 각 사회집단들의 고유한 문화적 특성이 다양하게 존재함을 강조하고, 서로 다른 문화집단과도 상호연결되어 있음을 인식하면서 시작하고, 우리 사회에 필요한 진정한 다문화교육은 어떤 모습이어야 하고 어떻게 전개되어야 하는지 방향설정과 더 나아가 우리 사회의 다양성 발굴과 공존, 그 가운데 아름다운 조화를 이루어 내는 사회를 완성시킬 수 있는 다문화교육이 필요할 것이다. 다문화교육이 어느 하나의 관점에 얽매이지 않고 각 나라별로 상이한 발전 단계를 거치고 있지만, 그것의 흐름을 통합적으로 검토하고 이론적으로 연구하는 작업으로 우리나라 다문화교육의 현주소와 전망을 생각해보는 데, 도움이 될 수 있는 뱅크스(Banks)의 다문화교육과 베넷(Benett)의 다문화교육 과정 이론에 대해 살펴보면 다음과 같다.

(1) 뱅크스(Banks)의 다문화교육 이론

미국의 다문화교육 이론가 뱅크스는 다문화교육을 다른 문화 관점으로 자기 문화를 인식함으로써 자기 이해를 증진하는 것, 문화 · 민족 · 언어적 측면의 다양성 교육, 소수인종, 민족들이 받는 고통과 차별을 감소시키는 것, 자신이 속한 문화 공동체, 시민 공동체, 지역 문화, 글로벌 공동체에서 활동하는 필요한 지식, 태도, 기능의 습득 지원 등으로 정의하였다. 그리고 모든 학생들이 성별, 민족, 문화, 언어, 사회계층, 종교 또는 예외성과 관련하여 어느 집단에 속해 있는지와 상관없이 학교에서 교육적으로 동등한 기회를 제공하는 것이라고 주장한다. 그리고 그가 주장한 다문화교육의 방향 또는 차원은 내용통합(content Integration), 지식구성과정(the knowledge construction process), 편견감소(prejudice reduction), 공평한 교수법(equity pedagogy), 학생의 역량을 강화하는 학교문화와 사회구조(an empowering school culture and social structure) 등 다섯 가지로 설명하고 있다〈표 2-3〉.

표 2-3. **뱅크스(Banks)의 다문화교육**

구분	내용
내용통합	교사들이 자신의 교과내용을 설명하기 위해 다양한 문화의 사례, 자료, 정보를 가져와 활용하는 정도를 지칭하는 것으로 대다수의 학자들이 다문화교육은 곧 내용통합으로 간주하는 경향이 있다.
지식구성과정	지식이 형성되는 과정에서 특정 학문의 문화적 가정, 관점, 편견 등이 어떠한 영향을 미치는지를 의미한다. 이러한 생각에는 특정 가치가 반영되어 있고, 주관적이라는 사고가 담겨 있다고 할 수 있다.
편견감소	학생들의 긍정적인 인종적 태도가 교수법, 교재에 의해 변화될 수 있는 전략을 다루는 것이다. 즉, 학생들이 다양한 문화적 경험을 통해 타민족, 인종 집단의 학생들과 학습 활동에 참여하게 된다면 학생들은 더욱 긍정적인 인종, 민족적 태도와 인성을 형성할 수 있다는 것이다.
공평한 교수법	교사가 다양한 문화에서 온 학생들의 학업 성취도 향상을 위해 각자의 다양한 학습양식에 맞춰 수업을 진행하는 교수법을 통칭하는 것이다.
학생의 역량을 강화하는 학교문화와 사회구조	다양한 민족, 인종, 문화, 사회계층 집단의 학생들을 성장시키는 학교문화를 만들기 위해 교직원과 학생의 상호작용을 검토하는 것이다.

그리고 뱅크스는 교과서에 문화적 다양성을 반영할 수 있도록 다문화교육과정 개혁을 위한 네 단계의 접근법을 제시하였다. 그가 제시한 기여적 접근법, 부가적 접근법, 변혁적 접근법, 사회 행동적 접근법의 개념과 특징을 살펴보면, 첫째, 기여적 접근법은 소수집단들이 주류사회에 기여한 점을 부각시켜서 그들의 자긍심을 키워 주고자 하는 것이다. 중요한 특징은 주류 교육과정을 유지하면서 한 나라를 대표하는 영웅, 공휴일, 문화적 요소(명절, 축제, 음식 등)에 초점을 맞추는 것이다. 이 접근법은 소수인종, 민족에게 소속감, 정당성 및 사회적 평등의 느낌과 효능감을 줄 수 있지만 소수집단들이 경험하는 억압, 불평등, 인종주의와 같은 사회 구조적인 문제에 대해서는 간과할 수 있다는 한계가 있다.

둘째, 부가적 접근법(Additive approach)은 교육과정의 기본적 목적과 특징, 구조적 변화 없이 소수집단의 문화와 관련된 개념, 내용, 주제, 관점 등을 교육과정에 첨가하는 것이다. 이 접근법은 민족집단과 관련된 인물, 사건이 소수집단의 규범이나 가치보다는 주류문화 기준에 반영하게 된다.

셋째, 변혁적 접근법(Transformation approach)은 앞서 설명한 기여적 · 부가적 접근법은 주류문화 중심 교육과정의 본질과 구조를 변화시키지 않고 민족에 대한 내용을 첨가시키는 것과는 다르게, 기존의 교육과정의 기본적 목표, 구조 및 관점에 있어 변화가 수반되고, 학생들이 다양한 시야에서 개념, 주제와 문제를 볼 수 있도록 돕는 것이다. 이 접근법의 주요 목표는 학생들이 다양한 민족과 문화의 새로운 관점에서 교육과정을 변혁하여 재구성하고, 개념과 사건 그리고 인물을 이해하고 지식이 사회적 구성물임을 이해하도록 돕는 것이다(Banks, 2008).

넷째, 사회 행동적 접근법(Decision-Making and Social Action Approach)은 학생이 학습한 개념, 문제, 주제들과 관련지어 스스로 의사결정을 내리고 프로젝트를 실천하는 것이다. 예를 들어, 스스로 소수민족의 축제행사에 대해 참석하거나 자료를 찾아보고 소수민족의 입장에서 바라본 그 나라의 역사를 기록하는 것이다. 이 접근법의 목표는 사회의 변화를 위해 학생들의 사회적 비판능력과 의사결정능력을 가르치는 것이다. 그리고 이 접근은 사회변화에 필요한 지식, 가치, 기능을 함양하도록 하고 인종적, 민족적, 문화적으로 소외된 집단들에게 참여기회를 부여함으로써 보다 민주적인 사회를 건설하고자 하는 것이다(차윤경, 모경환, 2011). 이를 모형으로 나타내보면 〈그림 2-1〉과 같다.

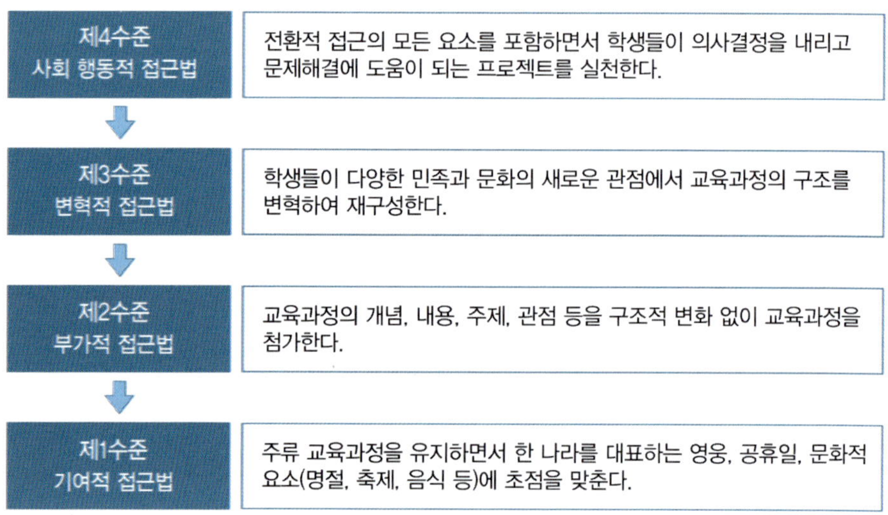

그림 2-1. 다문화교육과정 개혁접근법

출처: Banks(1993).

〈그림 2-1〉에서 보는 것과 같이 1수준과 2수준인 기여적 접근법과 부가적 접근법은 다른 문화를 가진 사람들의 행동을 설명하는 데 주류문화의 규정과 가치를 고수하는 반면, 3단계와 4단계인 변혁적 접근법과 사회적 활동 접근법은 교육과정 개혁에 있어 주류문화의 규정과 가치를 벗어나서 각자의 문화를 존중하는 보다 높은 수준의 개혁을 의미한다(장인실, 2003). 결론적으로 뱅크스는 다문화교육은 지식구성편견 감소 및 공평

한 교수방법, 학교문화와 사회구조 과정이 중요하며, 낮은 수준에 머물러 있는 학습자를 높은 수준으로 이끄는 것이라고 주장한다.

(2) 베넷(Benett)의 다문화교육과정 이론

베넷은 다문화교육의 핵심 범주를 평등한 교육, 교육과정의 개혁, 다문화 역량, 사회정의를 향한 교육 네 가지로 구분하고 있는데, 구체적인 내용은 〈표 2-4〉와 같다.

표 2-4. **베넷의 다문화교육**

구분	내용
평등한 교육	다문화교육의 핵심이고 소수집단의 학생들이 공평한 교육적 기회를 이룰 수 있도록 하는 것이고, 국가 차원에서 학생 모두가 소외됨이 없이 공평한 교육기회 제공의 필요성을 강조하는 것이다.
교육과정의 개혁	평등교육을 근본으로 삼고 주류집단의 관점으로 다른 문화를 이해하는 것이 아니고 다차원적인 관점으로 다민족적이고 전지구적인 관점에서 새로운 교육과정의 개혁을 의미한다.
다문화적 역량	다문화사회에서 요구되는 개인의 역량을 함양하고 발전시키는 것이다. 그리고 인종과 문화적 편견없는 열린 마음의 자세와 세계화적 시야에서 지식의 습득 등을 의미한다.
사회정의를 향한 교육	사회기관에 중점을 둔 것으로서 학생들이 인종이나 성, 계급차별의 문제점을 인식하고 차별에 대한 투쟁과 문제해결과정에 적극적으로 참여하도록 하는 교육을 의미한다. 또한 각국에서 나타나고 있는 인종차별주의나 성차별주의, 계급차별주의에 대해 증거들을 감지하고 이해할 수 있는 능력을 발달시키는 것을 강조하는 것이다.

다문화교육은 평등교육을 목표로 교육과정 개혁을 주류집단과 소수집단의 모든 사람들이 다문화적 능력을 배양하여 사회정의 실현에 참여할 수 있도록 하는 교육이라고 할 수 있다. 다문화적 능력은 다양한 방식으로 인식하고 생각하고 평가하고 행동할 수 있는 역량, 문화적 다양성을 이해하고 조율하는 능력이다. 따라서 다문화교육은 문

화다원주의를 지향하는 다문화사회에서 모든 학생이 문화적·민족적 다양성을 존중하고 발전시키는 데 필요한 지식, 기능, 태도를 함양하는 총체적 교육운동이다.

지금까지 설명한 베넷의 다문화교육의 핵심 범주 네 가지, 평등한 교육, 교육과정의 개혁, 다문화 역량, 사회정의를 향한 교육의 모형은 〈그림 2-2〉와 같다.

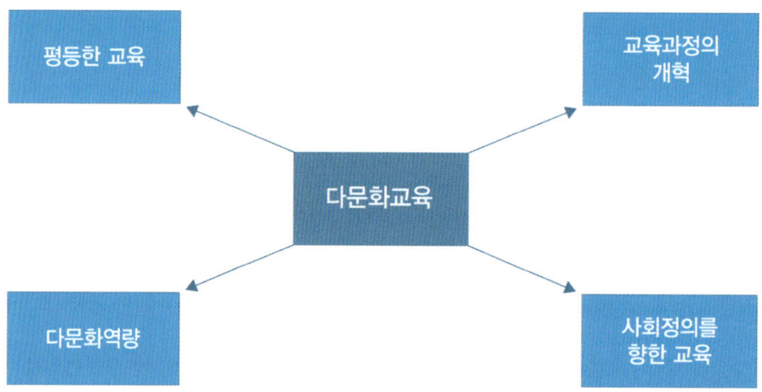

그림 2-2. **다문화교육의 구성요소**

출처: Bennett(2009).

베넷(2011)은 학습자가 요구하는 개념교육과정에 있는 주류집단의 관점과 교과서 내용의 편견, 다양한 매체의 교육적 효과를 제고하고 올바른 방향으로 개혁하는 것에 중점을 둔 다문화교육과정 모형을 제시하였다. 그리고 다문화교육을 지구촌교육과 연관지어 그 교육의 목표를 〈표 2-5〉와 같이 6가지로 제시하고 있다(Bennett, 2009).

표 2-5. **베넷의 다문화교육목표**

구분	목표	주요내용
목표 1	다양한 역사적 관점 이해	다양한 국가와 인종 집단들의 유산과 공헌들에 대한 지식과 이해
목표 2	문화적 의식개발	자신의 세계관 이외 이주민이 갖는 다양한 가치관이 크게 다르다 것에 대한 인식
목표 3	문화적 역량	서로 다른 문화 인식 및 소통능력, 타문화에 대해 감정이입, 의사소통능력 함양
목표 4	성 · 인종차별과 편견에 대한 대응능력	반성차별주의적 반인종차별, 행동을 발전시켜 나아가는 것
목표 5	전 지구적 역동성에 대한 인식	세계는 하나의 단순한 사건이 극적인 효과와 결과들을 가져오는 상호연관된 거대한 생태계임을 인식하는 것
목표 6	사회적 행동 기능개발	인간의 복지 및 지구의 미래를 위협하는 주요 문제들을 해결하는데 도움이 되는 지식, 태도 그리고 행동들을 발전시키는 것

출처: Bennett(2009).

베넷은 6가지 다문화교육을 위한 체계적인 모형을 제시했으나 내용적인 측면을 보면, 미국적인 방식으로 구성되어 있어 우리나라의 다문화교육과는 맞지 않을 수가 있다. 결론적으로 다문화교육은 문화의 다양성을 존중하고 차이와 차별을 구별하고, 다문화교육의 지향점은 사회분열이 아닌 사회통합을 지향하고, 민주적 가치를 전체 구성원에게 확장시키며, 그리고 소수집단이 아닌 모든 집단을 위한 교육이어야 된다. 우리나라는 단일민족 사회에서 다문화사회로 급격하게 전환되고 있기에 앞으로 다문화교육은 보다 더 강조될 필요성이 있다.

5) 다문화간호와 관련 이론

다문화사회 이주민들의 고유문화에서 주류집단 문화로의 이동은 새로운 사회에 적응이라는 환경적 변화과정을 경험하게 되면서 개인 또는 집단 간 단시일 또는 오랜 기간에 걸쳐 일어나는 다양한 결과를 문화적 적응으로 정의할 수 있다. 즉, 다문화사회 적응이란 개인이 환경과 조화롭고 균형 있게 상호작용하면서 신체적, 심리적, 사회적, 경제적으로 성장하며 일상적인 삶을 적절하게 사는 것을 의미한다. 그리고 다문화건강은 다문화사회 구성원들에 대한 인간 존엄성의 존중 차원에서 건강한 생활을 유지하기 위해 인종적, 문화적 다양성에 의해 발생할 수 있는 충돌을 조화롭게 극복하여 형성되는 총체적 결과이며 다문화건강 수준은 건강과 질병의 연속선상에서 발생하는 적응과 부적응 및 문화적 돌봄 등이 영향을 미칠 수 있다. 그들의 신체적, 사회적 및 환경적 건강은 사회적 비용과 부담을 최소화하는 데 매우 중요한 요소이다.

(1) 레닌저(Leininger)의 횡문화 간호

레닌저는 횡문화 간호이론의 창시자이면서 다문화적 배경을 중심으로 돌봄이론의 선두 주자이고 간호 수행 시 문화적으로 적합한 간호를 제공하여야 한다고 주장하였다. 횡문화 간호는 대상자가 가진 고유한 문화적 특성에 맞는 개별화된 간호를 수행하고 다양한 대상자가 가진 차이점과 다양성을 존중하는 최적의 간호를 제공하는 것이다. 1978년 레닌저는 문화와 돌봄의 긴밀한 관련성에 대해 돌봄없는 치료가 있을 수 없고, 문화에 따라 돌봄에 대한 가치와 행위가 다르다고 주장한 횡문화 간호이론을 발표하였다. 횡문화 간호의 목표는 특수한 문화에 적용 가능한 간호와 횡문화적으로 통용되는 간호에 대한 지식체를 발전시키는 것이다. 돌봄을 행하는 자는 특정한 문화적 배경에 대한 특별한 마음가짐과 자세를 가짐으로써 문화적 역량을 높여야 한다.

레닌저(1991)는 횡문화 돌봄이론에서 문화적으로 적합한 간호란 '대상자의 질병과 장애 유무 혹은 임종을 앞두고 있느냐와 상관없이 그들의 문화적 신념에 맞게 의미 있는 간호를 제공하는 것'이라고 정의하였다. 그녀는 횡문화적 돌봄이론을 통하여 간호사는 문화적 가치, 신념, 관행에 부합되는 돌봄을 제공하여 대상자의 건강과 안녕 또는 질병, 불구, 죽음을 예방해야 한다고 하였다. 돌봄(care)은 하나의 현상이고 인간의 상태나 생활 방식을 개선하고 향상시키기 위해 명백한 또는 예측되는 요구를 가진 개인이나 집단을 도와주고 촉진하려는 활동과 특별한 상황적 요구에 대처하는 것이라고 하였다. 영어의 care와 caring은 국어로 '돌봄' 혹은 '보살핌'에 해당함을 알 수 있다. 레닌저의 횡문화적 돌봄(연구방법: 민속학적 방법사용) 이론에 기초가 되는 중요한 가정을 1984년에 출간된 『돌봄: 간호와 건강의 핵심』에서 〈표 2-6〉과 같이 제시하고 있다.

표 2-6. 레닌저의 횡문화적 돌봄이론의 가정

- 간호의 핵심이고 간호학에서만 유일하고 독특한 통합적 본질이면서 인간 발달에 없어서는 안된다.
- 대상자의 상태를 편하게 하고 향상시키는 보조, 지원 또는 이를 가능하게 하는 활동이다.
- 문화권에 따라 다른 의미를 표현할 수 있고, 인간에 대한 동정, 흥미 그리고 관심의 감정을 말한다.
- 인간은 돌봄을 통해 삶의 사건들을 해결해 나간다.
- 활동과 과정은 출생, 발달, 성장, 생존 및 행복한 죽음을 위해 필수적이다.

그리고 레닌저(2002)는 돌봄행위야 말로 간호와 다른 학문을 명확히 구별한다고 주장하면서 돌봄에 대한 연구의 이유를 〈표 2-7〉과 같이 설명하고 있다.

표 2-7. 레닌저의 돌봄에 대한 연구의 이유

- 돌봄은 인간의 성장과 발달, 생존을 위해서 매우 중요하며, 인간의 존재 시작부터 유지되어 왔다.
- 적절한 간호를 제공하기 위해서는 서로 다른 문화의 간호제공자와 수혜자의 역할을 이해해야 한다.
- 인간의 치유와 건강 및 생존을 위한 필수적 요소로서 돌봄을 보존, 활용하기 위함이다.
- 문화적 관점에서 벗어나 돌봄을 제한적으로 연구함으로써 간호지식체의 존재론적, 인식론적 기초를 간과했기 때문이다.

또한 레닌저는 민족간호 연구방법을 개발하여 대상자 관점에서의 질적 방법을 통한 연구를 강조하였다. 이 접근법을 사용하는 연구자는 일상생활을 대상자들과 함께하면서 그 문화의 치료적 간호와 돌봄행위의 핵심과 과정, 본질 및 속성 등을 확인해야 한다. 그는 간호와 인간 현상을 연구하기 위해 민족 과학적 방법을 사용하였는데, 이것은 특정 문화에 속한 사람들의 행위와 이들이 자신과 우주를 지각하고 이해하는 방법을 알아내기 위해 이들의 삶의 방식을 체계적으로 연구하는 것이다. 레닌저는 이론의 핵심 요소를 설명하기 위해 해돋이 모형(sunrise model)을 개발하였다〈그림 2-3〉.

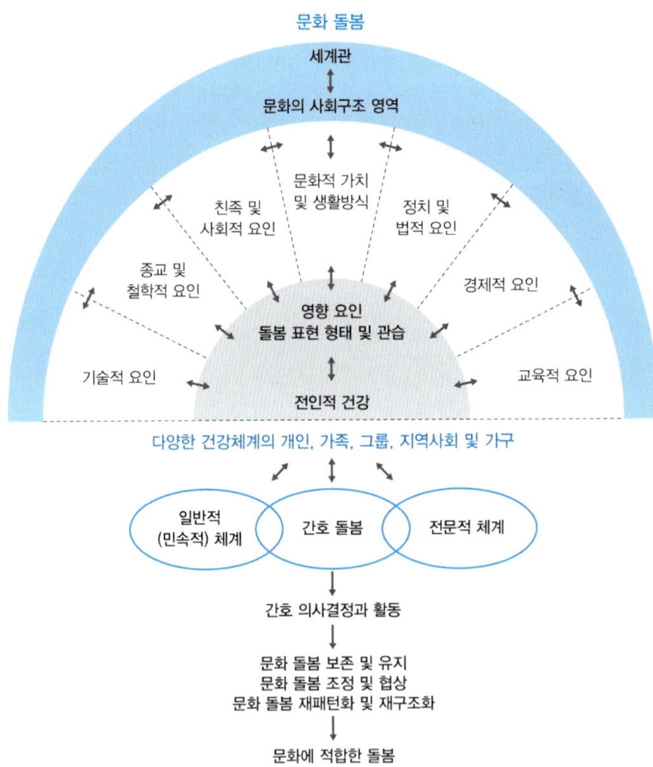

그림 2-3. 레닌저의 횡문화이론의 해돋이 모형

출처: 노기옥 외(2019). 문화다양성 사회와 건강. 수문사. p.31.

이 모형은 해돋이로 돌봄을 나타내고 있는데, 반구는 언어와 환경을 통해 돌봄과 건강에 영향을 미치는 사회구조와 세계관을 나타낸다. 이 요인들은 모형의 하위체계에 나타나 있는 민간과 전문적 건강체계 및 간호체계에 영향을 미친다. 반구와 하위체계를 형성한 두 개의 영역인 '해'는 간호사가 인간 돌봄과 건강을 다루기 위해 고려해야 할 우주를 나타낸다. 간호는 문화적 돌봄의 보존, 문화적 돌봄의 적응 및 문화적 돌봄의 재패턴화의 3가지 형태의 간호활동을 통해 민간과 전문적 건강체계의 가교역할을 한다. 횡문화적 돌봄이론과 관련하여 중요한 용어의 정의는 〈표 2-8〉과 같다.

표 2-8. **횡문화적 돌봄이론과 관련된 용어**

구분	내용
문화 (culture)	사고, 결정, 행동 및 생활양식 등을 인도해 주는, 학습되고 공유되어 전수된 가치, 신념, 규범 및 생활 방식을 말한다.
문화적 돌봄 (cultural care)	개인이나 집단이 안녕을 유지하고 인간의 상태나 생활방식을 개선하며, 죽음이나 불가능한 건강 극복에 직면할 수 있도록 도와주고 지지하며 촉진하려는 가치, 신념, 패턴화된 표현들을 말한다.
문화적 돌봄의 다양성 (cultural care diversity)	건강을 위해 인간 상태나 생활방식의 개선을 위해, 죽음에 대처하기 위해, 문화적으로 나타난 돌봄의 의미, 패턴, 가치 및 상징들의 다양성을 말한다.
문화적 돌봄의 보편성 (cultural care universality)	건강을 위해, 인간 상태나 생활방식의 개선을 위해, 그리고 죽음에 대처하기 위해 문화적으로 나타난 돌봄의 공통적이고 비슷하며 일정한 의미, 패턴, 가치 및 상징을 말한다.
문화적 돌봄의 재패턴화 (cultural care repatterning)	대상자로 하여금 건강이나 그들에게 의미있는 생활 패턴을 변화시키도록 돕기 위해 재구성되거나 변화된 설계를 말한다.

(2) 로이(Roy)의 적응이론

로이의 적응이론은 인간을 하나의 개방체계로 바라보고 인간은 환경의 자극을 받으며 환경변화에 부단히 적응해 나가는 존재로서 개인의 적응수준에 따라 결과가 각각 다르며 적응을 잘하는가 적응을 하지 못하는가에 의해 높은 수준의 안녕에서 죽음에 이르는 건강-죽음 연속선상의 어느 지점에 위치하게 된다고 하였다.

적응을 잘하는 사람은 융통성 있게 자기 스스로 만족감과 행복하다는 감정을 갖고, 자기의 요구를 충족시켜 나가고 주위 사람들에게 인정을 받으며, 모든 현실문제에 대하여 적극적으로 참여하고 해결해 나간다(제미순, 2004). 반면 적응을 잘하지 못하는 사람은 사회의 질서와 규범에 조화되지 못하며 다른 사람들과의 관계에서 장애가 될 뿐 아니라 자기 자신의 발전에도 바람직하지 못한 상태를 불러오게 된다(이은숙, 2002). 적응이란 결국 다문화사회의 이주민과 주류사회 문화 사이에 존재하는 개념으로 자신의 필요뿐 아니라 주어진 환경에 스스로를 맞추어 가는 과정과 자기의 욕구를 충족시켜 주기 위해 환경을 변화시키는 행동과정이라고 할 수 있다(김현경, 2009). 로이의 적응이론에서 그는 인간은 하나의 체계로서 주변의 환경으로부터 지속적으로 투입되는 자극(초점자극-관련자극-잔여자극)을 주어졌을 때, 내부 과정의 대처기전(조절기전-인지기전)을 활용하여 적응 양상(생리적 기능 양상-자아개념 양상-역할기능 양상-상호기능 양상)이 활성화된 후 반응이 나타난다고 하였다.

인간이 상황에 적극적으로 반응하고 변화하는 관점을 설명하기 위해 초점자극, 상황 관련자극, 잔여자극의 3가지로 구분하여 설명하였다. 초점자극(focal stimulus)은 인간행동을 유발하는 즉각적이며 직접적인 사건이나 상황 변화이다. 상황 관련자극(contextual stimulus)은 초점자극을 제외한 인간행동에 영향을 미치는 모든 다른 자극을 말하는데 인간체계 안이나 밖에 존재하는 모든 환경 요인이다. 잔여자극(residual stimulus)은 인간행동에 간접적으로 영향을 미치는 요인으로 대부분 측정하기 힘든 신념, 태도 등이며 인간체계 안이나 밖에서의 환경적인 요인으로 현재 상황에 미치는 영향이 확실하지 않는 것들로 정의하고 있다(김미애, 2005).

이를 다문화사회 적응에 비추어 볼 때 초점자극 단계로는 이주민들이 개인이 생활해 온 환경에서 새로운 주류환경에 전이됨으로써 의식 내에는 새로운 주류문화 환경이 초점이 되며, 상황 관련자극(contextual stimulus) 단계에 비추어 볼 때 다문화사회의 소수집단의 이주민들은 주류사회의 자국민들이 적응하는 것에 비해 주류사회 문화 그 자체가 더 많은 관련자극을 발생시킬 수 있다. 예를 들어, 이주민들은 이중 문화, 언어에 노출되었다가 주류문화를 접하게 되면 서투른 모든 환경에 적응해야 되기 때문에 자국민들 보다는 많은 상황 관련자극을 갖게 된다. 마지막으로 로이의 적응이론에 제시된 잔여자극(residual stimulus)은 초점자극에 현재 반응에 영향을 줄 수 있는 과거의 경험, 신념, 가치 등이 반영된 것이다. 예를 들어, 갑자기 집안에 큰일이 생겨 중요한 약속을 지키지 못하였을 때 시간에 대한 고통스러운 기억을 가질 수 있다. 이를 다문화사회 이주민과 관련지어 설명하자면 이주민들에게 영향을 미치는 요인들에 대해서는 지금까지 확인하지 못한 내적 요인들이 있을 수 있다. 따라서 다문화사회의 이주민들이 잘 적응하기 위한 환경적 검토를 위해서는 초점, 관련, 잔여자극 상황과 관련된 내·외적 환경 영향의 확인이 필요하다.

그리고 대처기전은 인간이 변화되어 가는 환경에 대처하는 생물학적, 심리학적 능력이다. 생물학적 대처기전의 일부는 유전으로 결정되지만, 대부분은 학습을 통해 후천적으로 습득된다. 대처기전은 조절기전과 인지기전 2가지의 적응 기전을 나누어 설명하고 있는데, 첫째, 조절기전은 자극이 투입되었을 때, 척수·뇌를 중심으로 하는 신경계 반응 또는 내분비계를 중심으로 하는 호르몬계 반응, 지각을 중심으로 하는 정신·신체반응을 주로 관장하는 기전으로, 대개 자동적이고 무의식적인 반응을 나타낸다. 즉, 이주민들의 육체가 변화하는 환경을 이길 수 있도록 주류문화라는 자극이 투입되었을 때 중추신경계, 내분비계 반응을 통한 자율적 대처기전으로 무의식적이고 반사적인 반응을 나타낸다. 둘째, 인지기전은 자극이 투입되었을 때 인지적 정보처리, 학습, 판단, 정서 등의 과정을 통하여 사회 심리적 반응을 관장하는 기전이다. 인지적 정보처리과정은 주의집중·기억에 대한 행동을 포함하고, 학습은 모방·강화 등의 행동을, 정서과정을 통해서는 애착·애정·불안 해소 등의 행동을 관장한다.

이들 대처기전의 작용은 4가지 적응양상과 관련되며, 조절기전은 생리적 적응양상과 연관되고, 인지기전은 자아개념 · 역할기능 · 상호의존 적응양상과 주로 연관된다. 적응양상이란 대처기전의 활동으로 나타나는 적응방법의 종류로서, 인간이 기본적으로 가지고 있는 욕구를 향하여 나타내는 행위들의 모임이라고 할 수 있다. 로이는 변화하는 환경에 대처하는 과정을 생리적 양상, 자아개념 양상, 역할기능 양상, 상호의존 양상의 4가지 적응양상으로 조절됨을 설명하였다. 즉, 로이의 적응이론은 개인의 건강을 위한 간호 접근에 생리적인 문제뿐 아니라 자아개념, 역할기능, 상호의존 양상을 사정하고 이에 영향을 미치는 자극원도 항상 관련자극과 잔여 자극을 함께 고려하기 때문에 다문화사회의 이주민들이 적응해야 하는 주류문화 접근에 매우 바람직한 방향을 제시해 준다. 그리고 로이의 이론은 인간의 생존에는 환경의 요구와 적응 능력의 계속되는 자기조절기전이 작용되며, 적응과정은 심리적 · 사회문화적 적응뿐만 아니라 생리적 과정과 연결되어 인간의 전인적 측면에서 진행됨을 알 수 있다.

2 다문화 관련 용어

1) 다문화

다문화(multiculture)라는 용어를 명확하게 정의하는 것은 어려운 문제이다. 왜냐하면 문화에 대한 정의가 다양하듯 다문화의 정의 역시 명확하게 규정하는 것이 어렵기 때문이다. 문화의 역동성과 변화로 인해 세계화 또는 국제화의 흐름 속에서 서로 다른 문화와 만나고 부딪히면서 상호 간에 영향을 주며 또다시 새로운 문화가 형성되어 왔다. 서로 다른 다양한 문화가 밀접한 관계를 맺고 상충하는 가운데 발생하는 여러 양식의 문제를 조화롭게 극복하고자 하는 의도에서 '다문화' 또는 '다문화주의'라는 용어가 생겨난 것이다(장영희, 1997). 즉, 다문화란 서로 다른 문화가 부딪히고 영향을 주고받는 가운데 각 문화를 연결하고 조화롭게 적용하고자 하는 사회적 필요성에 의해 생겨난 개념이다.

2) 다문화교육

다문화교육은 다양한 민족, 인종, 계층, 성별, 지역 등에 의해 발생하는 다양한 집단의 문화를 이해하는 능력과 문화적 차이에 의해 발생되는 편견이나 갈등문제에 대해 적극적으로 대처하는 능력을 함양하도록 하는 교육을 말한다(김문홍, 2010). 우리나라에서 다문화교육이라는 용어가 부각되기 시작한 것은 2006년 하인즈 워드(Hines Ward)의 방문 이후이다. 미국에서는 1970년대부터 다문화교육이라는 용어를 사용하여 오고 있다. 다문화교육을 정의하는 것은 학자마다 조금씩 다르다. 그 중 다문화교육의 선두자격인 뱅크(Bank, 2008)는 다문화교육을 문화적, 민족적, 언어적 대안을 가르치는 것이며, 모든 학생이 자문화, 주류문화, 그리고 타문화가 공존하는 다문화사회에서 요구되는 지식과 기능, 태도를 습득하는 데 있다고 하였다.

또한 다문화교육은 주류문화 속에 사회적 약자나 소수자의 문화에 대한 편견과 고정관념을 타파하며 주류사회나 문화에 완전히 동화되는 과정에서 겪게 되는 정체성 혼란, 소외 등과 같은 고통과 차별이 고착되도록 하는 사회구조를 개선하여 다양한 가치와 문화가 상존하는 사회를 지향한다(Bank, 2008). 즉, 다문화교육은 다양성을 인정하고, 평등을 추구하는 교육으로 인종, 언어, 문화, 종교, 성 등의 차이가 존중되어지며 차이가 결점이 아닌 장점으로 그리고 경쟁력으로 인정되어질 수 있도록 지원한다. 따라서 다문화교육은 차이를 동등하게 인정하는 교육이라고 볼 수 있다(Ghosh &

Galczynski, 2016). 최근 들어 교육부도 다문화교육에 대한 통일된 정의는 없으나 가급적 포괄적인 정의를 사용하여 모든 학생이 다문화교육의 대상이 될 수 있도록 정의할 것을 권하고 있다(교육부, 2017).

3) 횡문화 간호

치료, 건강, 환자의 유형 등 전반적인 비교 문화에 초점을 둔 임상 분야이며, 문화적 가치관, 신념, 관습의 다름과 유사함을 존중하고, 다양한 인구집단에서 문화적으로 적절하고 민감하게 반응하는 실력을 갖추고 간호를 하는 것이다.

4) 문화적 역량

문화적 역량(Cultule Competency)은 다양한 문화적 상황에서 생기는 문제들을 해결할 수 있는 지식, 기술, 태도 및 실천능력을 갖춘 것을 의미한다. 즉, 한 개인이 자신과 다른 언어적 문화와 배경을 가진 사람들과 효과적으로 상호작용하는 능력인 문화적 역량의 향상을 위해서는 새로운 문화에 대한 지식을 쌓아야 하며, 수용 가능한 사회기술의 습득뿐만 아니라 문화적 민감성과 유연한 태도를 가지고 상호작용 시 타인의 가치나 관점, 삶의 방식 등을 이해하려는 노력이 필요하다.

5) 문화적 돌봄

문화적 돌봄(Cultural Care)은 개인이나 집단의 안녕을 유지하고 인간의 상태나 생활 방식을 개선하며, 죽음이나 불가능한 건강 극복에 직면할 수 있도록 도와주고 지지하며 촉진하려는 가치, 신념, 패턴화된 표현들을 의미한다.

CHAPTER 03

세계화와 다문화

03 Chapter 세계화와 다문화

배울내용

1. 세계화의 개념
2. 세계화의 특징 및 문제점
3. 인구이동
4. 세계화 시대의 문화 혼종성과 정체성

학습목표

1. 세계화의 개념을 이해한다.
2. 세계화의 특징 및 문제점을 파악한다.
3. 인구이동의 개념과 현황을 파악한다.
4. 세계화 시대의 문화 혼종성과 정체성을 이해한다.

1 세계화의 개념

1) 세계화의 의미

세계화란 교통 · 통신의 발달로 상호작용하는 범위가 전 지구적으로 점차 확대되고 심화되어 감에 따라, 우리가 이제 지구라는 하나의 마을에 사는 것처럼 되어 가는 현상을 의미한다. 맥그루(Mcgrew, 2007)는 이러한 세계화를 〈표 3-1〉과 같이 설명하고 있다.

표 3-1. **세계화의 의미**

- 정치적 경계를 넘나드는 사회, 경제, 정치적 행위들이 증가하여 세계 어느 한 지역에서 일어난 사건이나 결정 및 행위들이 멀리 떨어진 지역에 사는 개인과 공동체에게도 영향을 미친다.
- 모든 영역에서 사회적 존재들의 상호 연계성이 증가하고 강화시키는 경향이 있다.
- 지구적 상호작용 및 과정이 가속화되는데, 전 세계적으로 교통과 통신체제가 발전함으로써 이념, 뉴스, 자본, 정보, 상품, 기술이 세계적으로 이동하는 속도가 증가한다.
- 지구적 상호작용의 범위와 강도 및 속도의 증가와 관련된 지구적, 지역적 연결망이 심화되어 세계를 공유된 사회적 공간으로 보는 집단적 인식을 증가시킨다.

세계화는 1960년대 이후 세계경제의 다양한 경영환경을 통하여 2000년대 이르러 마침내 '세계화(Globalization)'라는 단어를 사용하기 시작하면서 발전하게 되었다. 즉, 세계화란 전 세계시장의 단일화 현상을 말하며, 특히 세계화된 경제활동의 여러 요소들을 통합하여 이루어지는 것을 의미한다. 그러므로 세계화란 곧 국가개념의 경제활동이 전 세계적으로 확산되어 하나의 거대한 국가의 개념으로 나타나는 현상이다. 그리고 높은 무역의 장벽을 무너뜨리고 상호의존적인 가운데 하나로 통합된 과정, 즉 세계화를 이루어 가는 것이다(박승락, 성옥석, 2016).

1980년대 이후 세계경제는 급속도로 변화하게 되었다. 구체적으로 국가 간에 물리적인 국경의 의미가 상실되고 세계경제는 상호의존 관계(interdependent relationship)가 심화되어 하나의 지구촌을 형성하고 있다. 세계화가 낳은 역사적인 의의는 온 세계가 하나의 마을, 즉 하나의 국가개념이라고 할 수 있다. 이러한 세계화에 영향을 미친 요인은 교통과 통신의 발달이며, 이를 통하여 무역이 확대되고 전 세계에 문화가 확산되어 마침내 하나의 동질의 개념인 한 국가의 문화와 같은 성격을 가지게 되는 것이다(박승락, 성옥석, 2016).

2) 세계화의 변천과정

세계화의 변천과정을 전근대의 세계화, 근대 초기의 세계화, 근대의 세계화 및 현대의 세계화로 구분하여 살펴보면 다음과 같다(조미영, 2020).

(1) 전근대의 세계화

전근대는 지금부터 약 9,000~11,000년 이전은 물론이고 엄청나게 오랜 시기를 모두 포괄한다. 그 후 수천 년 동안 이들과 여타 문명들은 멀리까지 권력을 확장하고, 더욱 먼 거리까지 무역을 확대하는 능력을 발전시켰다. 이 시기는 부분적으로 세계화의 모든 특징에 한계가 있다는 공통점을 갖고 있었다. 즉, 여러 영역에서 의미심장한 사회적 · 하부구조적 혁신이 있었지만, 지구적 상호작용의 범위는 이용 가능한 기술의 한계로 인해 크게 제한을 받았다. 더 나아가 이 시기의 세계화는 주로 유라시아 대륙 내의 지역 간 · 문명 간 교류라는 특징이 있었다. 오세아니아와 아메리카는 자율적인 문명으로 남아 있었고, 아프리카－유라시아 대륙의 서단(대서양안 유럽), 동단(동남아시아와 일본), 남단(남부아프리카)을 하나로 묶는 직접적이고 정기적인 네트워크 또는 흐름은 미비한 수준이었다(David Held, 2002).

이 시기 세계화의 하부구조(운송과 통신)는 믿을 수 없을 만큼 다양하고 불균질적이었다. 하부구조의 변화가 전혀 일어나지 않은 지역도 있었다. 변두리의 여러 지역은 제국의 중심지와 상호연결이 거의 없었으며, 여타 권력의 중심지들과는 더더욱 연결되어 있지 않았다. 제국의 크기와 규모는 제국의 인프라가 미치는 범위를 상당부분 제한하였다. 따라서 이 시기에는 지역 간 · 문명 간에도 제도화된 조정의 형태가 거의 출현하지 않았다.

(2) 근대 초기의 세계화(1500~1850년경)

16세기 초는 근대 유럽의 핵심적 제도들이 탄생·발전하고 유럽인의 기술 및 권력이 다른 모든 문명의 기술과 권력을 능가하게 된 현상이 이어지는 유럽 국가들의 지구적 제국 창조로 인하여, '서구의 융성'이라고 일컬어지는 시대를 의미한다. 이 시기의 세계화는 유럽·아메리카·오세아니아 사이의 인구적·환경적·역학적 흐름에 의해 주도되었다. 이러한 흐름은 지속적인 정치·군사 관계와 유럽의 제국들에 의해 강화되었다. 새로운 형태의 경제적 세계화 역시 속도가 붙기 시작하였다. 유럽제국의 요지들은 지구적 상호작용으로 연결되었고, 점점 많은 교류가 이루어졌다. 유럽과 미국의 산업화 이후에 원자재·농산물·완제품의 무역이 더욱 활발해졌으며, 이와 함께 국제적 은행제도의 발전과 영국에서 아메리카로의 자본투자 흐름이 발생하게 되었다.

이 시기 대부분 동안 세계화의 하부구조(운송과 통신)는 그 이전 시대의 하부구조와 크게 다르지 않은 기술에 바탕을 두고 있었다. 유럽 내에 기계화된 인쇄술이 확산되어 문화적 교류의 순환과 밀도는 확실히 증가되었다. 이 시기 말경 철도, 기계화된 철선, 운하, 도로건설의 발전으로 원거리의 상호연결이 용이해졌다. 그러나 이러한 기술이 몇몇 핵심적인 서구국가 너머로까지 확산되지는 않았다. 세계화의 전근대적 시기에서처럼, 이 시기에 들어 초기의 접촉들과 예외적인 교류흐름은 영향력이 그다지 뚜렷이 드러나지 않았고 또 그다지 즉각적으로 효과가 나타나지도 않았다. 이처럼 근대 초기에는 유럽에서 새로운 형태의 영토가 출현하며, 이와 함께 주권을 가진 독립 국가를 감싸는 고정된 국경이 출현하게 되었으며, 주권적 영토국가와 국민 간의 관계는 세계화가 진행되는 근대 이후 기간까지 지속적으로 발전하게 되었다.

(3) 근대의 세계화(1850~1945년경)

근대의 세계화는 지구적 차원의 정치·군사 관계의 엄청난 팽창과 더불어 범위가 넓고 강도가 높으며 사회적으로 중요한 의미를 가지는 경제적 세계화 유형이 생겨나게 된 시기이다. 즉, 지구적 무역과 투자가 급증하였으며, 제1차 세계대전[1] 이전 유럽에서는 인류역사 상 신세계로의 대서양 간 이주가 최고조에 이르게 되었다.

이 시대의 결정적인 특징은 구미 제국들의 확장된 정치 · 군사 범위에 있었다. 그 결과 진정한 지구적 상호연결망이 창조되었다. 또한 무역과 투자가 역사적으로 최고수준에 도달하였으며, 국제적인 경제적 상호작용 및 흐름의 거대한 네트워크가 나타난 시기이다. 이와 유사한 방식으로 대서양 간 이주가 늘어나면서 이주유형도 더욱 세계화되었다. 이 당시 모든 영역에서 지구적 관계의 강도가 증가했는데, 이것은 무역, 투자 그리고 이주 영역에서 가장 명확하게 나타났다.

이 시기의 세계화는 결정적으로 제1차 세계대전 때문에 막을 내렸다. 제2차 세계대전이 일어나면서 일본과 유럽 강대국들의 지구적 제국이 대단히 약화되어 마침내 와해

1) 

제1차 세계대전(World War I)은 1914년 7월 28일부터 1918년 11월 11일까지 일어난 유럽을 중심으로 한 세계대전이다. 제2차 세계대전이 발생하기 전까지는 단순히 세계대전(World War) 또는 대전(Great War)이라고 불렸다. 제1차 세계대전으로 병사 900만 명 이상이 사망했다. 기술 및 산업의 고도화와 전술적 교착 상태로 인해 사상자 비율이 악화되었다. 제1차 세계대전은 사망자가 가장 많았던 전쟁 중 하나이며, 참전국의 수많은 혁명 등을 포함하여 주요한 정치적 변화가 일어났다. 이 전쟁은 전 세계의 경제를 두 편으로 나누는 거대한 강대국들 동맹끼리의 충돌이다. 한쪽 편은 대영제국, 프랑스, 러시아 제국의 삼국 협상을 기반으로 한 협상국이며, 다른 한편은 독일 제국과 오스트리아-헝가리 제국이 있는 동맹국이다. 이탈리아 왕국은 독일 제국, 오스트리아-헝가리 제국과 함께 삼국 동맹에 가입되어 있었지만 동맹국에 참여하지 않았고 나중에는 협상국으로 참가하며 오스트리아-헝가리 제국을 침공했다. 이러한 동맹은 재조직되었고 더 많은 국가가 전쟁에 참여하도록 압력을 가하면서 확장되었다. 이탈리아 왕국, 일본 제국, 미국이 연합국에 가입했으며 오스만 제국, 불가리아 왕국이 동맹국에 가담했다. 궁극적으로 유럽인 6천만 명을 포함한 군인 7천만 명이 전쟁에 가담하면서 역사적으로 가장 큰 전쟁 중 하나에 동원되었다. 이 전쟁의 근본적인 원인은 신제국주의 때문이었지만, 직접적인 원인은 1914년 6월 28일 사라예보에서 오스트리아-헝가리 제국 왕위 후계자인 프란츠 페르디난트 대공이 세르비아 국민주의자 가브릴로 프린치프에게 암살당한 사건이다. 이 사건으로 인해 오스트리아-헝가리 제국이 세르비아 왕국에게 최후 통첩을 내리면서 7월 위기가 시작되었고, 지난 수십 년에 걸쳐 형성된 국제적 동맹끼리 서로 연결되었다. 수주 이내에 강대국끼리 전쟁이 시작했고 이 분쟁은 전 세계로 퍼져 나갔다(출처: Daum 백과).

될 정도가 되었다. 이 자리를 대신해서 패권적인 미국이 부상하여 지구적 공치의 공식 · 비공식 구조를 확립하게 되었다. 이와 함께 새로운 상호작용기술 및 하부구조가 지원하는 세계화의 새로운 물결이 무정형의 제국이 아닌 영토적으로 구획된 국민국가가 지배하는 세계를 휩쓸기 시작하였다.

(4) 현대의 세계화

현대의 세계화는 제2차 세계대전[2]의 결과, 즉 추축국의 패배, 유럽 구제국 세력의 소진, 전 세계적 세력구조를 완전히 바꿔 놓았던 미 · 소 냉전의 출현에 의해 결정적으로 형성되었다. 군사력의 군사적 관계는 지구적으로 확실한 균형이 잡혔고, 각종 무기 이전과 군사기술 이전 그리고 동맹체제가 그 뒤를 이었다. 이와 동시에 유엔과 그 핵심 제도 및 전문기구에 기반한 새로운 세계 정치질서가 출현하였고 이러한 군사적 · 정치

2) 

제2차 세계대전(Second World War, World War II)은 1939년 9월 1일부터 1945년 9월 2일까지 치러진, 인류 역사상 가장 많은 인명 피해와 재산 피해를 남긴 가장 파괴적인 전쟁이다. 통상적으로 전쟁이 시작된 때는 1939년 9월 1일 새벽 4시 45분 아돌프 히틀러가 다스리는 나치 독일군이 폴란드의 서쪽 국경을 침공하고, 소련군이 1939년 9월 17일 폴란드의 동쪽 국경을 침공한 때로 본다. 그러나 또 다른 편에서는 1937년 7월 7일 일본 제국의 중화민국 침략, 1939년 3월 나치 독일군의 프라하 진주 등을 개전일로 보기도 한다. 1945년 8월 6일과 8월 9일, 일본 제국 히로시마시와 나가사키시에 미국의 원자폭탄 투하 이후 8월 15일 일본 제국이 무조건 항복하면서 사실상 끝이 났으며, 일본 제국이 항복 문서에 서명한 9월 2일에 공식적으로 끝났다. 이 결과로 동아시아에서 일본의 식민지로 남아 있던 지역들이 독립하거나 모국으로 복귀하고, 그 외에도 여러 제국들의 식민지가 독립하게 되었다. 제2차 세계대전의 전사자는 약 2,500만 명이고, 민간인 희생자도 약 3천만 명에 달했다. 2차 대전 발발전, 일본 제국은 1937년 중국 침략 때 난징 등에서 대학살을 감행하여 겁탈과 방화를 일삼으며 수십만 명의 난징 시민을 무자비하게 살해하였고, 전쟁 기간 중 포로 학살 등 여러 전쟁 범죄를 저질렀다. 또한 나치 독일은 '인종 청소'라는 이유로 수백만 명 이상의 유대인과 롬인를 학살하였다. 영국 공군과 미국 육군항공대는 드레스덴 폭격과 뮌헨 공습을 감행하여 각각 20여만 명을 살상하는 등, 전쟁과는 상관없는 민간인들의 피해도 매우 심했다. 전쟁은 크게 서부 전선, 동부 유럽 전선과 태평양 전쟁으로 구분할 수 있다. 이외에도 아메리카, 오세아니아, 아프리카, 중동, 대서양 해역과 인도양 해역 등에서 벌어진 기타 하위 전선도 2차 대전의 전역에 포함된다(출처: Daum 백과).

적 관계의 지구적 구조물이 유럽 제국들의 해체와 사하라 이남 아프리카, 중동 및 북아프리카, 남아시아와 동아시아, 태평양 국가들의 탈식민지화 · 독립 · 국가형성 과정을 감독하게 되었다. 1990년대에 전 세계의 정치적 기본단위는 거의 전부가 영토적 국민국가였다. 냉전이 막을 내리고 소련이 해체되면서 전 세계의 마지막 제국적 구조가 국민국가들의 새로운 결합체로 교체된 것이다.

현대의 세계화는 또한 지구적 이주유형의 변화를 불러왔다. 새로운 유형의 지구적 이주에는 난민과 망명자의 폭발적인 이동, 라틴아메리카와 아시아로부터 북아메리카로의 이주, 중동과 남아시아에서 신흥 걸프경제권으로의 노동력 흐름 등이 포함되어 있었다. 새로운 지구적 통신 네트워크도 국경 사이를 제한 없이 넘나 들면서 모든 종류의 문화적 · 사회적 상호작용의 속도와 범위가 크게 변하였다.

이러한 변화는 문화적 차원의 다른 사회적 권력 및 하부구조와 경제와 정치를 비롯한 여러 영역에서 파급효과를 일으켰다. 산업화된 생산 및 소비의 전 세계적 확산은 서구 산업혁명의 해로운 결과와 결합되어 유례를 찾기 힘든 환경세계화 형태를 낳는 결과를 초래하였다.

2 세계화의 특징 및 문제점

세계화는 우리의 삶에 영향을 미친 가장 강력한 원인 중의 하나이다. 왜냐하면 자본, 재화, 노동, 문화, 정보가 국경을 넘어 전 지구적으로 교류 및 확산되고, 글로벌 생산네트워크의 형성과 금융체제의 세계화가 빠르게 진행되고 있기 때문이다. 세계화는 국민국가를 넘어 전개되고 우리의 삶 전체로 확산되었으며, 무엇보다 그것은 우리의 생활에서 시간과 공간의 개념을 급진적으로 변화시켰다. 지구 반대편에서 일어나는 일들도 이제는 예전보다 더 직접적으로, 또 즉시 우리 모두에게 영향을 미치고 있다.

1) 세계화의 특징

세계화의 과정은 단선적이고 일면적 과정이 아닌 중층적이며 복합적인 과정으로 이해될 수 있다. 즉, 세계화는 다양한 영역 간 · 지역 간 · 인종 간에 상이한 전개과정 속에서 진행된다. 세계화의 특징에 대해 살펴보면 다음과 같다(조미영, 2020).

(1) 사회의 지식화 · 정보화

정보기술 부분의 비약적인 발전은 자본 · 자원을 기반으로 한 문명에서 지식 · 정보를 기반으로 한 문명으로의 전환을 가속화시키고 있다. 이와 같은 지식기반 문명(knowledge-based civilization)에서 인간의 생활은 크게 변화한다. 뿐만 아니라 고도의 정보통신 네트워크를 통하여 사회의 모든 관계들도 혁신적인 변화를 유발하고, 정보통신 혁명은 시간과 공간을 결정적으로 압축시키고 있어 국경을 초월하여 모든 분야의 사람들을 직접 연결시키고 서로 소통할 수 있게 만드는 쌍방향적 통신 시대를 가능하게 하고 있다(이재기, 2004). 즉, 이전과는 비교할 수 없을 정도로 정보의 양과 속도가 거대해지고 또 신속해지고 있다. 그러므로 우리 생활의 거의 모든 부분이 정보화에 의하여 변화되고 있다고 할 수 있다.

이처럼 정보통신기술과 교통수단의 발달로 인해 세계는 점차 하나의 생활단위가 되어 가고 있다. 과거에 존재했던 지역들 간의 공간적 거리와 시간적 격차는 급속도로 압축되고 있다. 즉, 인적 · 물적 자본의 이동과 생활과 문화의 전파가 빠른 속도로 이루어지고 있고 지구촌이 하나의 공동체가 되어 가고 있다.

(2) 경제 · 기술의 초국적화

세계가 시장경제로 통합되면서 기업들의 초국적화도 급속하게 진행되고 있다. 세계경영체제를 구축한 기업들은 각 기업의 조직을 고도로 분화시켜서 최적의 투자지역을 찾아 전 세계 곳곳에 진출하고 있다. 따라서 세계화 시대의 기업들에게 있어 중요한 것은 국적이 아니라 수익성, 안정성, 성장성 측면에서의 최적의 투자지역이 된다. 상품에 있어서도 무국적 상품들이 대세를 이루며 인력 · 정보 · 상품 · 자본이 최적의 조건을 찾아 전 세계 각국을 자유로이 드나들고 있다. 과거에는 경제가 국제화한다고 해도 경제적 영토주권이 국가에 귀속되어 있었으나, 세계화 시대에서는 이러한 개념이 크게 희석되고 있다(이재기, 2004). 이러한 추세는 국민경제 상호 간에 통합성과 상호의존성을 증대시키는 방향으로 진행된다.

이처럼 교통, 정보, 통신기술의 급격한 발달은 각 나라의 국경을 넘어서는 활발한 경제적 교환을 가능하게 해 주었다. 이는 세계무역의 증가와 지구적 자본주의 또는 세계화 자본주의의 확산을 초래하였고, 초국적 기업에 의하여 계속 확장되고 있다. 기업 간의 전략적 제휴, 국제적 아웃소싱, 전속공급업자 선정, 초국적 합병 등 새로운 기업형태가 생겨나고 이들은 생산 및 통제의 집중을 가능하게 해 주었다(장신근, 2007). 이와 같이 경제적 세계화는 지구적 경제활동의 가속화로 인하여 지구촌에 거주하는 사람들 간의 경제적 삶이 향상되고, 상호 연관성에 의존하게 하는 특성을 지닌다.

(3) 문화적 세계화

문화는 끊임없이 창조되고 있다. 문화 창조는 어떤 문화에 대한 동일화와 차별화를 동시에 가능하게 해 주는 여러 제품, 가치, 실천들을 개인이 조합함으로써 이루어진다.

세계화는 문화 산물들을 전파함으로써 도시인들이 자기 자신의 하위문화를 창조하게 하고 이를 통해 다양한 소비 그룹과 소속 그룹들 내에서 자기를 구별할 수 있게 해준다. 문화적 세계화는 개개인이 자기표현이나 소비함에 있어 무제한적으로 접근할 수 있는 공통되면서도 차별화된 가치, 스타일, 그리고 취향에 따라 선택 가능한 기회 등을 창조하는 것을 뜻한다. '하나의 문화'는 정치적 영역에 의해 형성된 물리적 영역을 점유하고 개별적 의미구성을 한정된 사회적 · 정치적 공간으로 엮어 주는 구획된 실재로서의 '하나의 사회'라는 개념과 유사하다.

전 세계의 이동성과 정보통신 기술(ICT)의 혁명으로 세계화가 진행됨에 따라 세계화의 문화적 측면은 다원성에 큰 도전을 받고 있다. 당연히 받아들여지는 전통을 깨고 믿음, 가치, 그리고 선행에 대한 여러 가지 선택을 할 수 있다. 이 문화적 세계화는 전통과 집단에 대한 개인의 자율성을 향상시키는 유망한 세계적 문화의 출현으로 이어질 수 있다. 그러나 세계화는 전 세계 이동성과 미디어 및 기술의 확산을 통해 현대 문화의 다양성 속에서 단일 위협이 될 수도 있다.

2) 세계화의 문제점

세계화는 근대화의 긍정적 효과를 교통과 통신 그리고 과학기술의 혁명적 발전을 통해 지구적으로 확산시키는 반면, 동시에 '위험사회(risk society)'의 여러 측면들을 전 지구적인 차원으로 파급시키는 부정적인 요인으로 작용할 수 있다. '위험'은 산업사회가 진행됨에 따라 풍요와 부를 획득함에 있어서 단지 하나의 부수적이거나 예외적인 것이 아니라 체계적으로 확대되고 재생산되었다. 그 결과 인류의 역사에서 거대한 풍요를 가져왔던 근대산업 사회의 구조와 원리가 이제는 반대로 인류를 파괴와 멸망으로 이끌어 갈 수 있는 재앙의 사회적인 근원으로 변질되어 버렸다. 세계화의 문제점에 대해 살펴보면 다음과 같다(조미영, 2020).

(1) 불평등과 빈곤으로 인한 양극화

지구상에 존재하는 60억 명의 인구 중에 거의 절반에 해당하는 인구(26억 명 정도)는 생계를 위해 하루에 2달러도 안되는 돈을 벌고 있고, 5분의 1은 1달러에도 미치지 못하는 돈을 벌고 있다. 세계 전반에 걸쳐, 세계화는 여전히 생활수준을 높이지 못하고 있다. 지금까지의 지표들을 보면, 앞으로도 생활수준을 높이기는 쉽지 않아 보인다. 세계 자본주의는 일반적으로 다수를 위한 장기적인 사회이익을 위한 것이라기보다는 오히려 소수에게 이익이 되는 단기간의 이윤을 지향하는 경향이 있기 때문이다.

오늘날 한국사회는 불평등과 경제 양극화로 인한 총체적 위기를 맞이하고 있다. 신자유주의 세계화라는 격랑에 휘말린 한국사회는 심각한 경제 양극화와 이로 인한 사회적 갈등이 심화되어 가고 있다(장윤재, 2016). 특히 심각한 저출산, 고령화로 인해 인구구조가 변화하면서 양극화의 문제는 더욱 심해질 것으로 우려되고 있다. 이와 같은 한국사회의 급속한 양극화는 정치 갈등을 유발하며 사회통합의 걸림돌로 작용하고 있다. 무엇보다 양극화로 인한 경제문제는 자살, 실업, 청소년 문제, 범죄, 이혼, 계급재생산 등의 여러 사회문제에 영향을 끼칠 수 있고 정치적으로는 민주주의의 시회적인 기반을 약화시킬 수 있으므로 심각한 문제라고 할 수 있다. 세계화를 단지 경제적인 현상으로만 이해할 수 없는 것은, 세계화가 한 국가의 경제, 사회, 문화, 정치 등의 거의 모든 영역에 영향을 주고 있기 때문이다.

(2) 무한경쟁의 심화

'경쟁'이라는 단어는 어의적으로 '함께 추구한다'라는 뜻을 내포하고 있다. 경쟁의 논리가 기술적인 진보와 생산성의 향상을 가져오는 데 큰 기여를 했다는 것은 인정할 수밖에 없는 사실이다. 인간의 욕구 수준을 지속적으로 높여 감으로써 새로운 창조와 진보를 가능하게 한 것이다. 정치적인 측면에서도 그러한데, 경쟁 심리는 민주주의 발전에 있어 핵심적인 동인이었다. 정치적 의지를 관철시키고자 하는 이익집단이나 정당 간의 열띤 경쟁을 통하여 민주주의가 뿌리내릴 수 있었다.

그러나 나라마다 사회와 경제의 상호의존적 측면과 불평등한 권력구조가 강화될 수록 경쟁의 파급효과는 더욱 확산되어, 특정 분야에 국한되지 않고 전 분야에 걸쳐 경쟁 관계가 형성되었다. 이 같은 추세가 심화되며 경쟁을 통한 범세계적 패권 지배의 가능성이 더욱 커지고 있다. 시너지 효과를 위해 '함께 추구한다'라는 의미의 경쟁 개념이 '승자가 모든 것을 지배한다'라는 개념으로 변질된 것이다.

이처럼 경쟁자본주의가 지배 이데올로기로 부상하게 될 때, 시장 규제완화와 자유화 추세 속에서 개별 민족국가의 정부는 더 이상 금융·산업 분야의 역동성을 통제하지 못하게 된다. 또한 금융·산업 분야에서 독점구조가 점차 확산되는 추세를 보이며, 노동보호법이나 사회보장제도가 와해된다. 빈익빈 부익부가 심화되고 절대 빈곤층이 갈수록 증가할 것이며, 환경보호를 위한 정부 간 규제가 연기되거나 무효화가 될 수 있다.

(3) 문화의 균질화와 다문화

세계화의 진전에 따라 문화의 중요성이 더욱 커지고 있다. 근로시간이 단축되면서 근로자의 여가시간이 증가하고 자아실현에 대한 개인적 욕구와 문화 활동에 대한 요구가 확대되면서, 문화는 개인적 삶의 부차적인 영역이 아닌 중심적인 영역이 되어 가고 있다. 즉, 문화생활의 영위가 개인적 삶의 질(quality of life)을 결정하는 핵심적인 요소가 되고 있다고 할 수 있다.

한국사회의 다문화성은 어느 다문화사회나 마찬가지로 인종적, 문화적, 종교적 다양성을 가진 외국인의 국내 유입으로 본격화되었다. 한국 내의 미군 주둔으로 인한 미국인의 유입과 한국 경제가 발전함에 따라 외국인 투자자들의 국내 방문과 거주가 늘어나고 영어교육의 과열로 인한 영어 원어민의 국내 유입이 가속화되는 등 외국인의 증가가 이루어지고 있었다. 1990년대 중반부터 결혼 이민의 증가로 인해 다문화 가구 혹은 가족에 대한 관심이 점차 높아지기 시작하였다. 2020년 통계청의 발표에 의하면, 국내 거주 외국인 규모가 빠른 속도로 증가하고 있고 외국인 거주자의 유형도 다양화되는 추세이다.

오늘날 한국사회는 다양한 분야에서 '세계 속의 한국'을 지향하면서 많은 노력들을 기울이고 있다. 그러나 동시에 이주민의 형태로 현재 우리 안에 들어와 있는 다양한 세계들에 대해서도 주의 깊게 살펴볼 필요성이 있다. 그리고 이러한 다문화 상황에서 사회의 구성원들에게 새롭게 요구되는 과제가 무엇인지 고민하고 대안을 모색하며, '단일민족으로서의 우리'가 아닌 '세계시민으로서의 우리'로 살아가기 위해 관련 주체들의 내부적 사회통합에 대한 노력도 이루어져야 한다. 그런 의미에서, 사회의 통합과 안정을 유지하면서도 내부의 다양성을 인정하고 상생의 관계로 발전하기 위한 다문화 교육의 필요성은 자연스러운 일이다.

(4) 지구환경의 위기

세계화는 경제를 비롯하여 정치, 사회, 문화 등 모든 영역에서 다양한 행위주체 간에 상호의존성이 심화되고 있는 가운데, 그에 따라 더불어 풀어야 할 공통의 문제도 점점 더 많아지고 있다. 가장 절박한 문제가 바로 환경문제인데, 지구 온난화, 오존층의 파괴, 생태계 파괴와 생물종의 감소, 그리고 이상기후의 만연 등 고도의 산업화 과정에서 생겨난 지구환경의 위기는 현대문명과 인류의 생존자체를 위협하고 있다.

이처럼 '환경적으로 건전하고 지속가능한 발전'이 세계화 시대에 있어 전 세계적 과제가 되고 있다. 이러한 과제의 달성을 위해서는 각국의 생산시스템을 포함한 전반적인 경제시스템과 각 개인의 소비양식이 효과적으로 에너지를 소비하면서 환경 친화적으로 전환되어야 한다. 더불어 지식정보문명의 성과를 환경문제의 해결에 있어 폭넓게 이용하는 것이 중요하다. 예를 들어, 공해를 유발하지 않는 깨끗한 기술과 녹색환경산업의 중요성을 부각하여, 각국은 이를 위한 전력을 기울이는 것이다. 이러한 노력들이 이루어지기 위해서는 환경문제에 대한 경각심도 필요하지만, 더 근본적으로는 자신이 살아가고 있는 터전에서 어떻게 평화롭게 관계할 것인가에 대한 질문과 고민이 함께 이루어져야 할 것이다.

3 인구이동

1) 인구이동의 정의 및 유형

유엔(UN)에서는 인구이동을 '지리상 단위 지역 간의 유동성, 즉 공간적 유동성의 하나의 형태이고, 일반적으로 출발지에서 목적지까지의 주소변경을 하는 것'이라고 규정하고 있다(한주성, 2015). 국내 연구들에서의 정의도 이와 유사한데 '사람들의 지역 사이의 움직임으로, 특정 출발지로부터 특정 목적지로의 영구적 내지 반영구적인 주거지의 변경'을 인구이동으로 정의하고 있다(김보현, 최화식, 2004; 김두섭, 권태환, 2002; 하상근, 2005).

인구이동은 유출지와 유입지의 개념이 포함된 단위 지역을 넘어서는 이동이라는 점에서 단순한 주거지의 이전과 구분되며, 특정 지역을 기준으로 유출과 유입을 합한

이동을 총인구이동, 유입에서 유출을 차감한 이동을 순이동이라 한다. 이러한 인구이동은 먼저, 이동의 경계를 기준으로 국내 인구이동, 국제 인구이동, 초국가적 인구이동으로 크게 구분된다.

다시 말해, 인구이동(human migration)은 경제적 · 지리적 · 인구학적 요인에 의해 인구가 한 지역에서 다른 지역으로 이동하는 현상을 의미한다. 또한 영구적인 이동에서부터 유목민의 주기적인 이동까지를 총칭한다. 인구이동의 유형은 자신이 원하지 않음에도 불구하고 이루어지는 무력, 침략, 정복에 의한 식민지 정착과 노예제를 포함하는 강제적 이동, 경제적 활동의 필요성에 의한 상업적 이동, 자연재해로 인한 대피를 목적으로 하는 일시적 이동 등 다양하다. 그러나 현대에 있어서의 인구이동은 경제적 · 사회적 목적을 위하여 개인이나 가족이 이동하는 것을 의미한다(김성혁 외, 2019).

2) 인구이동의 역사

세계적인 인구이동의 역사는 인류가 시작되면서 비롯되었다고 할 수 있다. 그러나 국경이라는 개념이 형성되면서 인구의 이동은 통제를 받기 시작하였으며, 19세기 후반 이후 대규모의 인구이동은 〈표 3-2〉와 같이 세 번에 거쳐서 이루어졌다고 할 수 있다 (김성혁 외, 2019).

표 3-2. **19세기 이후 대규모 인구이동의 역사**

구분	내용
19세기 후반	19세기 후반 서유럽에서 농업과 공업에 새로운 기술이 도입되면서 실업자가 급증하게 되자 약 3,500만명 정도의 많은 농민과 수공업자들은 새로운 삶의 터전을 찾아 아메리카, 러시아, 오세아니아로 이주하게 되었다.

구분	내용
산업혁명	산업혁명으로 인한 인구이동이다. 서유럽에서 시작된 산업혁명의 영향은 서유럽인들을 이동시키는 것에서 끝나지 않았다. 서유럽의 공장에서 기계에 의해 값싸게 생산된 공업 제품이 아시아로 수출되면서 수많은 아시아의 농민과 수공업자들이 실업 상태에 빠지게 되었다. 당시에 아시아의 농민은 자내 부업으로 공업 생산을 겸하는 수준에 머물고 있었으므로 값싸게 수입되는 서유럽의 공업 제품과 상품 경쟁·가격 경쟁에서 크게 뒤질 수 밖에 없었고, 이로 이해 많은 실업자가 발생하게 되었다. 따라서 19세기 후반부터 20세기 전반에 이르기까지 약 6백만명의 인도인이 실론과 동남아시아 그리고 라틴아메리카로 이동했으며, 그와 비슷한 수의 중국인이 동남아시아로 이주하게 되었다.
2차 세계대전	세 번째 인구이동은 2차 세계대전 이후에 일어났다. 그 이전의 인구이동은 주로 농업 경영을 목적으로 하여 이루어졌으므로 인구 밀집 지역에서 인구 밀도가 낮은 지역으로 이동하는 형태를 보였다. 하지만 이 시기에는 후진 공업국의 실업자가 공업 노동자가 되기 위하여 신진 공업국으로 이동하는 형태를 보였으며, 대표적인 사례로 라틴아메리카인과 아시아인의 미국으로의 이동, 아랍인의 서유럽으로서의 이동, 동북아시아인의 일본으로의 이동이 있다.

현재 세계적으로 이주한 인구는 약 2억여 명으로 알려지고 있다. 과거 무력으로 이주했던 것과는 달리 현대는 자본의 힘과 경제적 차원에서 이주하는 시대이다. 유엔(UN)에 따르면, 2017년 기준의 전세계 이주자는 2억 5,800만명으로 2000년보다 50% 증가한 것으로 보고되고 있다. 미국에 사는 이주자는 5,000만명으로 가장 많지만, 사우디아라비아와 아랍에미리트(UAE), 인도 등이 상위권으로 나타났다. 전체의 30% 정도인 약 8,000만명이 중동을 포함한 아시아에 살고 있다. 1990년대에 미국에 이주한 외국인은 1,160만명으로 전 세계 신규 이주자의 거의 60%가 미국으로 이주했다. 하지만 2000년대에는 940만명, 2010년대에는 560만명으로 감소하고 있다. 이와 대조적으로 아시아의 경우, 1990년대에는 겨우 100만명이 넘는 정도였지만 2000년대에는 1,670만명, 2010년대에는 1,370만명으로 꾸준히 증가하고 있는 실정이다.

국가별로 2000년 이후의 신규 이주자를 살펴보면, 동남아시아에서는 태국의 230만명을 필두로 말레이시아와 한국이 그 뒤를 잇고 있다. 태국과 한국은 2020년 전후에 15~64세의 생산연령 인구가 감소세로 전환되고 있어, 해외로부터 노동력을 통해 인력 부족을 보완하고 있는 추세이다. 일본에 사는 외국인도 2017년말 기준 256만명으로, 2010년 전보다 50만명 가까이 증가한 것으로 나타났다.

이주자의 출신국도 아시아 국가가 많다. 가장 많은 1,660만명의 이주자를 배출한 나라는 인도이다. 인도인 이주민의 거의 20%가 살고 있는 곳은 아랍에미리트(UAE)로 인구의 30%가 인도 노동자들이다. 인도 이외의 배출국으로는 중국(1,000만명), 방글라데시, 시리아가 상위를 차지하고 있으며, 파키스탄, 필리핀도 대량의 이주민을 배출하고 있다. 최근 아시아에서 아시아로의 이주가 크게 늘고 있는 점도 하나의 특징이다. 아시아로 이주한 아시아인은 2017년 기준 6,300만명으로 2000년에는 전 세계 이주자의 약 5명 중 1명이 아시아 지역으로 이주했지만 2017년에는 4명 중 1명으로 상승했으며, 아시아 출신자 중 유럽으로의 이주 비율은 24%에서 19%로 감소한 것으로 나타났다.

3) 한국인의 해외 이주 현황

1984년부터 2016년까지의 한국인의 해외 이주 신고자 현황을 살펴보면〈표 3-3, 표 3-4〉, 해외 이주자는 국내에서 해외 이주 신고를 한 후에 출국한 경우와 신고 없이 출국하여 거주 여권을 신청·발급 받는 경우, 출국한 후에도 신고를 하지 않는 경우 등이 모두 포함된다. 1990년대 이후 한국인의 주요 이주 국가로는 미국, 캐나다 등 북미 지역이 주류를 이루고 있는데, 그 주요 원인으로는 영어를 사용하는 선진국으로서 자녀 교육, 직업 선택의 폭, 기후, 종교 등의 측면에서 생활 여건이 양호하고, 이미 많은 동포가 진출하여 한인 사회(community)를 형성하고 있어 현지 정착이 용이하기 때문인 것으로 추정하고 있다. 2019년에는 해외 이주 신고자는 전체적으로 4,037명이며, 미국 1,868명, 기타 852명, 캐나다 789명, 호주 374명, 뉴질랜드 154명 순으로 나타났다.

표 3-3. 해외 이주 신고자 현황

연도	미국	캐나다	호주	뉴질랜드	라틴 아메리카	유럽	아시아 등 기타	총계
1984	25,820	553	266	5	3,995	117	355	31,111
1985	21,147	771	619	2	4,623	122	509	27,793
1986	30,548	981	1,155	5	3,992	158	258	37,097
1987	26,282	2,091	1,556	14	4,499	164	192	34,798
1988	24,466	2,444	1,442	16	2,833	120	165	31,486
1989	21,336	2,643	1,333	59	793	37	71	26,272
1990	19,922	1,611	1,162	119	456	14	30	23,314
1991	12,754	2,651	1,113	308	550	3	54	17,433
1992	11,473	3,407	1,093	1,320	594	11	29	17,927
1993	8,133	2,735	538	2,569	467	14	21	14,477
1994	7,975	2,356	542	3,462	257	4	8	14,604
1995	8,535	3,289	417	3,612	49	2	13	15,917
1996	7,277	3,073	519	2,045	24	0	11	12,949
1997	8,205	3,918	216	117	3	0	25	12,484
1998	8,734	4,774	322	96	0	0	48	13,974
1999	5,360	6,783	302	174	8	0	28	12,655
2000	5,244	9,295	392	348	0	1	27	15,307
2001	4,565	5,696	476	817	1	0	29	11,584
2002	4,167	5,923	330	755	3	0	0	11,178
2003	4,200	4,613	256	435	5	0	0	9,509
2004	4,756	4,522	350	127	4	0	0	9,759
2005	5,083	2,799	327	67	1	0	0	8,277
2006	3,152	1,605	357	49	14	0	0	5,177
2007	2,227	1,517	347	15	21	0	0	4,127
2008	1,034	820	405	6	4	2	22	2,293
2009	599	383	158	7	0	2	4	1,153

연도	미국	캐나다	호주	뉴질랜드	라틴 아메리카	유럽	아시아 등 기타	총계
2010	555	191	118	10	1	2	12	889
2011	618	53	57	2	0	9	14	753
2012	445	48	18	1	0	5	21	538
2013	239	23	18	3	0	2	17	302
2014	177	22	16	10	1	3	20	249
2015	224	6	9	5			29	273
2016	362	19	19	3	2	15	35	455

*1984-91간 집계: 외교부.
*1992-95간 집계: 한국국제협력단.
*1996.1월부터 집계: 외교부.
출처: 외교부(신고기준, 1984~2016).

표 3-4. 해외 이주 신고자 현황

[단위: 명]

	2017	2018	2019
계	1,443	6,330	4,037
미국	909	3,223	1,868
캐나다	209	1,092	789
호주	105	547	374
뉴질랜드	41	255	154
기타	179	1,213	852

주석: 2017.12.21.부터 개정 해외이주법이 연고이주자, 무연고이주자 외에 현지이주자도 신고하도록 함에 따라 2017년 통계부터는 연고이주, 무연고이주, 현지이주를 모두 합친 수치임(단, 2017년도의 경우, 2017.1.1.~12.20. 간 이주목적 거주여권 발급자 수치(3,220명)는 포함되지 않음).
출처: 외교부(2019). 해외이주신고.

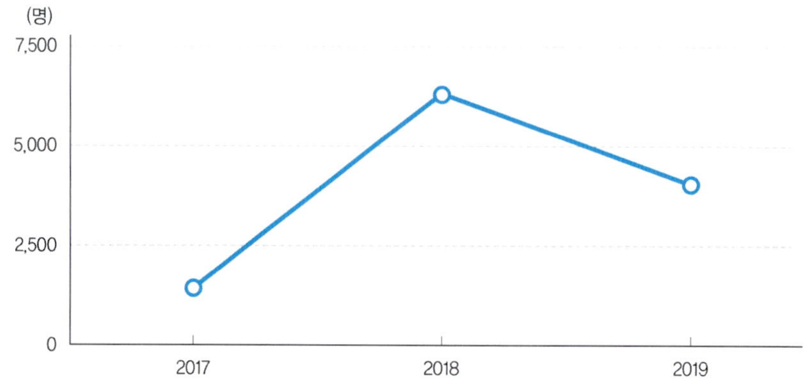

그림 3-1. **해외 이주 신고자 현황**

최근 한국인의 해외 이주 양상은 점차적으로 경제적인 이유나 실업으로 인한 구직을 위한 것에서 자신에게 더 적합한 사회를 찾아 이동하는 양상으로 변화되어 가는 특성을 보인다. 이와 같은 인구이동 양상은 세계적인 차원에서나 한국의 이민사에서나 새로운 이주 현상으로 드러나고 있으며, 이와 같은 추세는 더욱 가속화될 것으로 예상된다. 그러나 이와 같은 인구이동을 외압으로 억제할 수 없기 때문에 근본적인 문제해결을 위한 정책을 통해 인구이동이 우리 사회에 초래할 충격에 대해 적절히 대응할 필요성이 제기되고 있다.

4 세계화 시대의 문화 혼종성과 정체성

1) 세계화 시대의 문화 혼종성[3)]

세계화 시대에서의 세계화란 '정치, 경제, 문화, 기술의 모든 분야에서 공간과 인간이 세계적 차원으로 확장, 통합되어 나아가는 현상들'을 가리키는 용어이다. 세계화는 자본, 노동, 상품, 서비스 등이 국경을 넘어 교류되는 과정에서 국경을 초월한 경제, 정치, 사회, 문화 관계의 심화 현상을 가져온다. 구체적인 예로, 경제적 차원에서는 국제적 무역 및 생산의 확대, 자본이동의 심화 현상을, 정치적 차원에서는 정부들 사이의 협력과 갈등, 국제 정부 및 비정부조직의 증대 현상을, 사회적 차원에서는 국제이주와 관광객의 증가, 난민과 외국인 노동자의 출현 현상을, 그리고 문화적 차원에서는 '지구의식(global consciousness)'의 등장과 '세계의 압축(compression of world)' 현상 등을 들 수 있다(임현진, 2011). 따라서 세계화 시대는 이주자의 네트워크를 강조하는 초국가주의, 국가의 역할을 강조하는 글로벌주의, 종족에 초점을 둔 다문화주의를 모두 아울러 포괄하고 있다.

1970년대부터 세계적 차원에서 전개되는 금융, 정보, 재화, 사람의 이동을 의미할

3) 혼종성(hybridity)이라는 용어는 생물학에서 기원하였다. 라틴어에서 생겨난 이 용어는 암퇘지와 야생 수퇘지 사이에서 태어난 새끼를 가리킨 것이 그 기원이었다. 17세기 초에는 인종주의적인 의미로는 사용되지 않았으나, 19세기에 들어서면서부터 처음으로 인간과 관련되어 서로 다른 인종 간의 교배를 지칭하는 것으로 사용되었다. 당시 이는 근본적 순수성을 더럽히는 것으로 인식되어졌다. 또한 인종 간의 혼성과 연결된 문화적 혼종으로도 확장 사용되면서 문화의 위험과 타락, 파멸으로 인식되어 부정적인 반응을 창출하게 되고, 20세기 중반 이후 혼종성이라는 용어는 학문적 담론은 물론 일상어에서도 거의 사라지게 되었다. 그러나 이는 20세기 말의 문화연구에서 새롭게 조명되어 재등장하게 되었다. 과거와는 달리 오늘날의 개념은 생물학적 의미와 인종주의적 의미에서 완전히 탈바꿈해서 문화이론의 용어로 사용되고 있다. 현재 이러한 혼종성 개념은 현대문화연구에서 본질주의적 문화이해의 약화와 퇴거 현상과 맞물려, 문화나 민족 · 국민(nation), 종족(ethnic)이란 현상과 관련해서 본질주의 시각에 맞서는 핵심개념으로 부상하고 있다.

때 초국가적이란 용어가 등장하여, 1990년대 초반부터 국경을 가로지르는 이주를 설명할 때 초국가적 이주라는 용어가 본격적으로 사용되었다. 초국가적 이주 연구를 수행하기 위해서는 '초국가주의와 정체성'에 관심을 가져야 한다. 특히 개인의 소속감과 장소에 대한 애착에 관심을 갖고 이주자의 이중 또는 다중 정체성의 특성을 여기와 저기에 동시에 연결되는 탈중심화된 소속감의 맥락에서 접근할 필요가 있다. 이주자로 하여금 다중 정체성을 갖게 하는 것은 여기에 살면서 저기와 연결될 수 있다는 생각인데, 이주자가 처한 로컬과 글로벌 상황에서의 억압적 환경은 한 장소에 고착되어야 한다는 감정을 부정하면서 역사, 공동체, 자아에 대하여 다중성을 갖게 하고, 이는 결국 초국가적 연결을 실천하고 유지하게 하는 토대가 되기 때문이다. 초국가적 이주의 특징은 이주에 의한 장소 변화를 다루기보다 이주자의 삶의 관계를 강조하는 경향이 있다(이용균, 2017). 초국가주의가 확대되면서 국가 간의 자유로운 이주, 모국과 거주국 간에 형성된 다양한 네트워크, 다양한 문화와 정체성이 혼종하는 다문화가 증가하였으며, 세계의 문화에서 혼종성은 보편화로 자리매김하게 되었다. 즉, 초국가주의는 혼종성으로 연결지어 생각해 볼 수 있다.

현대 사회의 혼종성의 보편화에 대한 대표 이론으로는 호미바바(Homi Bhabba)의 이론을 꼽을 수 있다. 그는 대규모의 지리적 이동과 각기 다른 사람들 간의 섞임을 통해 새롭고 전환적이며, 혼성적인 정체성이 등장하게 된다고 주장한다. 호미바바의 문화 혼종성의 이론에 따르면 '문화란 통일적이고 확정적인 것으로 전승되고 유지되는 것이 아니라 그 차이들 간의 교섭의 장으로 이해되어지는 것'이다. 그는 성찰의 출발점을 이루는 동질적 민족문화와 그 면면한 전통, 그리고 이와 결부된 종족적 집단 등의 개념은 점차 신빙성을 잃고 있으며, 인간 공동체와 그 문화의 개념이 철저하게 수정될 필요가 있다고 진단하였다.

따라서 문화란 결코 통일적이고 확정적인 경계와 함께 전승되고 유지되는 것이 아니며, '차이를 벌이는 교섭(negotiation)의 장(field)'과 같은 것으로 이해될 필요가 있다. 문화적 혼종성의 과정은 어떤 것을 다르게 만들고, 어떤 것을 새롭게 만들고, 의미와 재현의 교섭지대를 만드는 것이다. 이에 문화는 이중적 정체성을 지니고 있어서 식민지배 담론과 비슷하다고 할 수 있다.

2) 제3의 문화정체성과 초문화정체성

초국가적 이주가 점점 늘어나면서 국가 간의 다양한 문화들은 서로 상호작용을 하게 되고, 그 사이에 놓여 있는 개인은 더 이상 정통성이나 진정성으로 특화되는 주체가 되지 않는다. 따라서 세계화 시대의 잦은 국가 간 이주로 제3의 공간이 창출되는 초국가적 시대에는 세계의 여러 지역에서 다양한 방식의 문화적 전유를 통해 혼종적 문화요소, 즉 혼종성들이 생겨나고 있다.

이처럼 혼종성은 세계화, 그리고 디아스포라와 관련된 문화 현상의 핵심적 측면을 가리키는 것으로 종종 지역과 세계 사이의 초문화적 역동성의 결과물로 간주된다. 세계의 수많은 문화적 지류들이 만나 혼성화되는 제3의 공간에 위치한 국가 간 이주의 경험은 순수나 본질이 아닌, 이질성과 다양성, 혼종성으로 특징지어지며, 이러한 경험을 통해 끊임없이 자신을 생산한다. 이어 재생산하는 국가 간 이주의 문화정체성은 단절과 불연속, 그리고 계속되는 변화의 과정 속에 놓이게 된다. 다양성과 다원화주의라는 맥락의 포스트모더니즘[4)]적 관점에서 보면, 정체성 또는 문화정체성은 계속해서

4) 포스트모더니즘은 20세기 인문, 사회 과학 분야에서 등장한 사상적 경향으로 근대의 이성 중심주의에 대해 근본적인 회의를 내포하고 있다. 포스트모더니즘은 1960년에 일어난 문화 운동이면서 정치, 경제, 사회 영역과 관련되는 이념이다. 18세기 이후 계몽주의를 통해 이성 중심주의가 만연했는데, 두 차례의 세계대전 이후 이러한 이성 중심 주의에 대한 회의감으로 탈중심적 다원적 사고, 탈이성적 사고 중심의 포스트모더니즘이 확산되었다. 포스트모더니즘에 대한 정의는 학자, 지식인, 역사가 등의 사이에서 많은 논쟁이 있는데, 일반적으로 모더니즘 후의(post: 뒤, 후) 서양의 사회, 문화, 예술 등의 총체적 상황을 의미한다. 탈중심적 다원적 사고, 탈이성적 사고가 포스트모더니즘의 가장 큰 특징이라고 할 수 있다. 포스트모더니즘은 1960년대 프랑스와 미국을 중심으로

변화하는 유동적인 것이며, 파편적 그리고 다원적인 것으로 인식된다. 따라서 전통적 관점과는 달리 문화정체성은 포스트모던적 주체(Post-modern subject)이며, 고정된 실체가 아니라 사회적인 관계에 의해 변화되고 재구성되는 것으로 본다. 즉, 고정되고 본질적이며 영구한 정체성이란 없다. 이러한 관점에서 보면 완전히 통합되고, 완성되어 있고, 확실하고 일관된 문화정체성이란 환상일 수밖에 없는 것이다(오성은, 2016).

우선 '새로운 문화정체성'이란 제3의 문화정체성을 의미한다. 해외이주자들은 모국문화와 관련된 제1의 문화, 체제국의 문화와 관련된 제2의 문화를 경험하게 된다. 그 과정에서 이 두 문화가 만나 중간 지점에서 중간 문화가 형성되는 것이 아니라 그들만의 독특한 다른 형식의 또 다른 제3의 문화정체성을 형성하게 되는 것이다. 따라서 다양한 문화경험에도 불구하고 이들은 '각 문화의 주변인'이며, 어느 문화에도 속하지 않은 사람들을 의미한다. 사람들이 보통 두 개 이상의 문화적 틀을 받아들일 때는 항상 그들 안에 내부적 갈등이 존재하게 된다. 그리고 두 문화의 충돌적 과정에서 어느 한 쪽 문화에 치우치기보다는 더 이상 진전하지 않고 양쪽 문화의 중간 지점에 머물려고 하는 심리적 저항선(psychological barrier)을 가지게 된다. 그리고 이 중간 지점의 문화가 양쪽 문화의 합과는 또 다른 새로운 문화인 제3의 문화를 형성하게 된다. 이들은 두 개의 언어와 문화 속에서 지속적인 분투를 통해 단순히 새로운 정체성을 더하거나 이전의 자신과 새로운 자신이 반반 존재하는 것이 아니라 제3의 위치에 이르게 되는 것이다.

뱅크스의 문화정체성 형성단계는 6단계이며, 각 단계별 특징은 〈그림 3-2〉, 〈표 3-5〉와 같다(천수연, 2017).

일어났으며 철학, 예술, 문학, 역사해석 등 다방면에 걸쳐 영향을 미쳤다(출처: Daum 백과).

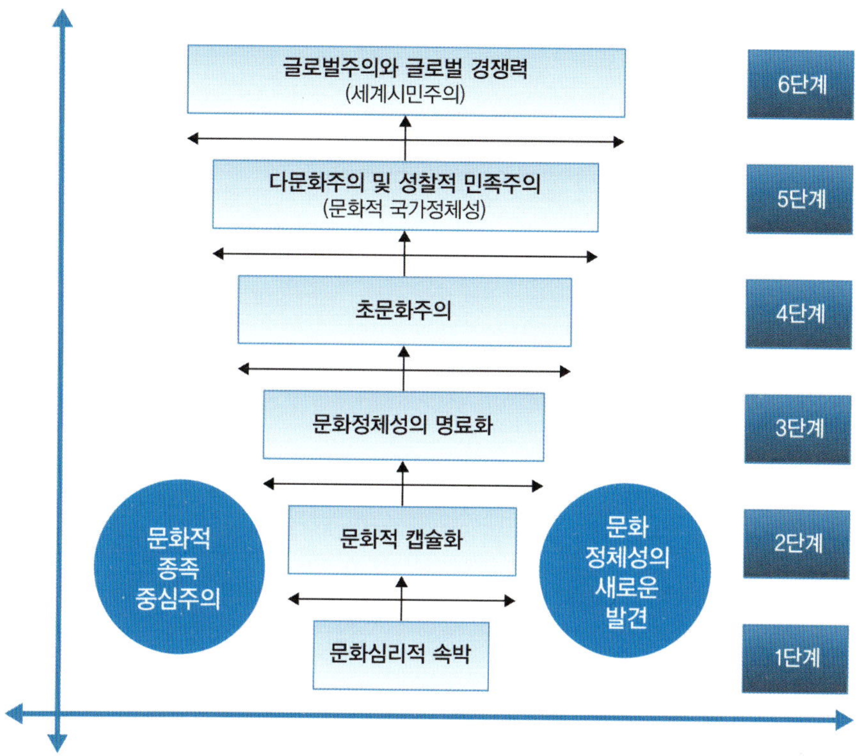

그림 3-2. **문화정체성 형성 단계**

표 3-5. **문화정체성 형성 단계**

단계	구분	내용
1단계	문화심리적 속박의 단계	개인은 자신의 문화집단에 대한 부정적인 고정관념과 신념을 내면화하며, 이 단계에서 문화적 자기부정이나 자존심 저하 등의 사례가 나타나게 된다.
2단계	문화캡슐화(encapsulation)와 문화적 배타성 단계	자신의 종족집단이 타집단보다 강하다는 신념 등이 나타나는 단계이다. 이 단계에서 개인은 자신의 문화적 의식에 대해 새로 발견하는 경우가 많으며, 자신의 문화집단에 대한 참여를 제한하려고 한다. 즉, 그들은 자신의 문화집단에 상충적인 감정을 가지며 스스로 자신의 문화가 자랑스러운 것이라는 것을 확인하려고 한다.

단계	구분	내용
3단계	문화정체성의 명료화 단계	개인은 자신의 개인적 태도와 문화정체성을 명료화할 능력이 있으며, 자신이 문화집단에 대한 명료한 긍정적 태도를 개발한다. 이 단계에서 문화적 자부심은 인위적이라기보다는 진정한 것이다.
4단계	초문화주의 (biculturalism: 두 문화의 공존) 단계	개인은 건전한 문화정체성에 대한 감각을 가지고 있으며, 자신의 문화공동체는 물론이고 다른 문화공동체에 대해서도 성공적으로 참여할 수 있는 심리적 특성을 가진다. 또한 그들은 두 개의 문화 모두에서 영향력을 가지고 참여하려는 강한 열망을 가지고 있다.
5단계	다문화주의와 성찰적 민족주의 단계	개인은 명료화된 성찰적인 긍정적인 개인적 문화적 국가적 정체성을 가지고 있으며, 다른 인종 문화종족 집단에 대해 긍정적인 태도를 가지고 있다.
6단계	글로벌주의와 글로벌 경쟁력 단계	개인은 성찰적이고 명료화된 국가 및 글로벌 정체성을 갖고 있다. 그들은 자신의 문화공동체 자신의 국가 내에 있는 타문화, 자국의 시민문화, 글로벌 공동체에서 효과적으로 기능하기 위해 필요한 지식, 기능, 태도를 가지고 있다.

CHAPTER

04

한국 다문화사회의 이해

04 Chapter 한국 다문화사회의 이해

배울내용
1. 한국의 다문화 현황
2. 한국 다문화사회의 문제점

학습목표
1. 한국의 다문화사회의 현황과 특징을 설명할 수 있다.
2. 한국 다문화사회의 문제점을 설명할 수 있다.

1 한국의 다문화 현황

2000년대 중반 본격적으로 추진된 한국의 다문화가족정책은 우리 사회에서 다문화가족의 존재와 정책적 지원의 명분을 분명히 제시하고, 인도적 차원의 지원을 강화하는 등 사회적 이슈로 급속히 발전하여 우리나라 가족정책 및 외국인정책의 한 영역으로 자리매김 하게 되었다. 그동안 다문화가족 관련 정책 환경은 빠른 속도로 변화하였고, 변화하는 정책만큼이나 우리사회에서 다문화가족의 규모 또한 지속적으로 증가하였다.

다문화가구란 귀화자가 있는 가구 또는 외국인이 한국인(귀화자 포함) 배우자와의 혼인으로 이루어진 가구 또는 그 자녀가 포함된 가구를 말하며, 2018년도에 전국의 다문화가구 수는 33만 가구로 일반가구의 1.7%이며, 전체 가구원 수는 101만명으로 총 인구의 2.0%를 차지하고 있는 것으로 나타났다(통계청, 2019). 우리나라의 다문화 현황을 결혼이민자, 외국인근로자, 북한이탈주민, 다문화가정의 자녀를 중심으로 살펴보면 다음과 같다.

1) 결혼이민자

우리나라에서 1980년대 전반까지의 국제결혼은 주로 외국인 남성과 한국인 여성 사이에서 이루어졌으나 1980년대 후반부터는 한국인 남성과 외국인 여성의 결혼 건수가 점차 증가하였다. 1990년대 초반까지는 국제결혼 건수가 전체 결혼 건수에 비해 1% 수준에 불과하였다. 당시 한국인 남성과 결혼한 외국인 여성은 대부분 미국과 일본 여성이었다. 그러나 1992년 중국과의 수교 이후에는 한국계 중국인 여성과 한국인 남성의 결혼이 증가했으며, 1997~1999년 사이에는 증가 추세를 보이던 국제결혼 건수가 IMF 경제체제로 인한 경제 사정의 악화로 현저히 퇴조하였다. 우리나라의 결혼이민자 현황은 〈표 4-1〉과 같다. 2020년 9월 기준, 결혼이민자는 168,026명으로 전년 대비 2.2% 증감한 것으로 나타났다.

표 4-1. 결혼이민자 연도별 증감 추이 (단위: 명)

연도	2015년	2016년	2017년	2018년	2019년	'19년 9월	'20년 9월
인원	151,608	152,374	155,457	159,206	166,025	164,463	168,026
전년 대비 증감률	–	0.5%	2.0%	2.4%	4.3%	–	2.2%

출처: 출입국, 외국인정책본부(2020). 2020년 9월 출입국 외국인정책 통계월보.

다문화 혼인 유형별로는 2019년 외국인 아내의 혼인이 69.3%로 가장 많았고, 외국인 남편(17.2%), 귀화자(13.5%) 순으로 나타났다. 외국인 아내의 혼인은 전년 대비 7.6%

증가한 반면, 외국인 남편은 2.7%, 귀화자는 4.0% 각각 감소하였다. 따라서 전체 국제 결혼 중 한국인 남성과 외국인 아내의 결혼이 대부분을 차지하고 있음을 알 수 있다 〈표 4-2, 그림 4-1〉.

표 4-2. **다문화 혼인 유형별 규모 및 비중(2017~2019년)** (단위: 건, %)

구분	2017		2018		2019		전년 대비	
		비중		비중		비중	증감	증감률
다문화	21,917	100.0	23,773	100.0	24,721	100.0	948	4.0
외국인 아내[1]	14,245	65.0	15,933	67.0	17,136	69.3	1,203	7.6
외국인 남편[2]	4,294	19.6	4,377	18.4	4,260	17.2	−117	−2.7
귀화자[3]	3,378	15.4	3,463	14.6	3,325	13.5	−138	−4.0

1) 외국인 아내: 출생기준 한국인 남자 + 외국인 여자의 혼인.
2) 외국인 남편: 외국인 남자 + 출생기준 한국인 여자의 혼인.
3) 귀화자: 남녀 모두 또는 어느 한쪽이라도 귀화자인 경우.
출처: 통계청(2020). 2019년 다문화 인구동태 통계.

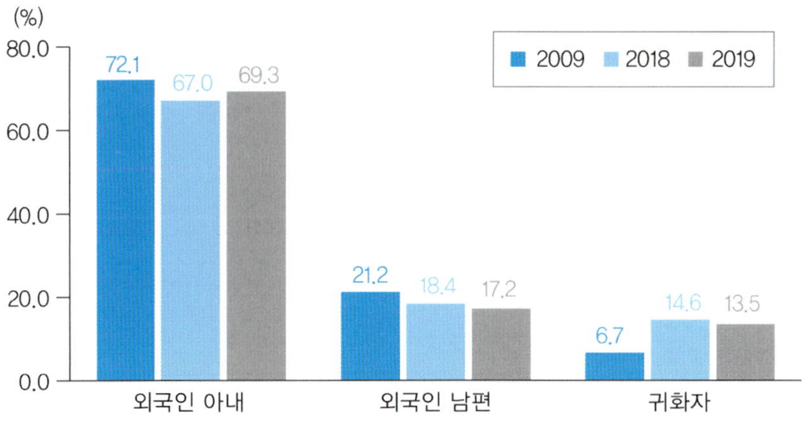

그림 4-1. **다문화 혼인 유형별 비중(2009년, 2018년, 2019년)**

출처: 통계청(2020). 2019년 다문화 인구동태 통계.

2019년 다문화 혼인을 한 외국 출신의 남편 국적은 중국이 8.2%로 가장 많았고, 미국 6.1%, 베트남 2.6% 순으로 나타났다. 최근에 이르러 그동안 절대 다수를 차지하던 중국 조선족 출신 여자 배우자의 비중이 점차 낮아지면서, 여자 배우자의 출신국가가 동남아시아와 미국 등 여러 국가로 다양해졌다. 중국인 여자 배우자와의 결혼 건수가 2005년 이후 감소 추세로 반전된 것은 중국 조선족이 친지 방문의 목적으로 입국하여 취업이 가능하도록 정부가 관련 법규를 개정함에 따라 한국인과의 결혼에 대한 수요가 감소하였기 때문이다. 다문화 혼인을 한 외국 출신의 아내 국적은 베트남이 30.4%로 가장 많았고, 중국 20.3%, 태국 8.3% 순으로 나타났다〈그림 4-2〉. 또한 지역별로 결혼이민자는 경기와 서울에 주로 거주하는 것으로 나타났다〈표 4-3〉.

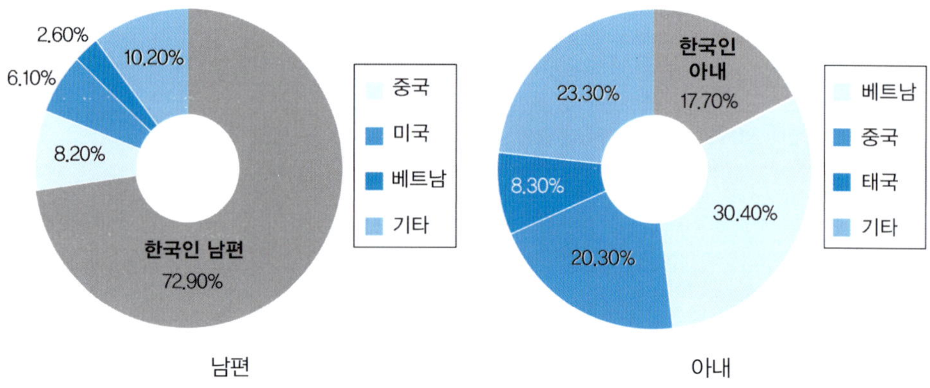

그림 4-2. 출신 국적별 혼인 비중(2019년)

출처: 통계청(2020). 2019년 다문화 인구동태 통계.

표 4-3. 결혼이민자 거주 지역별 현황 (단위: 명)

계	경기	서울	인천	경남	충남	경북	부산	전남
110,254	49,681	28,034	11,194	10,859	9,680	8,025	7,420	6,753
	전북	대구	충북	강원	광주	대전	울산	제주
	6,041	5,572	5,486	3,834	3,723	3,459	3,439	2,776

출처: 출입국, 외국인정책본부(2020). 2020년 9월 출입국 외국인정책 통계월보.

혼인에서는 남편이 연상인 부부가 78.5%로 가장 많았고, 아내가 연상인 경우 15.8%, 동갑인 경우 5.7%를 차지하였으며, 남편이 10세 이상 연상인 부부는 2019년 42.0%로 전년 대비 1.1% 증가하였다〈표 4-4, 그림 4-3〉. 다문화 혼인은 출생기준 한국인 간의 혼인에 비해 남편이 10세 이상 연상인 부부의 비중이 높았다.

표 4-4. 부부 연령차별 비중(2017~2019년) (단위: 건, %)

구분		전체			다문화 혼인[1]			출생기준 한국인 간의 혼인[2]		
		2017	2018	2019	2017	2018	2019	2017	2018	2019
건수		264,455	257,622	239,159	21,917	23,773	24,721	242,538	233,849	214,438
계		100.0	100.0	100.0	100.0	100.0	100.0	100.0	100.0	100.0
남편 연상	소 계	66.9	66.7	66.7	77.7	78.2	78.5	65.9	65.6	65.3
	1~2세	23.4	23.1	23.1	11.0	10.8	10.1	24.5	24.4	24.6
	3~5세	25.1	24.9	24.4	13.9	13.6	13.3	26.2	26.0	25.7
	6~9세	11.7	11.7	11.6	13.3	12.9	13.2	11.6	11.6	11.4
	10세 이상	6.6	7.0	7.6	39.5	40.9	42.0	3.6	3.6	3.6
동갑		14.6	14.4	14.3	6.2	5.7	5.7	15.4	15.3	15.3
아내 연상	소 계	18.5	18.8	19.0	16.1	16.1	15.8	18.7	19.1	19.4
	1~2세	11.6	11.6	11.6	7.4	7.4	7.1	11.9	12.1	12.1
	3~5세	4.9	5.0	5.2	5.4	5.0	5.2	4.8	5.1	5.2
	6~9세	1.6	1.7	1.7	2.2	2.5	2.4	1.6	1.6	1.6
	10세 이상	0.4	0.5	0.5	1.1	1.1	1.2	0.4	0.4	0.4

1) 다문화 혼인: 남녀 어느 한쪽이 외국인 또는 귀화자인 경우, 또는 남녀 모두 귀화자인 경우.
2) 출생기준 한국인 간의 혼인: 남녀 모두 출생기준 한국인인 경우.
출처: 통계청(2020). 2019년 다문화 인구동태 통계.

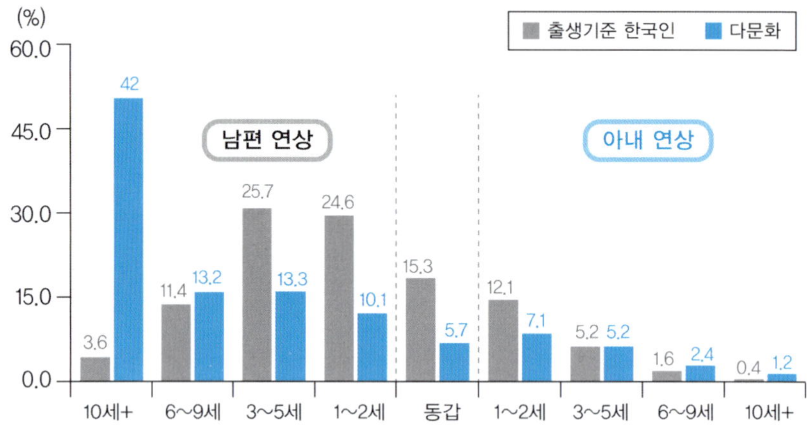

그림 4-3. **부부 연령차별 비중(2019년)**

출처: 통계청(2020). 2019년 다문화 인구동태 통계.

2) 외국인근로자

체류외국인이란 「출입국관리법」 제31조의 규정과 「재외동포의 출입국과 법적지위에 관한 법률」 제6조의 규정에 따라 입국한 날부터 90일을 초과하여 체류할 목적으로 출입국 · 외국인관서의 장에게 외국인등록이나 국내거소신고를 한 자 및 90일 미만 동안 체류할 목적의 단기체류외국인을 포함한 총 국내 체류외국인을 의미한다.

법무부 출입국 · 외국인정책본부의 2020년 9월말 기준 통계자료에 의하면, 체류외국인은 2,100,436명으로 전월 2,110,610명보다 0.5%(10,174명) 감소하였다〈그림 4-4〉. 체류외국인 중 외국인등록자는 1,185,676명, 외국국적동포 국내거소신고자는 460,942명, 단기체류외국인은 453,818명이다〈표 4-5〉.

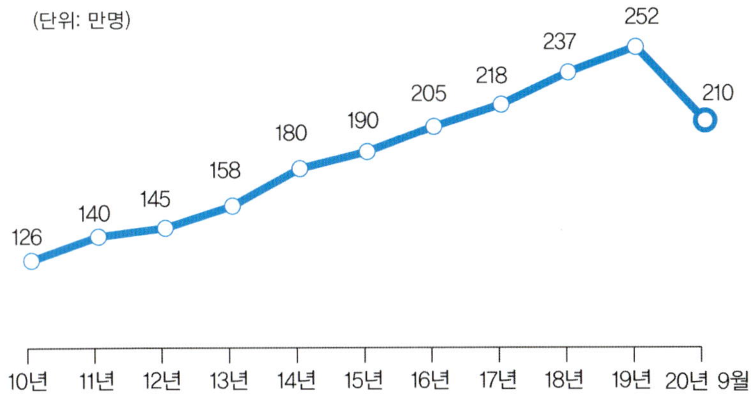

그림 4-4. 체류외국인 증감추이

출처: 출입국, 외국인정책본부(2020). 2020년 9월 출입국 외국인정책 통계월보.

표 4-5. 체류외국인 연도별 현황

연도	총계	장기체류			단기체류
		소계	등록	거소신고[1]	
2009년	1,168,477	920,887	870,636	50,251	247,590
2010년	1,261,415	1,002,742	918,917	83,825	258,673
2011년	1,395,077	1,117,481	982,461	135,020	277,596
2012년	1,445,103	1,120,599	932,983	187,616	324,504
2013년	1,576,034	1,219,192	985,923	233,269	356,842
2014년	1,797,618	1,377,945	1,091,531	286,414	419,673
2015년	1,899,519	1,467,873	1,143,087	324,786	431,646
2016년	2,049,441	1,530,539	1,161,677	368,862	518,902
2017년	2,180,498	1,583,099	1,171,762	411,337	597,399
2018년	2,367,607	1,687,733	1,246,626	441,107	679,874
2019년	2,524,656	1,731,803	1,271,807	459,996	792,853
2020년 9월	2,100,436	1,646,618	1,185,676	460,942	453,818

출처: 출입국, 외국인정책본부(2020). 2020년 9월 출입국 외국인정책 통계월보.

1) "외국국적동포" 거소신고 현황

국적별 체류외국인은 중국이 44.4%(932,503명)로 가장 많았으며, 베트남 10.1%(213,048명), 태국 8.9%(185,956명), 미국 7.0%(145,999명), 우즈베키스탄 3.2%(68,026명) 등의 순으로, 외국인등록자(1,185,676명)는 권역별로 수도권에 718,440명(60.6%) 거주하고 있으며, 영남권 211,523명(17.8%), 충청권 127,599명(10.8%), 호남권 86,640명(7.3%) 순으로 나타났다〈표 4-6〉.

표 4-6. 체류외국인 연도별 · 국적(지역)별 현황 (2020.09.30. 현재, 단위: 명)

구분	2016년	2017년	2018년	2019년	2020년 9월
총계	2,049,441	2,180,498	2,367,607	2,524,656	2,100,436
중국[2)]	1,016,607	1,018,074	1,070,566	1,101,782	932,503
한국계	627,004	679,729	708,082	701,098	669,605
베트남	149,384	169,738	196,633	224,518	213,048
태국	100,860	153,259	197,764	209,909	185,956
미국	140,222	143,568	151,018	156,982	145,999
우즈베키스탄	54,490	62,870	68,433	75,320	68,026
러시아(연방)	32,372	44,851	54,064	61,427	52,156
필리핀	56,980	58,480	60,139	62,398	51,136
몽골	35,206	45,744	46,286	48,185	43,999
캄보디아	45,832	47,105	47,012	47,565	42,430
네팔	34,108	36,627	40,456	42,781	40,792
인도네시아	47,606	45,328	47,366	48,854	37,843
카자흐스탄	11,895	22,322	30,717	34,638	30,425
미얀마	22,455	24,902	28,074	29,294	28,282
일본	51,297	53,670	60,878	86,196	27,216
스리랑카	27,650	26,916	25,828	25,064	23,322
캐나다	26,107	25,692	25,934	26,789	22,269
(타이완)	34,003	36,168	41,306	42,767	19,745

구분	2016년	2017년	2018년	2019년	2020년 9월
방글라데시	15,482	16,066	16,641	18,340	17,569
파키스탄	12,639	12,697	13,275	13,990	13,166
인도	10,515	11,244	11,945	12,929	10,733
오스트레일리아	13,870	13,008	14,279	15,222	8,099
키르기즈	5,005	5,790	6,385	6,618	6,015
영국	7,180	6,727	6,972	7,550	5,902
기타	97,676	99,652	105,636	125,538	73,805

출처: 출입국, 외국인정책본부(2020). 2020년 9월 출입국 외국인정책 통계월보.

표 4-7. 체류외국인 자격별 현황 (2020.09.30. 현재, 단위: 명)

구분	'20년 6월	'20년 7월	'20년 8월	'20년 9월	전월 대비	'19년 9월	전년 대비
총계	2,135,689	2,118,421	2,110,610	2,100,436	−0.5%	2,454,515	−14.4%
사증면제(B-1)	190,755	188,854	186,876	185,330	−0.8%	242,499	−23.6%
관광통과(B-2)	57,170	57,447	55,076	55,095	0.0%	129,211	−57.4%
단기방문(C-3)	128,426	126,061	124,573	122,471	−1.7%	249,844	−51.0%
단기취업(C-4)	1,750	2,170	2,710	2,847	5.1%	3,215	−11.4%
유학(D-2)	100,986	98,624	107,160	108,670	1.4%	131,289	−17.2%
기술연수(D-3)	1,796	1,750	1,698	1,691	−0.4%	2,241	−24.5%
일반연수(D-4)	54,018	52,996	51,766	50,894	−1.7%	62,486	−18.6%
종교(D-6)	1,462	1,436	1,395	1,359	−2.6%	1,561	−12.9%
상사주재(D-7)	1,225	1,196	1,163	1,128	−3.0%	1,420	−20.6%
기업투자(D-8)	5,699	5,646	5,668	5,644	−0.4%	6,013	−6.1%
무역경영(D-9)	2,090	2,065	2,007	2,081	3.7%	2,380	−12.6%
교수(E-1)	2,139	2,116	2,125	2,110	−0.7%	2,261	−6.7%
회화지도(E-2)	13,381	13,236	13,228	12,864	−2.8%	14,353	−10.4%

2) 한국계 포함

구분	'20년 6월	'20년 7월	'20년 8월	'20년 9월	전월 대비	'19년 9월	전년 대비
연구(E-3)	3,016	3,001	3,028	3,200	5.7%	3,241	-1.3%
기술지도(E-4)	212	215	211	207	-1.9%	234	-11.5%
전문직업(E-5)	567	537	426	401	-5.9%	616	-34.9%
예술흥행(E-6)	3,426	3,421	3,343	3,208	-4.0%	3,705	-13.4%
특정활동(E-7)	20,392	20,520	20,437	20,374	-0.3%	21,612	-5.7%
비전문취업(E-9)	258,078	254,099	250,952	247,273	-1.5%	278,560	-11.2%
선원취업(E-10)	17,120	17,448	17,460	17,378	-0.5%	17,788	-2.3%
방문동거(F-1)	116,639	114,309	112,221	109,937	-2.0%	122,489	-10.2%
거주(F-2)	44,053	43,916	43,666	43,591	-0.2%	42,486	2.6%
동반(F-3)	21,534	21,379	21,001	20,772	-1.1%	22,979	-9.6%
재외동포(F-4)	461,798	460,995	462,101	463,056	0.2%	459,879	0.7%
영주(F-5)	156,363	156,908	157,422	158,273	0.5%	149,443	5.9%
결혼이민(F-6)	132,976	132,971	132,830	133,290	0.3%	129,459	3.0%
방문취업(H-2)	206,746	202,036	195,046	184,805	-5.3%	238,220	-22.4%
기타	131,872	133,069	135,021	142,487	5.5%	115,031	23.9%

출처: 출입국, 외국인정책본부(2020). 2020년 9월 출입국 외국인정책 통계월보.

3) 북한이탈주민

「북한이탈주민의 보호 및 정착지원에 관한 법률」(2014) 제2조 1항에 따르면, 북한이탈주민이란 군사분계선 이북지역에 주소, 직계가족, 배우자, 직장 등을 두고 있는 사람으로서 북한을 벗어난 후 외국 국적을 취득하지 아니한 사람을 말한다. 우리나라에서 북한이탈주민에 대한 용어는 여러 번 바뀌어 왔다. 즉, 1993년 이전에는 귀순자, 귀순용사로, 1994년부터 2004년까지는 탈북자로, 2005년에서 2008년까지는 새터민으로,

2008년 이후에는 북한이탈주민으로 불리고 있다.

북한이탈주민의 현황을 살펴보면, 1990년 중반부터 북한의 식량 사정의 악화를 계기로 꾸준히 증가하기 시작하였으며, 2001년 1,000명을 넘어선 이래 2011년에는 2,706명이 입국하는 등 해마다 증가추세를 보였으나, 2012년부터 점차 감소추세를 보이며, 2020년에는 195명이 입국하였다. 또한 북한이탈주민 여성의 입국비율이 높아지고 있음을 알 수 있다〈표 4-8〉. 1998년 이전까지는 여성 비율이 12.2%로 남성에 비해 적었다. 하지만 2002년도에 들어와 여성 비율이 55.3%으로 남성을 앞서기 시작하여, 2018년도에는 85.2%로 가장 많은 여성 비율을 차지하고 있다.

연령대별 비율로는 30~39세가 가장 많았으며, 다음은 20~29세, 40~49세 순으로 나타났다〈표 4-9〉. 거주 지역으로는 경기도에 가장 많이 거주하고 있으며, 서울, 인천 등으로 수도권 지역에 주로 거주하고 있는 것으로 나타났다〈표 4-10〉.

표 4-8. 북한이탈주민 입국현황

(단위: 명)

구분	~'98	~'01	'02	'03	'04	'05	'06	'07	'08	'09	'10	'11	'12	'13	'14	'15	'16	'17	'18	'19	'20.9 (장점)	합계
남(명)	831	565	510	474	626	424	515	573	608	662	591	795	404	369	305	251	302	188	168	202	64	9,427
여(명)	116	478	632	811	1,272	960	1,513	1,981	2,195	2,252	1,811	1,911	1,098	1,145	1,092	1,024	1,116	939	969	845	131	24,291
합계 (명)	947	1,043	1,142	1,285	1,898	1,384	2,028	2,554	2,803	2,914	2,402	2,706	1,502	1,514	1,397	1,275	1,418	1,127	1,137	1,047	195	33,718
여성 비율(%)	12.2	45.8	55.3	63.1	67.0	69.4	74.6	77.6	78.3	77.3	75.4	70.6	73.1	75.6	78.2	80.3	78.7	83.3	85.2	80.7	721	72.0

출처: 통일부(2020). 북한이탈주민정책.

표 4-9. 북한이탈주민 연령대별 입국현황 (단위: 명)

구분	0~9세	10~19세	20~29세	30~39세	40~49세	50~59세	60세 이상	계
남	651	1,697	2,615	2,142	1,376	573	342	9,396
여	646	2,103	6,952	7,523	4,581	1,453	994	24,252
합계(명)	1,297	3,800	9,567	9,665	5,957	2,026	1,336	33,648

* 입국당시 연령기준이며, 최근 입국하여 보호시설 등에 있는 일부인원은 제외된 수치로 입국인원과 차이가 있음.
출처: 통일부(2020). 북한이탈주민정책.

표 4-10. 북한이탈주민 지역별 거주 현황 (단위: 명)

지역	서울	경기	인천	부산	경북	경남	대구	충북	충남·세종
남	2,195	2,678	771	262	223	243	139	252	349
여	4,849	7,923	2,198	742	877	832	523	1,061	1,358
합계	7,044	10,601	2,969	1,004	1,100	1,075	662	1,313	1,707
지역	광주	강원	대전	전남	전북	울산	제주	계	
남	135	219	134	156	116	129	69	8,070	
여	453	638	479	482	412	368	247	23,442	
합계	588	857	613	638	528	497	316	31,512	

* 사망, 말소, 이민, 거주불명, 보호시설에 있는 인원 제외.
출처: 통일부(2020). 북한이탈주민정책.

4) 다문화가정의 자녀

2019년 다문화출생아는 17,939명으로 전년 18,079명보다 140명(0.8%)이 감소하였다. 우리나라 2019년 전체 출생이 30만 3천명으로 전년보다 7.4% 감소한 데 비해, 다문화부모의 출생아는 0.8% 감소하여 상대적으로 감소 폭이 작았다. 전체 출생에서 다문화출생이 차지하는 비중은 5.9%로 전년보다 0.4% 증가하였다. 또한 다문화출생아 중 남아는 9,194명, 여아는 8,745명, 성비(여아 100명당 남아)는 105.1명으로, 출생기준 한국인 부모의 출생성비 105.7명보다 낮았다〈그림 4-5〉.

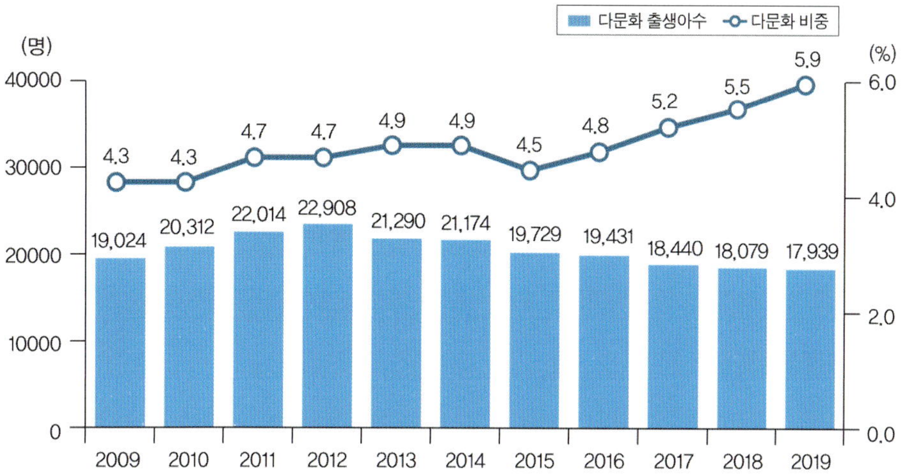

그림 4-5. **다문화 출생아 수 및 전체 출생 중 다문화 비중 추이(2009~2019년)**

출처: 통계청(2020). 2019년 다문화 인구동태 통계.

2019년 현재 학교에 재학 중인 결혼이민자 가정 자녀는 108,069명으로 학교 급별 비율이 초등학교 75.7%, 중학교 15.8%, 고등학교 8.2%로 초등학교 재학생 비율이 월등히 높았다〈표 4-11〉. 그리고 학령기 인구 중 결혼이민자 가정 자녀가 차지하는 비율은 매년 계속 증가하고 있는 것으로 나타났다〈표 4-12〉.

표 4-11. 학교 급별(초 · 중 · 고) 다문화학생 수

(단위: 명)

구분	2016년				2017년				2018년					2019년				
	초	중	고	계	초	중	고	계	초	중	고	각종 학교	계	초	중	고	각종 학교	계
국내 출생	59,988	11,489	7,657	79,134	68,610	12,265	8,439	197,756	76,181	13,599	8,361	122	98,263	83,602	15,891	8,464	112	108,069
중도 입국	4,583	1,627	1,208	7,418	4,843	1,722	1,227	15,599	5,023	1,907	1,185	205	8,320	5,148	2,131	1,220	198	8,697
외국인 자녀	9,453	1,989	1,192	12,634	9,280	1,958	1,043	34,431	11,823	2,562	1,142	102	15,629	15,131	3,671	1,550	107	20,459
계	74,024	15,105	10,057	99,186	82,733	15,945	10,709	109,387	93,027	18,068	10,688	429	122,212	103,881	21,693	11,234	417	137,225
비율	74.6%	15.2%	10.1%	100.%	75.6%	14.6%	9.8%	100%	76.1%	14.8%	8.7%	0.4	100%	75.7%	15.8%	8.2%	0.3%	100%

출처: 교육부(2020). 교육통계.

표 4-12. 다문화학생 증가 추이

(단위: 명)

연도 / 인원수	2012	2013	2014	2015	2016	2017	2018	2019
다문화 학생 수 (A)	46,954	55,780	67,806	82,536	99,186	109,387	122,212	137,225
전체 학생 수 (B)	6,732,071	6,529,196	6,333,617	6,097,297	5,890,949	5,773,998	5,633,725	5,502,880
다문화학생 비율 (A/B*100)	0.70%	0.86%	1.07%	1.35%	1.68%	1.89%	2.17%	2.49%

출처: 교육부(2020). 교육통계.

학교 급별 만 9세~24세를 대상으로 취학률을 분석한 결과, 2018년 "전국다문화가족실태조사"에 나타난 다문화가족 자녀의 초등학교 취학률은 순취학률(NER)을 기준으로 초등학교 98.1%, 중학교 92.8%, 고등학교 87.9%, 고등교육기관 49.6%로 나타났다〈표 4-13〉. 이를 2018년 교육통계연보에 나타난 전체 국민의 취학률과 비교해 보면, 초등학교의 경우 전체 국민의 취학률은 97.4%로 다문화가족 자녀의 취학률이 0.7% 더 높게 나타났다. 그러나 중학교부터는 다문화가족의 취학률이 전체 국민에 비해 눈에 띄게 낮은데, 중학교에서는 5.1%, 고등학교에서는 4.5% 낮고, 이러한 격차는 고등교육에서 극대화되어 고등교육의 경우, 국민 전체(67.6%)에 비해 다문화가족의 취학률은 18.0%가 낮은 것으로 나타났다.

이상의 결과는 비록 초등교육에서의 교육접근성은 많이 향상되어 오히려 전체 국민보다도 0.7% 높은 수준이지만 중등 및 고등교육에 대한 정책적 관심이 보다 집중될 필요가 있음을 보여 준다. 대학진학률이 70%를 넘는 우리나라에서 고등교육에 대한 낮은 취학률은 결과적으로 노동시장에서의 취약함으로 이어질 가능성이 높으므로 다문화가족 자녀의 중등 및 고등교육에서의 낮은 취학률과 그 원인을 면밀하게 분석하고, 이에 대한 적절한 대안을 강구할 필요가 있다.

표 4-13. 다문화가구 자녀의 학교 급별 취학률 (단위: 명, %)

구분	다문화가구 자녀					국민 전체 취학률 (NER)
	취학적령인구 (A)	총 취학아동 (B)	해당연령대 취학아동 (C)	GER (B/A)	NER (C/A)	
초등학교	9,3996	9,3143	92,193	99.1	98.1	97.4
중학교	2,0236	1,9689	18,789	97.3	92.8	97.9
고등학교	1,4165	1,3731	12,454	96.9	87.9	92.4
고등교육기관	7640	3464	3792	45.3	49.6	67.6

출처: 2018년 국민 전체 취학률(e-나라지표).

2 한국 다문화사회의 문제점

우리나라의 다문화사회의 문제점을 결혼이민자, 외국인근로자 및 북한이탈주민을 중심으로 살펴보면 다음과 같다.

1) 결혼이민자

(1) 사회적 편견

우리나라는 다문화주의 전통이 없으며 단일민족이라는 문화적 자부심과 순혈주의를 중요시 여기는 풍토로 인해 결혼이민자에 대한 편견 및 차별이 존재하며, 결혼이민자를 비정상적인 가족 등 사회문제의 원천으로 보는 시각이 잔존하고 있다. 또한 불쌍하다고 보는 시각, 불행한 삶을 살고 있다고 판단하는 시각, 위장결혼자가 대다수라고 보는 시각 등 선입견도 팽배하다. 이러한 편견은 결혼이민자의 국적이 선진국인지, 후진국인지에 따라 사회적 시각에 차이가 있을 뿐 아니라 결혼이민자의 한국사회로의 문화적 흡수를 더디게 하는 요인으로 작용하고 있다. 이러한 사회적 분위기는 결혼이민자가 지역사회에서 소외감과 정신적 긴장감을 느끼게 할 뿐 아니라 한국사회의 적응과정에서도 문제를 야기할 수 있다.

(2) 언어 문제

결혼이민자는 서로 다른 언어를 사용하며 서로 다른 문화적 배경을 가지고 있기 때문에 한국사회 생활에서의 적응에 있어 신체적으로나 정신적으로 갈등이 발생하게 된다. 특히 여성 결혼이민자의 언어소통문제에 따른 가족 갈등과 자녀양육 문제가 많이 발생하고 있다. 그리고 의사소통의 어려움뿐만 아니라 한국의 가부장적 문화, 유교사상, 남성 중심의 한국문화는 한국사회에서의 적응에 가장 큰 어려움으로 나타나고 있다.

2018년 "전국다문화가족실태조사" 연구에 의하면, 결혼이민자의 한국어 능력을 말하기, 듣기, 읽기, 쓰기 등 네 영역으로 구분하여 조사한 결과, 한국어 말하기 능력은 매우 잘한다가 40.8%로 가장 높았고, 보통이다 24.8%, 약간 잘한다 24.2%로 나타났다. 한국어 듣기 능력은 매우 잘한다가 42.9%로 가장 높았고, 약간 잘한다 26.0%, 보통이다 23.4%로 나타났다. 한국어 읽기 능력은 매우 잘한다가 39.1%로 가장 높았고, 보통이다 24.5%, 약간 잘한다 23.6%로 나타났다. 통상적으로 언어를 읽기와 듣기, 말하기보다 쓰기가 난해하기 때문에 결혼이민자의 한국어 쓰기 능력은 한국어 말하기와 듣기, 읽기에 비해 상대적으로 낮았다. 결혼이민자의 한국어 쓰기 능력은 매우 잘한다가 35.1%로 가장 높았고, 보통이다 25.9%, 약간 잘한다 19.8%로 나타났다.

(3) 부모역할의 어려움

우리나라의 경우 자녀 양육과 교육의 역할은 어머니의 고유한 역할로 간주하고 있고 자녀와 관련된 모든 책임을 어머니의 책임으로 전가하는 문화이므로 결혼이주여성들의 경우 자녀 양육의 문제는 가장 흔하게 경험하는 어려움 중의 하나이다.

〈그림 4-6〉의 결혼이민자·귀화자의 자녀 양육에서의 어려움을 살펴보면, 5세 이하 자녀 양육에서 어려운 점으로, 내가 바쁘거나 아플 때 자녀를 돌봐 줄 사람을 찾기 어려워서(26.9%)를 꼽은 사람이 가장 많았고, 다음은 자녀에게 한글을 직접 가르치기 어려워서(26.3%), 배우자나 다른 가족과의 의견 차이(12.8%), 한국 유치원, 학교에 대해 잘 몰라서(9.1%) 등의 순이었다.

6세~24세 자녀를 양육하는 부모들이 느끼는 어려움은, 자녀의 학업, 진학, 진로 등에 대한 정보 부족(47.1%)이 가장 많았고, 그 다음은 교육비 · 용돈 등 비용 부담(40.9%), 학부모회 등 학부모 활동 참여의 어려움(25.1%), 자녀와의 대화 부족(16.3%), 게임 · 스마트폰 · 인터넷 사용 등에 대한 자녀와의 갈등(14.4%)의 순으로 나타났다.

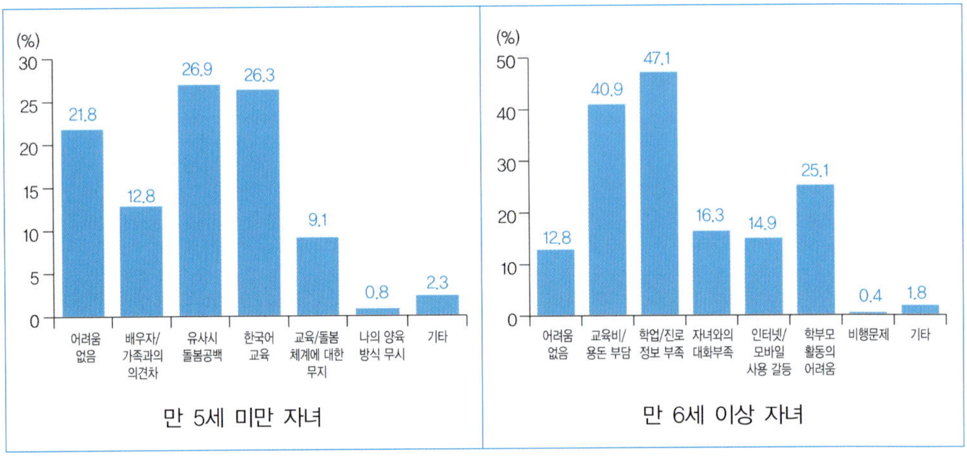

그림 4-6. 결혼이민자 · 귀화자의 자녀 양육에서의 어려움

출처: 여성가족부(2019). 2018년 전국다문화가족실태조사 연구.

결혼이주여성들은 한국 생활에서 가장 어려운 점으로 자녀 양육의 문제를 보인다. 다문화가정의 자녀 양육상의 어려움은 한국어소통 능력 미흡, 양육비, 교육비 지출, 자녀양육자 및 보육시설의 부재, 자녀 양육 방식의 갈등으로 분류할 수 있다.

결혼이주여성들이 한국어능력 부족은 자녀의 언어 수준 발달 차이뿐만 아니라 모자 관계에도 영향을 미치게 되는데, 한국어를 가르칠 수 없으며 자녀의 숙제를 돕지 못하고 언어로 타이르기보다는 행동적 체벌이 더 강화되는 것으로 나타나고 있다. 어머니의 한국어능력 부족과 경제적 활동으로 자녀들은 조기에 어린이집에 위탁하게 되고, 그 결과 자녀들이 어머니보다 한국어를 더 빨리 습득하게 되어 어머니를 무시하거나 도움을 요청하지 않음으로서 모자 간의 부정적 상호작용을 보이고 있다.

한편 자녀들은 언어문제가 발생하여 언어치료 기관에서 검사와 치료를 받거나 전문 병원에서 장애 진단을 받는 경우도 있으며, 이로 인하여 학습 부진과 정서적 문제가 유발되고 있다. 다문화가정의 자녀들은 어휘력이나 독해력, 언어 구사력 등이 낮고 학습이해도와 기초학습능력이 저하되는 것으로 보고되고 있다. 또한 정서적인 문제는 어머니에 대한 과도한 집착 및 중간 대상에 대한 과도한 집착, 학교 등교 거부 등의 문제로 이어지고 있다. 결혼이민자여성은 주위의 도움이 지원되지 않는 상황에서 자녀 양육에 관련된 어려움을 경험하고 있다.

(4) 이혼 문제

외국 여성과의 결혼이 증가한 반면, 그에 따른 부작용으로 인해 이혼도 상대적으로 증가하고 있다. 전체 이혼 중 국제결혼 부부의 이혼이 차지하는 비중 역시 2000년대 중반 이후 빠르게 증가하는 추세이다.

돈을 매개로 이루어진 상업화된 결혼, 시댁과 친지의 비우호적인 환경, 남편의 정서적 불안정 등의 이유로 인하여 가정폭력과 불화로 이어지는 경우가 적지 않다. 또한 알코올 중독, 성도착증, 습관적 폭력 등 결혼이 불가능한 상태인 사람이 국제결혼 시장에 유입되어, 이들이 결혼생활을 유지하기 위해 결혼이민자를 철저히 통제하고 성적 학대를 저지르는 등 심각한 수준인 경우가 많은 것으로 보고되고 있다(이정용, 2012).

여성결혼이민자와 결혼한 국내 남성들의 상당수가 빈곤, 저소득층, 장애인, 이혼자, 혼기를 넘긴 고령자임에도 국제결혼에서 많은 비용을 부담하였기 때문에 본인의 배우자를 평등관계로 인식하기보다는 소유물 성격을 지닌 대상으로 취급하는 경향이 있다. 이는 가정폭력과 인권침해를 일으키는 요인이 될 수 있다.

여성결혼이민자들은 가족 내에서 무시를 당하거나 학대를 받음으로 인하여 가정에서의 지위 기반이 약해지기도 하며, 이는 자녀양육에서도 갈등의 요인이 되고 있다. 여성결혼이민자의 모국의 문화나 언어를 가르치지 못하게 하거나, 어머니로서의 역할을 보육에만 한정하는 경우도 있기 때문이다(서종남, 2010).

〈표 4-14〉에서 확인할 수 있듯이, 2020년 외국인과의 이혼은 총 이혼 중 6.2%를 차지하며, 한국 남자와 외국 여자와의 이혼은 4.4%, 한국 여자와 외국 남자의 이혼은 1.8% 순으로 나타났다. 이혼·별거의 사유로는 성격 차이(52.0%)가 가장 많았고 경제적 문제(12.6%), 학대·폭력(8.6%), 외도 등 애정문제(8.4%) 등의 순서로 나타났다. 특히 이전 조사에 비해 학대·폭력 때문에 이혼이나 별거에 이르렀다는 응답이 3.0% 증가한 것으로 나타났다(통계청, 2019).

표 4-14. 외국인과의 이혼 추이 (단위: 천 건, %)

	2009	2010	2011	2012	2013	2014	2015	2016	2017	2018	2019		전년 대비 증감률
												구성비	
총 이혼 건수	124.0	116.9	114.3	114.3	115.3	115.5	109.2	107.3	106.0	108.7	110.8	100.0	2.0
외국인과의 이혼	11.5	11.1	11.5	10.9	10.5	9.8	8.2	7.7	7.1	7.1	6.9	6.2	-3.4
한국남자+외국여자	8.2	7.9	8.3	7.9	7.6	7.0	5.7	5.6	5.2	5.2	4.9	4.4	-5.0
한국여자+외국남자	3.2	3.2	3.1	3.0	2.9	2.8	2.5	2.1	1.9	2.0	2.0	1.8	0.8

출처: 통계청(2020). 2019년 다문화 인구동태 통계.

표 4-15. 연도별, 국적별 외국인과의 이혼 현황 (단위: 건, %)

	2011	2012	2013	2014	2015	2016	2017	2018	2019		전년 대비 증감률
										구성비	
한국男+외국女	8,349	7,878	7,588	6,998	5,743	5,610	5,206	5,174	4,917	100.0	-5.0
중국	4,783	4,204	3,797	3,402	2,830	2,703	2,351	2,275	2,104	42.8	-7.5
베트남	1,931	1,992	2,057	1,821	1,480	1,570	1,575	1,570	1,463	29.8	-6.8
필리핀	328	395	435	449	366	298	242	257	231	4.7	-10.1
일본	292	254	259	290	235	186	172	180	193	3.9	7.2
태국	137	129	133	107	101	107	132	143	169	3.4	18.2

	2011	2012	2013	2014	2015	2016	2017	2018	2019		전년 대비 증감률
										구성비	
캄보디아	192	180	152	155	137	157	134	157	139	2.8	−11.5
미국	85	105	114	117	107	111	137	114	127	2.6	11.4
기타	601	619	641	657	487	478	463	478	491	10.0	2.7
한국女+외국男	3,146	3,009	2,892	2,756	2,494	2,055	1,924	1,966	1,982	100.0	0.8
중국	1,139	1,051	1,080	1,025	992	919	843	816	814	41.1	−0.2
일본	1,466	1,396	1,196	1,108	893	505	442	490	448	22.6	−8.6
미국	240	233	249	250	230	230	214	229	246	12.4	7.4
베트남	17	18	19	25	36	62	61	81	97	4.9	19.8
캐나다	32	52	48	54	32	49	47	49	57	2.9	16.3
파키스탄	51	49	55	54	54	33	49	43	40	2.0	−7.0
기타	201	210	245	240	257	257	268	258	280	14.1	8.5

출처: 통계청(2020). 2019년 다문화 인구동태 통계.

(5) 경제적 어려움

결혼이민자여성이 한국 남성과 결혼을 선택하는 가장 큰 이유는 경제적으로 더 나은 삶에 대한 동경 및 자국의 열악한 경제적 사정으로 인하여 상대적으로 부유한 한국사회로의 유입을 희망하는 데 있다고 할 수 있다. 그러나 경제적으로 불안한 남성과 결혼한 결혼이민자여성들은 심각한 수준의 생계문제로 어려움을 겪고 있다. 다문화가구의 월평균 가구소득은 200~300만원 미만이 26.1%로 가장 많았고, 그다음으로는 100~200만원 미만(22.4%), 300~400만원 미만(20.1%)의 순으로 나타났으며, 2015년과 비교해서도, 여전히 가구소득이 낮은 것을 알 수 있다〈그림 4-7〉.

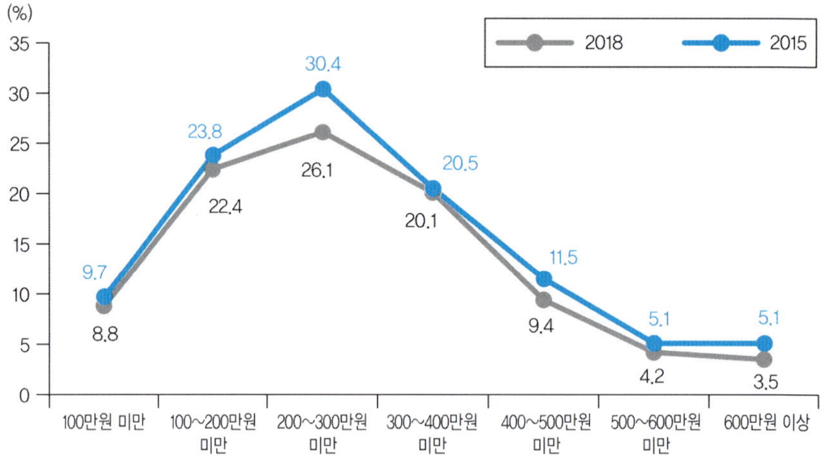

그림 4-7. **다문화가구의 월평균 가구소득(2015, 2018)**

출처: 통계청(2018). 한국의 사회 동향.

2) 외국인근로자

(1) 언어 문제

외국인근로자의 경우에도 입국 전에 준비되지 않은 한국어 수준으로 인해 유발되는 문제가 다양하게 나타나고 있다. 이들이 한국어 연수를 받는 기간은 너무 짧으므로 한국어를 이해할 수 있을 정도로 습득하기는 쉽지 않다. 한국어를 모르는 외국인근로자가 장비 조작법에 대한 설명을 이해하지 못하여 작업장에서 상해를 입거나 사고를 일으키는 경우가 종종 발생하고 있으며, 자신의 불합리한 근로 조건에 대하여 항의하거나 정당한 대우를 받기 위한 주장을 할 수 없는 경우도 있다. 또한 이들을 위한 직장이나 단체에서의 한국어교육이 절실한 형편이지만 체계화되어 있지 않고, 홍보도 제대로 되고 있지 않는 실정이다.

(2) 문화 문제

종교적 혹은 문화적 요인으로 문화적 갈등을 낳을 수도 있다. 손으로 음식을 먹고 돼지고기를 먹지 못한다며 비웃고, 술을 억지로 먹이거나, 종교 활동을 강요하는 등 문화적 차이를 이해하지 못하는 사례도 있다.

더운 나라에서 온 근로자들의 경우 비교적 낙천적이고 여유로운 성격의 소유자들이라 할 수 있다. 그러나 빨리빨리 문화에 익숙한 한국인들은 그들이 게으른 것으로 오인하여 갈등을 빚거나 여유로움을 쉽게 받아들일 수 없는 부분으로 치부하기도 한다. 이처럼 서로 다른 문화에 대한 이해가 부족할 때 불필요한 마찰과 갈등이 유발되기 쉽다.

(3) 경제적 어려움

최저임금을 받으며 일하는 외국인근로자들이 임금을 제때 받지 못하거나 떼이는 것이 가장 큰 문제 중의 하나이다. 임금체불은 외국인근로자의 이직을 방지한다는 명분으로 남용되고 있다. 불법체류 외국인근로자의 임금체불 사례에서 가장 큰 문제점은 고용노동부 출석조사에 나오는 것을 매우 불안해한다는 것이다. 체불임금이 있는 미등록 외국인근로자가 건설현장에서 일을 하다가 사장이 잠적하여 고용노동부에 고소하는 경우도 있다. 이 경우 외국인근로자는 사실관계 조사를 위해 출석을 해야 되지만 미등록 외국인근로자들은 모두 출석할 수 없으며, 사업주도 연락이 되지 않는 등의 이유로 임금체불이 확정되지 않아 반려되는 경우도 있다. 또한 임금체불의 진정으로 고용노동부에서 사업주와 불법체류 외국인근로자가 함께 조사를 받은 경우, 사업주는 임금을 주지 않으면서 불법체류 외국인근로자에게 신고한다고 겁을 주며 협박을 하거나 미등록 외국인근로자가 조사를 받다가 뛰쳐나가는 사건 등 임금체불의 경우가 많이 발생하고 있다. 또한 경제적 이유로 좁은 공간에 많은 사람들이 기거하며 보온 · 냉방 · 샤워 · 세탁시설이 제대로 갖추어지지 않은 곳에서 집단 거주하는 경우도 많다.

3) 북한이탈주민

(1) 사회심리적 문제

북한이탈주민의 경우에는 한국인들의 무관심, 냉대, 멸시 속에서 힘겨운 삶을 살고 있다. 특히 북한이탈주민이 남한 생활에서 겪는 가장 큰 어려움은 외로움이다. 즉, 남한 사회에서 완전히 새로운 인간관계를 시작하는 데서 오는 외로움으로 고통받고 있다.

또한 단독으로 남한으로 온 북한이탈주민이 겪는 가장 큰 심리적 고통 중 하나는 북한에 두고 온 가족에 대한 죄책감이다. 이러한 죄책감이 직접적인 원인은 아닐지라도, 남한 사회에 대한 적응이 어려울수록 우울감이 커지고 그것은 다시 죄책감으로 연결되어 적응에 어려움을 증가시키는 악순환이 될 가능성이 높다. 더구나 최근 가족 단위 입국이 많아지고 있어 가족을 데리고 오지 못한 심리적 갈등은 더욱 커지고 있다.

그리고 북한이탈주민은 미래의 불확실성으로 인한 심리적 불안을 경험하고 있다. 이러한 불안감은 북한이탈주민의 결혼 문제에서도 나타나고 있다. 북한이탈주민 신분으로서 남한 사회의 일원으로 확실하게 편입되고 인간관계를 형성하는 방법은 남한 사람과 결혼하는 것이다. 실제로 남한에서 결혼을 한 북한이탈주민은 외로움 해소, 빠른 경제적 안정, 남한 사회에 대한 소속감 등에 결혼이 매우 도움이 되기 때문에 주변 북한이탈주민에게 결혼을 권하고 있다.

그러나 북한에서 결혼을 했던 북한이탈주민은 남한에서 재혼 후 북에 두고 온 가족에 대한 미안함, 남존여비 관념이 강한 북한에서 살다가 그러한 개념이 상대적으로 적은 남한 여성과 결혼하는 경우 느끼는 어려움 등으로 심리적 갈등을 경험하고 있다.

(2) 언어 문제

북한이탈주민은 남한 사회의 적응상의 어려움 중에서 '언어적 이질감'을 많이 이야기한다. 남한과 북한은 한국어를 사용하기 때문에 많은 사람들은 남북한의 언어적 특징이 유사하다고 생각한다. 그러나 남북한의 언어는 많은 부분에서 차이가 있다. 남한은 북한에 비해 개방된 문화를 가지고 있으며 외국과의 활발한 교류로 인해 외래어가 국어에 많이 유입되어 사용된다. 그러나 북한은 여전히 폐쇄적인 사회로서 우리말로 이루어진 표현이 더 많다. 예를 들어, 우리가 흔히 쓰고 있는 단어로 '아이스크림'을 북한에서는 '얼음과자'라고 하며, '에스컬레이터'는 '계단 승강기'라고 한다.

남북한 언어 차이는 외래어가 가장 대표적이지만 다른 영역에서도 나타난다. 남한에서 사용하는 언어와 북한에서 사용되는 언어에는 많은 차이가 있다. 가족을 지칭하는 단어로 장인(장모)을 '가시아버지(어머니)'라고 하며, 의붓아버지(어머니)=계부(계모)를 '홋아버지(어머니)'라고 한다. 한편 북한사회에서 혁명투사로 대접받으며 출신성분이 좋은 사람을 '백두산 줄기', 1980년대 중산 신흥세력으로 등장한 일본에 친척을 둔 사람을 '후지산 줄기', 월남자나 탈북자 가족은 '한라산 줄기'라고 한다.

(3) 문화 문제

북한이탈주민 역시 문화적 이질감을 느끼면서 여러 방면에서 심리적 스트레스를 경험하고 있다. 북한이탈주민은 남한 사회에 편입된 후 자본주의와 물질만능주의로 인한 무한 경쟁이 만연하고 학연 · 지연 · 인연을 중시하는 풍조에서 생존을 위해 고군분투하고 있다. 그들은 자본주의 경제 논리나 고용 원리에 익숙하지 않아 혼란을 겪기도 하고, 가치관이 다르고 도덕성을 평가하는 잣대가 달라 혼란을 겪기도 한다. 또한 북한사회가 주민에게 배급하는 식량, 진학, 대학 전공, 직장 배정 등은 위로부터 일률적이어서 남한 사회에서의 민주주의, 다양성과 자유의지에 의한 선택과 결정은 이들의 혼란을 더욱 가중시킨다.

그리고 북한 출신 근로자들이 직장문화와 노동문화에 적응하는 데에도 많은 어려움이 따른다. 집단주의적 문화에서 살아온 그들은 개인적주의적 성향이 강한 우리 사회의 분위기에 쉽게 적응하지 못하며, 공산주의 체제 아래 '느릿느릿 일하기'가 일반화되어 대충대충 일하는 것이 체질화되어 있는 그들을 용납하지 않는 우리 문화에서 심한 스트레스를 경험하기도 한다.

(4) 경제적 어려움

북한이탈주민이 남한 사회에 적응하기 위해서는 무엇보다도 경제적 자립이 중요하다. 사회주의 체제에서 생활했던 북한이탈주민은 남한 사회에 들어와 자본주의 세계에서 살아남기 위해서는 돈을 벌어야 한다는 강박관념을 가지고 있다. 따라서 북한이탈주민은 경제적으로 자립할 수 있는 능력을 가지지 못하기 때문에 남한 사회 정착에 어려움을 겪는다.

북한이탈주민이 겪는 경제적 어려움의 1차적 원인은 이들을 원하는 직장이 없다는 것이다. 이들은 안정된 직장을 원하지만 전문성과 업무능력 부족 등으로 인해 대부분 일용직이며 불안정한 고용조건하에서 일하고 있어 장래가 불안한 상황에 놓여 있다. 이에 정부는 북한이탈주민이 정착 초기에 기초생계를 해결할 수 있도록 기본금과 가산금, 주거지원금과 각종 장려금 등 일정 금액의 정착지원금을 지급하고 있다. 그러나 정부가 북한이탈주민에게 지급하는 정착금은 2018월 기준으로, 1인 세대 기준으로 주거지원금을 포함하여 총 2,000만원으로 현실적으로 충분한 수준은 아니다. 또한 북한이탈주민의 경제활동 현황을 살펴보면, 우리나라 전체 국민의 실업률이 4.0%(통계청, 2020)인 반면에 북한이탈주민은 6.3%, 경제활동 참가율도 62.1%로 낮은 것을 알 수 있다〈표 4-16〉.

표 4-16. 북한이탈주민 경제활동 현황

(단위: %)

구분	'08	'09	'10	'11	'12	'13	'14	'15	'16	'17	'18	'19
경제활동 참가율	49.6	48.6	42.6	56.5	54.1	56.9	56.6	59.4	57.9	61.2	64.8	62.1
고용률	44.9	41.9	38.7	49.7	50	51.4	53.1	54.6	55	56.9	60.4	58.2
실업률	9.5	13.7	9.2	12.1	7.5	9.7	6.2	4.8	5.1	7.0	6.9	6.3

출처: 통일부(2020). 북한이탈주민정책.

CHAPTER 05

외국 다문화사회의 형성배경과 통합정책

05 Chapter

외국 다문화사회의 형성배경과 통합정책

배울내용

1. 다문화사회 통합정책 개념 및 유형
2. 국가별 사회통합 정책
3. 외국 다문화사회의 문제

학습목표

1. 다문화사회 통합정책 개념 및 유형을 이해한다.
2. 국가별 사회통합 정책의 특징과 장단점을 파악한다.
3. 외국 다문화사회의 문제점들을 파악하고 해결방안을 모색해 본다.

한 국가 내에 다양한 문화가 공존하는 다문화사회 현상은 세계화 추세에 따른 국제적 인구이동과 함께 광범위하게 전개되고 있다. 지금도 이주민을 유입하는 많은 국가에서는 '이민과 통합(immigration and integration)'이 국가의 중요한 정책 이슈로 등장하고 있으며, 유럽의 경우 국가마다 이주민을 수용한 배경과 역사가 다르기 때문에 서로 다른 통합정책들이 존재하지만, 유럽연합(European Union: EU) 수준에서의 논의를 통해 이민정책이라는 큰 틀의 통합을 다루고 있다. 이러한 큰 틀을 가지고 있음에도 불구하고 다문화사회 통합에 대한 정책적 접근은 이주의 역사 및 배경, 정책대상과 이민자 인구의 특성에 따라 국가별로 매우 상이하게 나타나고 있다.

1 다문화사회 통합정책의 개념 및 유형

1) 다문화사회의 통합정책

한 사회 내에 다양한 인종과 문화가 증가하면서 그에 따른 사회적 갈등과 충돌은 피할 수 없는 문제로 대두되고 있다. 특히 이주민을 수용하는 유입국에서는 이주민의 사회적 배제와 차별을 해소하고 사회적 응집력을 형성하기 위해 다문화사회의 통합에 대해 노력해 왔다. 주로 이주민의 통합은 이민자와 국민 모두에게 있어 사회, 경제, 문화, 정치, 법률 부분의 포용을 통해 이민자와 국민이 상호 간 다문화에 대한 이해 부족으로 인해 발생할 수 있는 충돌 등 사회위기를 최소화하도록 지원하는 것으로 정의된다(차용호, 2009). 그리고 이러한 다문화사회의 사회적 문제를 해결하기 위한 정책적 대안이 다문화사회의 통합정책으로 통칭된다(윤인진, 2008). 즉, 의도적 체류를 동반한 장기적 체류 외국인을 대상으로 그 나라에 정착과 적응을 위한 언어, 문화, 노동, 정치, 경제, 의료 등 다양한 분야에 대한 이민자의 사회정착을 위한 지원 정책을 다문화사회의 통합정책이라고 정의할 수 있다.

2) 다문화사회 통합정책의 대상

우리나라보다 먼저 다문화 사회통합에 대한 논의를 진행하고 정책화하고 있는 유럽연합(European Union: EU)의 사회통합대상자 통합대상의 범위를 살펴보면〈그림 5-1〉, EU 회원국들은 EU 시민을 제외한 합법적 회원국 거주자를 제3국 국민(third-country nationals)이라고 부르며 통합의 주요 대상으로 간주하고 있다(이선주 외, 2009). 전체적으로는 '합법적으로 거주하는 비국민(legally-residentnon-nation)'과 '합법적으로 거주하는 이주자(legally-residentmigrants)'라는 두 개의 큰 범주가 존재하며 '비합법적 거주자인 미등록 이주자(non-legally-resident migrants, undocumented migrants)'는 따로 분리되어 있다. 합법적 거주자인 비국민은 시민권자는 아니지만 유입국에 거주하는 것을 허가받은 사람들로서 무국적자(stateless persons)와 EU 시민이 포함되고, 합법적으로 거주하는 이주자에는 역이민자(returned emigrants)가 포함된다. 두 범주에 공통으로 속하는 사람들은 '합법적으로 거주하는 제3국 국민들(legally-resident third countrynationals)'로, 노동이주(migrationforemployment), 가족재결합(familyreunification), 인도주의적 이유, 연구 및 국제보호대상자가 이에 해당된다. 이 중에서도 노동이주와 가족재결합 혹은 인도주의적 이유로 입국한 장기 체류자만이 통합의 대상이 된다. 노동이주자의 경우, 처음 입국할 때에는 개인이 혼자 입국 하지만 거주 기간이 1년 이상 되면 점차 본국에서 가족을 데리고 와서 함께 거주하고자 하기 때문에 유럽의 유입국들은 노동이주자들을 개인이

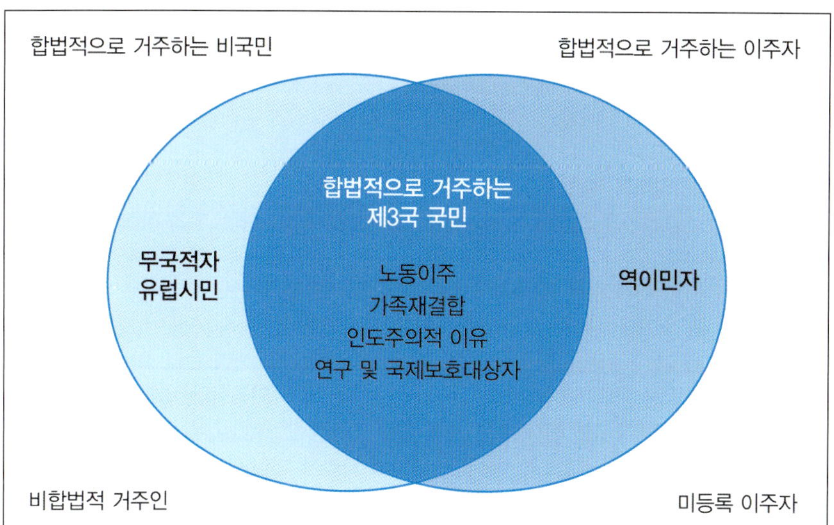

그림 5-1. EU의 통합정책의 대상

아닌 가족의 일원으로 본다. 따라서 EU 회원국들의 사회통합 대상은 합법적 거주를 하고 있는 이민자이며, 특히 정착을 목적으로 장기체류를 하거나 시민권 획득을 위해 체류하는 사람들이 주요 대상이 된다.

3) 다문화사회 통합정책의 유형

다문화 사회통합은 이민자 정착 정책과 지원 서비스 등으로 구체화된다. 이민자들은 수용국에서의 편견과 차별, 언어문제, 경제문제, 문화 차이 등으로 인해 주류사회 통합에 어려움을 겪게 된다. 이러한 문제의 해결과 갈등의 양상은 국가의 정책과 긴밀히 연결되어 있는데, 이러한 국가의 정책은 통합을 어렵게 하는 장애물이자 통합을 촉진시키는 촉매제 역할이 되기도 한다. 국가별 다문화사회 통합정책은 시대와 상황에 맞게 다른 양상을 지니고 있다는 특징을 지닌다. 즉, 다문화사회 통합정책의 유형을 차별배제모형, 동화모형, 다문화모형로 구분하여 살펴보면 다음과 같다(김지윤, 2012; Castles & Mille, 2003).

표 5-1. 다문화사회 통합정책의 유형

구분	내용	예
차별배제모형 (differentil excl usionary model)	차별배제모형은 '종족적 민주주의'에 입각한 민족 관념을 가지고 있는 국가들에서 주로 나타나는 현상이다. 지배적인 종족집단은 이민자와 그 후손들을 자국의 구성원으로 받아들이기를 꺼려 한다. 이러한 태도는 가족재결합(family reunion)을 제한하고 안정적인 체류 조건을 부여하기를 꺼려 하는 것과 같은 배제적인(exclusionary) 이민정책, 엄격한 귀화조건, 자국은 이민의 나라가 아니라는 관념 등으로 표현된다. 1960년 독일에서 이주노동자를 받아들일 때 사용한 '손님노동자 제도(guest worker system)'는 차별배제주의의 전형이라고 할 수 있다. 한국사회의 생산기능직 외국인력제도인 고용허가제와 산	독일, 일본

구분	내용	예
	업연수제 역시 이러한 원리에 기반을 두고 있다. 반면 엄격한 조건을 통과해 공식적인 권한을 부여받은 이민자들이 자국의 제도와 문화에 적응, 동화되어 가는 것을 당연한 과정으로 받아들임으로써 문화 단일성을 유지해 나가는 데 초점을 두게 된다. 일본, 독일, 스위스, 오스트리아 등이 이 유형의 전형적 사례라고 할 수 있다.	
동화모형 (assimilationist model)	동화주의는 이민자를 일방적으로 유입국 사회에 통합시키는 정책이다. 이 유형은 이민자가 출신국의 언어·문화·사회 특성을 완전히 포기하고 주류 사회의 일원이 되는 것을 목표로 하는데, 즉 주류사회가 자국 사회의 일원이 되기를 원하는 이민자에게 문화적 동화를 대가로 사회의 일원으로 인정하는 정책이다. 이 경우 국가의 역할은 이민자의 적응 과정을 보다 손쉽게 하는 조건들을 만들어 주는 것이다. 동화주의를 채택한 사회에서는 이민자의 문화, 언어, 생활습관을 보호하고, 또 직업이나 교육의 기회에서 인종차별 금지 등 정책적으로 이민자를 지원하며 사회참여를 유도한다. 1960년대까지 미국사회가 표방하였던 용광로(melting pot) 모형, 프랑스 사회가 지속적으로 견지해 온 동화주의(공화주의) 등이 대표적이다.	프랑스, 영국
다문화모형 (multicultural mode)l	다문화모형은 이민자가 그들만의 문화를 지켜 나가는 것을 인정하고 장려하며, 정책목표를 소수민족의 주류사회로의 동화가 아닌 공존(symbiosis)에 둔다. 다문화모형은 다양한 문화나 가치, 다양한 민족집단과 그들의 개별적인 언어와 습관들을 한나라 속에 공존시키는 정책이다. 다문화모형은 타문화, 타언어, 이교도 집단의 정체성을 인정함으로써 사회의 분열과 갈등을 예방할 수 있다는 점에서 다양성에 기반을 둔 국민통합정책으로 볼 수 있다. 다문화모형은 문화다원주의(cultural pluralism)와 다문화주의(multicul turalism)로 세분할 수 있는데, 이 두 개념은 다양성을 인정하고 사회통합을 추구한다는 점에서는 같지만 전제로 하는 조건과 실행 방법이 다르다. 구체적으로 문화다원주의는 문화의 다원성과 다양성을 인정하면서도 주류사회가 존재하는 것을 전제로 한다. 반면 다문화주의는 주류사회의 존재를 인정하지 않고 다양한 문화가 평등하게 인정되어야 함을 강조한다. 문화다원주의의 대표적 국가로는 미국이 있고, 캐나다나 호주는 다문화주의의 대표적 국가로 꼽히고 있다.	미국, 캐나다, 호주

2 국가별 사회통합 정책

1) 독일: 차별배제모형

독일[1]은 제2차 세계대전 이후 부족한 노동력을 보충하기 위하여 외국인 노동자를 유입하는 계기가 되었으며, 1995년에는 이탈리아와 노동자 모집협약을 체결한 이후 유럽의 여러 국가와 고용협약을 통해 적극적인 노동이주정책을 펼쳐 노동력 부족문제를 해결하고자 하였다. 1995년에는 이탈리아와 노동자 모집협약을 체결한 이후 유럽의 여러 국가와 고용계약을 통해 적극적인 노동이주정책을 펼쳐 노동력 부족문제를 해결하고자 하였다. 특히 베를린 장벽 설치 이후 외국인 노동자의 유입은 더욱 증가하였고, 1970년 오일쇼크로 인한 외국 인력의 모집 중단조치가 이루어질 때까지 전체 인구의 10%에 이를 정도로 외국인 노동자 유입은 적극적으로 이루어졌다.

1) 

세계에서 가장 부유한 나라 가운데 하나로, 자동차와 철·강철 제품을 수출한다. 1871년 비스마르크가 통일 독일제국을 건설하였다. 제1차 세계대전 패배 후 많은 영토와 모든 식민지를 잃었다. 히틀러가 1939년 폴란드를 침공함으로써 제2차 세계대전이 유발되었다. 히틀러는 600만 명의 사람을 조직적으로 학살한 홀로코스트를 자행했다. 1949년 동서로 분할되었다가 1990년에 통일되었다. 현재 EU 회원국 간의 결속을 통해 서유럽과의 정치적·경제적 통합을 지향하고 있다. 독일의 인구는 저출산과 고령화 등의 영향으로 2002년 이후 줄곧 내리막을 걷다가 2011년부터 점차 증가하기 시작하여 2017년까지 많은 수의 인구가 증가했다. 인구는 2020년 기준 8,372만 884명이고 인구밀도는 235명/㎢이다. 이는 독일 정부에서 추진한 난민 수용 정책으로 인해 약 100만 명이 넘는 외부 인구가 유입된 결과이기도 하다. 15세 이하 인구가 전체의 13%를 차지하고 있으며, 전체 인구의 75%가 도시 거주자이다(출처: Daum 백과).

그러나 1970년대 초 경제성장의 둔화로 독일에서의 외국인 노동인력의 유입정책은 1973년 외국인 노동자 모집 중지라는 결과에 이른다. 오일쇼크로 인한 경기둔화로 인해 외국노동력의 유입이 제한되었음에도 불구하고 영구 정착하는 외국인은 증가하였고, 이와 함께 가족재결합이라는 새로운 형태의 이민이 전개됨에 따라 독일 사회의 통합문제는 정치쟁점화되기 시작하였다. '독일은 이민국가가 아니다'라는 전통적인 독일 사회의 자의식에서 잘 나타나듯이 초기 외국인 정책은 다문화가 아닌 자문화 중심주의에 기초한 통합의 양상으로 추진되었다. 이러한 초기 외국인 정책은 문화적 다양성을 인정하지 않는 방향으로 흘러갔고, 이러한 정책은 이민자들을 주류사회와 분리, 배제시키는 결과를 초래하였다. 즉, 1980년대 말까지 대체로 독일의 외국인 노동자정책은 외국인을 제한하는 정책을 수행하였다고 할 수 있다(김지윤, 2012).

1990년 냉전종식 이후, 소련 및 동유럽에서의 외국인 노동자의 유입으로 외국인 노동자는 다시 증가하였고, 정치적 난민, 이주자 가족구성원의 이주, 유럽공동체 국가 시민들의 독일로의 이민, 구유고 지역의 전쟁으로 인한 피난민 등 새로운 형태의 외국인 유입이 증가하게 되었다. 그러나 독일에서는 이러한 이주외국인의 증가로 인한 사회적 갈등과 욕구충돌 현상이 나타나게 되었다. 더구나 이들 이민자들은 오늘날 우리 사회에서 보는 것처럼 대다수가 생활보호대상자였기 때문에 독일 정부로서는 다문화 사회 통합노력에 따른 사회적 재정적 부담을 지게 되었다. 1990년대 초반 '이주국으로서 독일'에 대한 인정과 독일 사회내부에 급증하는 외국인에 대한 혐오감과 테러현상에 대한 자성의 목소리는 이민자의 통합문제에 대한 정책 전환의 필요성을 제기하게 되었다.

독일 내부의 이민자 통합에 대한 논란은 1998년 정권교체 이후 「국적법」 개정으로 이루어진다. 2000년 1월 1일 개정된 새로운 독일 「국적법」은 외국인 노동자 및 그 가족에 대한 독일 국적 취득이 용이하게 하였고, 외국인 노동자와 그 가족들은 새로운 법에 따라 법적 보호와 통합의 가능성을 확대하게 되었다. 이러한 배경에는 저출산 및 노동인구의 감소, 노령화 등으로 노동력을 확보하기 위한 이주가 필요하다는 측면에서 이주의 불가피성에 대한 새로운 인식이 확산되어 있었다고 볼 수 있다. 그러나 이러한 과정에서 독일에서는 개방적인 이주정책을 반대하는 입장과 지지하는 사회단체, 정당 간의 대립과 타협이 불가피하였으며, 오랜 정치적 논란 끝에 2005년 1월 1일에 새로운 「이민법」이 발효되어 이주와 관련된 새로운 법적 조치가 마련되었다. 2005년 「이민법」은 국적 및 난민, 이민, 망명문제를 체계적인 틀로 제도화하여 독일의 기준과 필요에 따라 이민자들을 선별하고 독일문화와 가치에 수용적인 태도를 가지고 의식과 문화면에서 독일인과 다름이 없는 독일 이민자들을 선택하여 이들을 독일 사회로 통합하려는 정책을 수행하고 있다.

독일의 「신이민법」은 이민자가 증가하고 있음에도 불구하고 이민국이라 인정하지 않던 입장에서, 최근 스스로를 이민국으로 규정하는 패러다임의 전환을 반영한다. 이러한 패러다임 전환의 가장 큰 이유는 독일 인구의 고령화에 따른 젊은 노동력 부족으로 경제에 부정적 영향을 미치므로, 이를 극복하기 위해 젊은 노동력을 제공할 수 있는 이민자들의 수용이 요구되었기 때문이다. 저숙련이나 미숙련의 노동력이 아닌 전문인력 위주의 노동력을 수용함으로써 독일 경제가 경쟁력을 가질 수 있도록 하였다.

기본적으로 이주민들의 사회통합을 진척시키기 위하여 '지원과 요구' 원칙에 따라 국가가 이주민들이 독일 사회에 가능한 빠른 시간 안에 적응할 수 있도록 언어강좌 등을 제공하면서 정착을 지원하는 반면, 이주민들은 언어습득의 의무를 요구받는데, 언어시험을 실시하여 그 성과를 평가하고 그 결과로 체류허가의 조건이 되게 하였다. 따라서 독일은 이 원칙에 따라 원하는 주민을 선발하고, 원하지 않는 이주민을 배제할 수 있는 근거를 갖추게 되었다.

현재 새로운 이민자 사회통합정책은 의무적으로 추진되고 있으며, 정주를 목적으로 새롭게 유입되는 전문적이고 숙련된 노동력을 대상으로 하는 통합과정으로 진행되고 있다. 이미 독일에 거주하고 있는 이민자에 대한 통합의 경우, 독일 국적의 취득의 완화와 이중국적 허용을 통한 독일로의 통합을 목표로 하고 있다(최종렬, 2008). 또한 독일은 사회통합과정에서 외국인 노동자뿐만 아니라 그 가족에 대한 다차원적 접근을 시도하여 내국인과 이주자 사이의 괴리를 줄여 나가고 하나의 공동체를 형성하고자 노력하고 있는 것으로 평가되고 있다. 하지만 한편으로 독일은 다른 유럽 국가들에 비해 「국적법」이 여전히 배타적이란 평가도 동시에 받는다. 대표적인 예가, 독일법상의 이중국적을 금지하는 조항이라고 할 수 있는데, 독일에 거주하는 외국인의 70% 이상이 독일 시민권을 신청할 수 있는 법적 조건을 갖추고 있음에도 불구하고 이중국적이 허용되지 않아 귀화를 꺼리고 있는 것으로 분석되고 있다(이철용, 2007).

현재 통합정책은 연방내무성이 중심이 되어 연방차원에서 결정되고, 산하 소속기관인 연방난민청이 주무부서로 집행을 담당한다. 그러나 실제적인 프로그램 실행과 통합의 노력은 각 주정부와 기초 지방정부들이 적극적으로 담당하고 있다. 독일의 구체적인 사회통합모형은 〈표 5-2〉와 같다(김지윤, 2012).

표 5-2. **독일의 사회통합모형**

유형	• 차별배제모형
특징	• 1990년대 후반까지 혈통주의에 입각하여 독일계 정착민과 외국인 노동자를 분리하는 구분 배제모델을 유지 • 외국인의 장기거주가 증가하자 2000년 『국적관련법』의 개정으로 속지주의(출생지주의) 수용 등 통합정책 변경 • 『신이민법』의 제정(2004)으로 이민자 통합교육 실시
개념	• 유입국 사회는 이민자에게 내국인과 동등하게 노동시장과 교육제도 등에 접근할 수 있는 기회를 제공 • 이민자가 유입국 사회의 시민권을 획득할 수 있는 기회를 제공하여 정치영역에서 참여할 수 있도록 함
대상	• 새 통합정책은 영주권을 획득하고자 하는 새로운 이민자와 함께 현재 독일에 거주하고 있는 이민 2, 3세대까지 포함

통합교육	• 총 645시간의 통합교육 중 600시간은 독일어교육, 나머지 45시간은 독일의 역사, 문화, 법체계 습득 • 이민자, 장기 거주자, 독일계 정착민 EU 시민으로 독일 사회의 일부가 되고자 하는 사람들을 주요 대상으로 함
수용방향	• 이민자 수용을 통한 저출산 · 고령화 사회에 대응 • 저숙련이나 미숙련의 노동력이 아닌 전문 인력 위주의 노동력을 수용함으로써 경제적 경쟁력 강화
추진체계	• 내무부, 법무부 주무 부처 • 이민, 난민 및 통합 프로그램 국장(Commissioner for Migration, Refugees and Integration Programs)이 있음

2) 프랑스: 동화모형

프랑스[2]의 이민 역사는 크게 대혁명 이후 19세기 초반부터 이루어진 '정치이민' 이후 산업혁명의 개화에 따른 다른 유럽국가와 식민국으로부터의 '경제이민[3]'으로 나누어

2) 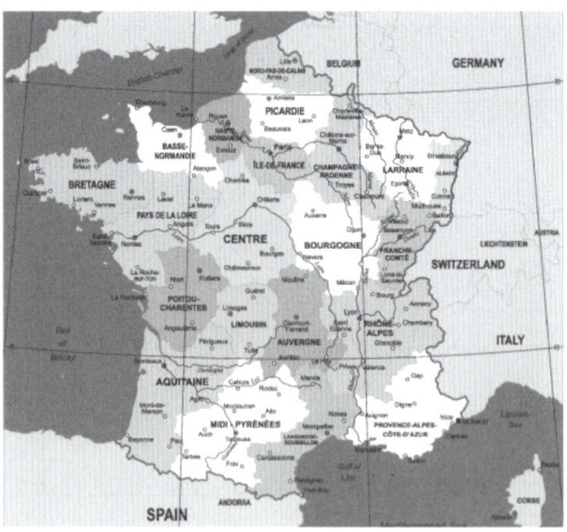

수도는 파리이고 국민은 프랑스계이며 종교는 로마 가톨릭 신자가 압도적이다. 화폐단위는 유로를 사용한다. 국가수반은 대통령이고, 정부수반은 수상이다. 문화적, 정치적으로 세계사에 중요한 역할을 담당해 왔다. 1789년 프랑스 혁명은 '인권선언'을 통해 구체제를 무너뜨렸다. 혁명 후 나폴레옹 통치, 1, 2차 세계대전까지 다양한 정치적 변화를 겪었으며 1944년에 의회민주주의를 회복하였다. 육지의 반 이상이 농업에 적당하고, 자연 그대로의 상태를 간직한 넓은 삼림지역이 영토의 1/4가량을 덮고 있다. 1801년까지만 해도 프랑스는 유럽에서 가장 인구가 많은 나라로서 유럽 대륙 전체인구의 1/6을 차지하고 있었다. 그러나 그 이후로 인구증가율이 다른 나라에 비해 월등히 낮아졌으며, 1911년에 4,000만명이던 인구가 1950년대까지도 늘지 않았다. 프랑스 혁명전쟁, 제1제국 전쟁, 프랑스-프로이센 전쟁(1870~1871), 제1차 세계대전(1914~1918), 제2차 세계대전(1939~1945) 등 거듭된 전쟁으로 인구성장이 억제되었다. 1938년부터 프랑스는 인구감소를 막기 위한 조처를 취했다. 어린아이가 있는 가족에게 수당과 그밖의 물질적인 혜택을 주기 위한 계획들의 입법화가 추진되었다(출처: Daum 백과).

볼 수 있다. 200여 년이 넘는 세월 동안 끊임없이 이어진 프랑스 이민사는 결국 프랑스가 다양한 민족과 문화로 구성된 사회임을 보여 준다. 현재 프랑스 국민 4분의 1은 부모나 조부모 중의 한 사람이 외국인이라는 통계는 프랑스라는 국가가 얼마나 다양한 민족으로 이루어져 있는지를 알 수 있게 한다(이가야, 2009).

제2차 세계대전 이후에 국가를 재건하기 위해 프랑스는 적극적으로 노동자를 받아들였다. 이민국을 창설해 알제리, 모로코, 튀니지 등에서 이주노동자를 선발했지만 대부분 프랑스인들은 이주 노동자의 존재를 한시적인 것으로 보고 심각하게 받아들이지 않았다. 1970년대 오일쇼크로 경제성장이 둔화되면서 프랑스는 가족의 합류와 정치적 망명의 경우를 제외하고는 공식적으로 이민을 중단했다. 그리고 귀국보조금을 지원하며 이주노동자들의 귀국을 권장하였으나 대부분의 이주노동자들은 프랑스를 떠나지 않았다. 1974년에는 인도적 차원에서 이주노동자의 가족합류를 허용하고 가족재결합 정책을 실시하게 되었고, 이를 계기로 기간계약 노동이주가 정착이주로 자리 잡게 되었다. 1981년 프랑스는 본격적인 이민자 통합정책을 추진하여 불법 이민자에게 합법적 지위를 부여하고 가족재결합의 제한을 해제하여 추가 이민자를 받아들이게 되었다.

이러한 역사 속에서 프랑스는 공화국 정신에 입각해 이민자들을 위한 정책을 펼쳤으며, 그러한 전통은 지금까지도 영미권 국가들과는 차이를 보이는 양상을 지니고 있다. 즉, 프랑스의 통합전략은 이민자를 완전한 프랑스인으로 '동화(assimilation)'시키는 데 초점이 맞추어져 있다. 프랑스의 공화주의적 가치를 인정하고 공동체로의 적극적인 귀속 의지를 밝히는 외국인에게는 '프랑스인'이 될 수 있는 기회를 열어 주고 있다.

3) 정치이민은 '자유, 평등, 박애'의 가치로 일어난 세계최초의 시민 혁명인 프랑스 대혁명 이후, 유럽의 여러 국가에서 자유를 찾아 프랑스에 정치적 망명을 하는 사람들이 많아지면서 지금까지도 이어지는 이민의 형태이다. 정치이민이 상징적인 역할을 한 것과 비교해 경제이민은 양적으로 큰 비중을 차지하고 있다. 19세기에는 산업혁명의 여파로 주로 인접국인 이탈리아와 벨기에 등으로부터의 이주자가 대다수를 차지했던 반면, 20세기 후반으로 갈수록 프랑스의 식민국이었던 북아프리카 국가들과 사하라 이남 아프리카 국가들로부터의 경제이민이 대표적이다 2차 세계대전 이후 1970년대 중반까지 프랑스에서 노동력 수요는 급증했음에도 불구하고, 출산율이 저하되면서 대규모 이민을 받아들였기 때문이다.

이는 프랑스가 추진하는 이민자를 비롯한 다문화사회 통합정책의 기조이며, 민족, 문화, 종교 등이 지니는 특수성을 공적 영역에서는 고려하지 않는다는 뜻이다. 프랑스 통합정책의 핵심은 「국적법」으로, 이민자는 프랑스 국적을 취득해야 그 사회에 온전히 통합될 수 있다(이선주 외, 2009). 즉, 프랑스에서는 이민자 통합의 일차적 전제 조건이 귀화이다. 프랑스는 교육을 통해 사회 · 문화적 차이까지도 제거한다. 2004년부터 학교 등과 같은 공공장소에서 이슬람 여성의 히잡 사용에 대한 법적 금지가 대표적 사례로서, 이 역시 공화주의의 평등과 자유라는 보편적 가치하에서 통합을 이루고자 하는 목적에서 행해진 것이다(김지윤, 2012). 프랑스는 공적 영역에서 문화적, 종교적 차이를 인정하지 않더라도 사적 영역에서는 차이와 다름을 받아들이고, 점차적으로 이슬람 종교지도자 등이 국가와 종교 관련 회의에 참여하고 있다.

한편 프랑스는 2003년 유입통합계약[4]을 시행하면서 이민자 통합을 위해 프랑스어와 시민교육을 실시하였다. 2006년에는 EU의 이민과 통합정책의 변화를 반영하여 「이민과 통합법(law of immigration and integration)」을 시행하고 필요로 하는 고급인력의 이민은 장려하고 불법체류자 등에 대해서는 강력한 단속을 하며, 기이민자에 대해서는 프랑스 사회에 잘 적응할 수 있도록 동화주의 정책을 강화하는 특징을 보인다. 이민자의 통합에 관해 사회복지부와 노동부가 주무부처이며, 내무부와 법무부도 통합업무를 담당한다. 정부 부처 간 위원회(inter-ministerial committee)가 이민자의 교육, 고용 등 담당하는 부처들 간의 업무를 조정하거나 검토하는 역할을 한다. 프랑스의 구체적인 사회통합모형은 〈표 5-3〉과 같다(김지윤, 2012).

4) CASEDA(프랑스 영토의 입국과 체류조건, 가족결합조항, 노동권, 추방의 조건과 범위, 외국인 구류소에 관한 규정 등 외국인에 관련된 모든 법규를 총괄)에 의해 체결하는 계약으로 신규 이민자는 프랑스어 능력 배양과정과 시민성을 함양하기 위한 교육과정을 반드시 이수해야 한다.

표 5-3. 프랑스의 사회통합모형

구분	내용
유형	• 동화주의
특징	• 공화주의 평등과 자유의 원칙하에 개인 존중, 집단의 정체성과 차이는 인정하지 않음 • 통합의 일차적 조건은 귀화이며, 교육을 통해 사회문화적 차이를 제거함 • 법으로 공공장소에서 히잡 사용 금지(2004) • 2003년 유입통합계약 실시
개념	• 국적 획득으로 프랑스 사회에 온전히 통합
대상	• 프랑스에 정착하고자 하는 사람들
통합교육	• 유입통합계약의 실시로 통합교육 실행 • 최대 500시간의 프랑스어 교육과 하루 동안의 시민교육
수용방향	• 이민자 수용으로 저출산 · 고령화 사회에 대응 • 2006년 「신이민법」 통과로 미숙련, 저숙련 노동력보다는 고급 전문 인력 중심으로 이민자 수용
추진체계	• 부처 간의 업무를 조정하는 정부 부처 간 위원회가 있음 • 내무부, 법무부, 사회복지부, 노동부가 통합업무를 담당하고 사회복지부와 노동부가 통합정책의 주무부처가 됨

3) 미국: 다문화모형(문화다원주의)

미국[5]은 그 어떤 나라보다도 인종 구성이 다양한 나라이다. 영국 식민지 시대부터

5) 

수도는 워싱턴이며 캐나다, 멕시코와 국경이 닿아 있다. 국민은 다양한 인종으로 구성되며 대개 영어를 사용한다. 화폐단위는 미국달러다. 양원제를 채택한 연방공화국으로 대통령이 국가원수와 정부수반을 겸한다. 미국은 1991년 소련 붕괴 이후 단일한 세계 최강국으로 자리했다. 산업발달을 통해 경제적 부를 이루었으나 주요한 천연자원 생산국이기도 하며 세계의 주요 식량 수출국이기도 하다. 미국의 전체 출생률은 유럽보다 약간 높고 세계의 나머지 지역보다 훨씬 낮다. 일반적으로 가정소득과 교육수준이 높을수록 자녀수는 감소한다. 전

현대에 이르기까지, 북미 대륙은 전 세계 국가로부터 다양한 인종의 많은 사람들을 받아들여 왔다. 특히 유럽, 아시아 및 남미로부터 수백 만의 '자발적'인 이민자들이 북미 대륙에 정착했다. 그들은 다양한 이유로 이주해 왔고 또한 계속해서 이주해 오고 있지만, 그들이 미국으로 이주해 오는 주된 이유는 미국에 오는 것이 자신들의 나라에 머무는 것보다 더 많은 경제적 기회를 누릴 수 있다고 생각하기 때문이다.

최대 이민국가인 미국은 1860년대부터 본격적인 이민이 시작되어 아직도 이민으로 인한 인구학적 변화와 문화적 변화가 계속 진행되고 있다. 이민의 형태로는 가족보증 이민, 취업기반 이민, 인도주의적 이민(난민 · 망명 등), 특별이민 등으로 구분하고 비시민으로 미국에 체류하는 경우는 합법적인 영주권자(Lawful Permanent Residents: LPRs), 비이민자(non-immigrants), 무적 이주자(undocumented migrants) 등 세 가지로 구분할 수 있다(채보근, 2011).

미국은 1850년부터 아시아계 이민을 받아들이긴 하였으나 아시아인의 규모가 커지는 것을 경계하여 1882년 「중국인 금지법」 등 인종주의 이민정책을 구사하였다. 그 후 1955년 「이민개혁법」을 통해 이민자 차별을 철폐함에 따라 전 세계의 인재를 모으는 창구 역할을 하게 되었다. 그러나 영어권 이민자들이 주로 유입되던 과거와는 달리 대부분의 이민자들이 라틴 아메리카나 아시아 대륙의 비영어권 국가출신이어서, 미국은 언어와 문화가 상이한 이민자들의 정착을 지원해야 하는 새로운 과제에 직면하게 되었다(Schmidt, 2007).

미국은 미국으로 이주한 사람들의 이유가 무엇이든 간에 미국을 자발적으로 선택한 것이라고 여기며, 미국 사회와 문화에 대한 적응이나 동화는 자발적이며 당연한 것으로 간주하는 경향이 있었다. 즉, 미국에서는 아무도 동화를 강요하지 않으며, 이민자들은 미국에서의 삶, 즉 미국적 삶을 선택하여 미국에 온 것이라고 여긴 것이다. 물론

체 인구는 2020년 기준 3억 3,043만 3,868명에 이르고 있으며, 인구밀도는 35명/㎢이다. 15세 이하의 인구가 약 20%를 차지한다. 도시거주자의 비율은 인구의 82%에 달하고 있다(출처: Daum 백과).

이주자가 공적 영역에서 미국 사회의 법규와 정책을 받아들이면서 미국 사회의 삶에 참여하는 한, 사적인 영역에서 자신의 문화적 관습을 유지하는 것은 허용되었다. 이는 미국의 문화적 다원주의의 기본 태도이다. 이처럼 소수민족의 문화와 언어는 인정하되 자국의 강력한 주류사회가 존재한다는 것을 명시하는 다문화수용 방향이 미국의 다문화사회 통합의 기본 방향이라 할 수 있다(김지윤, 2012).

미국은 공식적 사회통합 방안은 없지만, 미국은 연방 정부 차원에서 이민자의 정착(settlement)을 '이민자들을 받아들이는 지역사회 구성원들의 변화를 포함하는 상호적인 과정'이라고 정의 내리고, 이민자들이 잘 정착할 수 있도록 돕는 것이 국가 및 지역사회의 사명이라고 명시하고 있다.

그러나 실제로 미국의 이민자 정착 정책은 연방정부의 개입이 적은 '자유방임형(laissez-faire)'으로 간주된다. 미국연방정부는 미국 사회가 원하는 이민자들이라면 처음부터 별다른 도움을 필요로 하지 않는, 즉 '자족한 사람들(self-sufficient)'일 것이라고 가정하고 이민자들이 스스로 미국 사회에 성공적으로 통합될 수 있는 길을 찾도록 장려하면서 경제 · 문화 · 사회 · 정치적 통합에 필요한 제한적인 도움만을 제공하고 있다(Schmidt, 2007).

긴급하게 교육이 필요한 이민 학생을 위해 긴급 이민교육(Emergency Immigrant Education) 프로그램을 제공하며, 연방정부가 주정부에 재정을 제공하고 주정부는 지역교육기관에 예산을 분배한다. 그리고 학생들과 성인들이 미국 시민으로서 갖추어야 할 시민적 소양의 내용과 기준은 정부와 협조하고 있는 NGO들, 예를 들어 시민교육센터(Center for Civic Education)가 개발한다. 성인들은 지역사회에 있는 성인학교, 지역대학, 자원봉사기관에서 정착에 필요한 영어, 시민적 소양, 정보 등을 얻는다. 이민국 홈페이지에서는 시민권 취득을 준비하는 사람들을 위해 예상문제들을 제공하고 개별적으로 온라인을 통해 시험을 치러 볼 수 있도록 프로그램을 제시한다. 미국의 구체적인 사회통합모형은 〈표 5-4〉와 같다(김지윤, 2012).

표 5-4. 미국의 사회통합모형

유형	• 다문화모형, 문화다원주의(자유방임주의)
특징	• 다양한 소수 민족의 문화와 언어를 인정하면서도 분명한 주류사회가 존재함 • 소수집단 우대정책과 문화에 대한 차이를 인정함
개념	• 이민자들을 받아들이는 지역사회 구성원들의 변화를 포함하는 상호적인 과정
대상	• 미국사회에 일원이 되고자 하는 자
통합교육	• 공식적인 사회통합교육 정책이 없으며, 이민을 통해 정착을 준비하거나 정착한 후 당사자들의 노력에 의해 영어학습 및 적응에 필요한 능력을 개발해야 함 • 최근에 적극적 통합을 지향하는 이민개혁의 방향이 제시되었으며, 긴급하게 교육이 필요한 이민학생을 위한 Emergency Immigrant Education 프로그램이 제공됨 • Center for Civic Education과 같은 NGO 단체가 미국시민으로 갖추어야 할 시민적 소양 교육을 정부와 협조해 개발하기도 함 • 성인은 지역사회의 자원봉사기관에서 영어 및 시민적 소양, 정보를 얻음 • 이민국 홈페이지에서 언어 및 정착에 필요한 개별적 독학자료 제공
수용방향	• 자격요건에 따라 우선순위가 주어지는 '선호체제'(Preference system) • 이민할당제
추진체계	• 이민과 귀화 주무부서인 국토안보부(Department of Homeland Security) 산하 U. S. Citizenship and Immigration Services(USCIS)

4) 캐나다: 다문화모형(다문화주의)

캐나다[6]는 500만명 이상의 이민자가 거주하는 이민국가이며, 200개 이상의 민족으

6) 

아메리카 대륙 북부에 위치한 국가로 수도는 오타와이다. 영국·프랑스계가 국민의 반수 이상이며 공용어는 영어와 프랑스어이다. 종교는 로마 가톨릭교도가 가장 많다. 미국과 접한 국경의 길이가 8,890km로 세계에서 가장 길지만 국경순찰이 없고 내륙분지가 국토의 80%가량을 차지하며 고지대로 둘러싸여 있다. 캐나다의 인구는 2020년 기준 3,741만 1,047명이며, 이 중 15세 이하의 인구는 14%이고 전체 인구의 82%가 도시지역에 거주하고 있다(2016). 캐나다의 수도이자 가장 큰 도시중의 하나인 오타와에는

로 구성된 다문화사회이다. 캐나다는 이민자에 대해 상대적으로 개방적이고, 관대하며, 평등적인 정책을 적극 추진하고 있는 나라 중의 하나이다. 또한 테러, 이민자 폭동 등으로 여타 서구 국가에서는 기존의 이민정책과 이민자 통합정책에 대한 근본적인 조정이 이루어지고 있는 가운데, 캐나다는 세계에서 거의 유일하게 대량 이민이 경제 발전 전략의 중심에 위치하고 있다.

1871년 캐나다에는 350만의 사람들 밖에 없었다. 산림을 비롯해 광산, 농작물 등의 자원이 풍족한 국토에는 이를 발전시킬 인력이 턱없이 부족했고 제대로 된 국가의 형태를 갖추기 위해 이민유입은 피할 수 없게 되어 있었다. 따라서 캐나다 정부는 이민 모집 캠페인을 시작했다. 1871년부터 1971년까지 100년 간에 국민은 당초 350만에서 2,150만으로 증가되었다(Stoffman, 2002). 하지만 이때까지만 해도 캐나다의 이민 수급은 주로 유럽계 백인들을 최우선적으로 배려하였으며, 인종과 문화에 대한 편견은 이민 선호 대상국에 대해서도 서열이 매겨져 있었다. 비록 캐나다에서 태어났다고 해도 유색인종은 이방인 취급을 받았으며, 백인과 다르다는 의미뿐만 아니라 열등하다는 의미로 통용되었다. 그리고 제2차 세계대전 이후 급속한 경제성장으로 인해 노동력 부족에 심각한 문제가 있음을 파악한 캐나다 정부는 그 동안의 폐쇄적 이민정책을 개혁하고 대외적으로 인종차별에 대한 우려를 불식시킬 수 있는 다문화주의 정책을 표방함으로써 전 세계로부터 이민을 받아들이게 되었다.

현재 캐나다 이민정책의 핵심은 민족 · 인종이나 출신지역에 관계없이 일정 자격만 갖추면 이민이 가능한 점수제(point system)로 운영되고 있다. 1967년 도입된 이 제도를 계기로 캐나다에는 1970년대 이후 대부분 비유럽인, 특히 아시아와 카리브 지역 등 개발도상국 출신 유색인종(visible minorities)이 이민자로 유입되었다. 이민자 선발 제도와 함께 캐나다 이민 체제의 또 다른 중요한 축이 되고 있는 것은 이민자 정착 · 통합을

2017년 기준 99만 4,800여 명이 거주하고 있으며, 토론토에는 293만 명, 벤쿠버에는 67만 5,200여 명이 거주하고 있다(출처: Daum 백과).

위한 정책과 프로그램이다. 캐나다 정부는 프랑스계 · 영국계 주민의 전통적인 갈등 해소와 다문화 · 다민족화의 현실을 반영하는 정치적인 노력의 일환으로 1971년 다문화주의를 국가의 공식 정책으로 채택하여, 인종, 민족, 언어, 종교에 관계없이 모든 캐나다인은 법 앞의 평등과 기회의 평등이 보장되며, 그들의 가치관과 존엄성이 인정된다고 받아들이고 동등하게 캐나다 사회에 참여하도록 촉구하였다.

또한 캐나다 의회는 1977년에 「인권법(Canadian Human Rights Act)」을 제정하여 인종, 성별, 연령, 출신 국가, 민족, 피부색, 종교에 근거한 차별을 금지하였고, 1982년에는 헌법의 일부로, '인권과 자유 헌장(The Charter of Rightsand Freedoms)'을 제정하여 제7장에 다문화주의를 캐나다가 국가로서 지향하는 가치로 선언하였다. 이어서 1985년에는 「다문화법(The Multicultural Act)」을 제정하여 영어와 불어 이외의 언어를 사용하는 공동체의 존재를 인정하고, 모든 국민에게 자신의 문화유산을 유지하고 고양할 수 있는 자유가 인정됨을 법제화하였다. 오늘날 다문화주의와 다양성은 캐나다인들이 가장 중요시하는 가치 중의 하나이며, 그들은 이민자의 경제 · 사회 · 문화적 기여를 긍정적으로 평가받고 있다.

지난 수 년간 캐나다에는 매년 약 25만명의 신규 이민자가 이주해 왔다. 이처럼 많은 이민자를 받아들임에도 불구하고 캐나다는 여타 서구 국가들과 달리 심각한 민족갈등을 경험하지 않고 안정적인 사회를 유지하고 있으며, 이민자의 사회통합에 상당히 성공적이라고 인식되고 있다. 그러한 성공의 주된 요인으로는 정부의 포괄적인 이민자 통합정책과 현장에서 통합서비스를 전달하는 비정부 행위자들과의 유기적인 연계관계이다. 즉, 캐나다의 이민자 통합의 중요한 특징 중 하나인 정책의 입안과 프로그램의 설정은 연방정부를 중심으로 이루어지는 반면, 그 프로그램을 기반으로 한 이민자 대상 서비스의 전달은 거의 대부분 지역공동체나 시민단체, 비영리 단체, 비정부 단체 등 제3섹터 주체에 의해 이루어진다는 점이다. 이러한 체제는 효율적 · 포용적이고 이민자에 친근한(immigrant-friendly) 모델로써 이민자 통합이 성공적으로 이루어지고 있는 배경 요인으로 높이 평가되기도 한다.

캐나다의 이민, 이민자 사회통합, 시민권 사회통합, 시민권 관련 제반 정책을 총괄하는 것은 연방정부의 이민부(Department of Citizenship and Immigration Canada: CIC)이다. 이민부는 이민정책 수립 및 집행, 외국인 출입국 관리 정책 수립 및 관리, 연간 이민자 수의 설정, 이민 자격요건 설정 및 이민 허가, 신규 이민자 통합, 시민권 부여 등을 주요 기능으로 한다. 그러나 이민이라는 현상의 속성상 이민부가 단독으로 이민정책이나 이민자 통합정책을 수립하고, 프로그램 및 서비스를 운영할 수는 없다. 이민부는 연방 정부 각 부처, 주정부, 지방자치제, 국제기구, 민간부문, 자원봉사 단체, 비영리 단체, 기타 비정부 부문 등과의 협력체계(multi-jurisdictional partnership)를 통해 정책을 수립 · 집행한다. 특히 캐나다 「헌법」 상 이민은 주정부와 연방정부가 관할권을 공유하는 분야로 연방 이민부는 다수의 주정부와 양자 협정을 체결하고 있다. 연방과 주정부의 공식 협정을 통해 온타리오 주, 퀘벡 주, 브리티시컬럼비아 주, 마니토바 주는 연방 교부금을 받아 정착 프로그램과 서비스를 설계 · 운영하는 책임을 진다. 특히 불어권인 퀘벡주는 이민자나 난민의 선별 및 사회통합 서비스를 독자적으로 운영한다. 연방정부 내에서도 이민부는 외교통상부, 보건부, 관세 · 국세청, 법무부연방법원, 검찰, 안보정보국, 연방경찰, 문화부, 인적자원부, 산업부, 통계청 등과 긴밀히 협력하여 이민정책 및 이민자 통합정책을 수립하고 집행한다(김지윤, 2012).

캐나다 이민자 통합정책의 목표는 이민자의 사회, 문화, 경제, 정치적 통합을 촉진하여 그들이 단시일 내에 적응 · 정착하여 자기실현을 통해 캐나다에 기여하고, 궁극적으로 시민권을 취득하여 캐나다 사회의 모든 영역에서 적극적으로 참여할 수 있는 완전한 시민의 일원이 되도록 하는 것이다. 따라서 연방정부는 이민자의 원활한 사회통합을 위한 노력은 공동체 사회자본에의 중요한 투자라는 인식하에 막대한 예산을 투입하여 다양한 이민자 통합프로그램을 운영하고 있다.

연방정부의 이민자 통합프로그램은 기본직으로 이민지 정착 및 적응 프로그램

(Immigrant Settlement and Adaptation Program: ISAP), 신규이민자 언어교육(Language Instruction for Newcomers to Canada: LINC), 호스트 프로그램(HOST Program)을 주축으로 구성되어 있다. 이들 프로그램은 신규 이민자의 의사소통능력을 향상시키고, 그들이 정부 · 단체 등이 제공하는 각종 서비스에 접근할 수 있도록 지원하며, 사회적 네트워크의 구축을 지원하는 등 다양한 방법을 통해 이민자 각자가 교육 · 취업 · 소득 등에 있어서 자신의 목표를 달성할 수 있도록 지원하는 것이 기본 목표이다. 캐나다의 구체적인 사회통합모형은 〈표 5-5〉와 같다(김지윤, 2012).

표 5-5. 캐나다의 사회통합모형

유형	• 다문화주의
특징	• 언어, 민족/인종, 종교, 문화 등의 다양성을 인정하면서 통합과 결속 추구
개념	• 유입국 사회에 참여하고 시민권을 획득하는 과정
대상	• 장기거주자와 시민권을 획득하고자 하는 사람
통합교육	• 이민자 정착 적응프로그램(ISAP)은 오리엔테이션, 생활정보, 취업지원 관련 서비스 등을 제공 • 이민자를 위한 언어교습 프로그램(Language Instruction for Newcomers to Canada: LILC)과 언어교습 심화과정(Enhanced Language Training: ELT)으로 구분하여 언어통합교육 실시 • LILC(1992)는 기본적인 영어 및 프랑스어 의사소통능력 배양을 위해 무료로 제공 • ELT(2003)는 노동시장 이해 및 취업을 위한 높은 단계의 언어 개발 및 구사를 목적으로 이민자가 구직활동과 직장생활을 보다 원활히 할 수 있도록 지원
수용방향	• 경제적 경쟁력 강화를 위해 이민자 수용
추진체계	• 캐나다 시민권 및 이민부가 주무부처 • 캐나다 이민 및 난민국과 캐나다 인적자원 및 기술부도 통합 업무 담당

3 외국 다문화사회의 문제

다문화사회로 이행하면서 국가마다 긍정적인 효과와 부작용을 동시에 경험하고 있는 것이 사실이다. 즉, 노동력의 유입으로 인한 경제 성장 효과와 함께 이질적인 문화와의 공존이라는 새로운 과제도 부상하고 있는 것이다. 특히 인력 수급난이 해소되면서 경제적 편익이 먼저 발생하고, 다문화가 진전되면서 일자리 경제, 사회 갈등 등의 비용이 증가하고 있다. 외국에서 나타난 다문화사회에서의 경제적 비용, 문화적 갈등, 사회적 분열 등의 부작용에 대해 살펴보면 〈표 5-6〉과 같다(김성혁 외, 2019).

표 5-6. **외국 다문화사회의 문제점**

구분	내용
경제적 비용	• 신규 이주민이 자국의 저소득층과 일자리를 경쟁하게 된다. 신규 이주민은 주로 저소득층, 비숙련 노동자로 이들이 기존 저소득층 노동자의 임금을 감소시키게 되며, 이에 저소득층 노동자가 중심이 되어 이민을 반대하는 정치적 갈등이 대두되고 있다. • 공공 재정에 부담을 주는 이주민에 대한 복지 혜택 부여를 거부하려는 움직임이 반(反)이주 정서로 발전하게 된다. 이주민이 적응에 실패하고 빈곤층으로 전락할 경우 사회복지서비스에 의존할 확률이 높으므로, 재정 지출 증가를 이유로 이주민에 대한 사회복지지출을 제한하는 정치적 압력이 표출되고 있다. • 이민으로 국가 내 인종 분포가 다양해져 교육 등 경제 성장에 필수적인 공공재 공급에 대한 합의 도출이 어려워질 경우 성장이 둔화된다. 각종 인종 그룹이 서로 다른 양과 질의 공공재를 요구하면 공공재 공급에 대한 합의가 곤란해지며, 인종이 다양하고 집단 간 견해 차이를 조정하는 제도가 취약한 국가일수록 1970년대 오일쇼크 이후 성장률의 하락이 심해진 것이 그 예이다.
문화적 갈등	• 다양한 인종의 유입에 따른 언어적 · 문화적 · 종교적 갈등으로 사회 통합 비용이 증가한다. 이질적인 언어, 문화, 종교를 가진 구성원이 공존할 경우 가치관의 갈등이 생겨나고 문화적 차이를 인정받기 위한 정치적 경쟁이 발생한다. 사회는 새로 유입된 문화의 위험을 인식하고, 동화시켜야 할 대상으로 간주하며, 서로 같은 종교나 이념을 가진 사람끼리 모이기를 원하기 때문에 사회적 네트워크가 분열되게 된다. • 종교 · 문화의 차이를 사회 질서와 생활 규범을 위협하는 것으로 인식한다. 기존과 다

구분	내용
	른 종교가 유입되면서 특정 종교의 교리나 행동 규범이 사회의 정서나 법 질서와 충돌할 때 갈등이 발생할 소지가 있다. 최근 유럽에서는 '부르카(전신을 가리는 이슬람 여성의 전통 의상)' 착용, 이슬람 사원의 첨탑 건설을 금지하면서 종교 갈등을 경험하는 것이 그 예이다.
사회적 분열	• 교육 및 취업 기회 제한 등으로 이민 2세의 사회적 상향 이동이 제약을 받으면서 실업률과 범죄율이 증가한다. 또한 외국인 인구의 주거지 부족과 실업 문제가 사회적 비용을 초래한다. 프랑스는 1973년 오일 쇼크 이후 노동 수요가 감소하면서 이주노동자 유입을 차단하였으나 가족 합류와 장기 불법체류자 거주권 부여 등으로 매년 이주노동자가 증가하고 있다. • 민족 · 문화 · 종교의 차이를 인정하지 않는 동화주의 정책이 사회분열을 심화시킨다. 동화주의 통합모형은 이민자 문제를 특정 출신 국가 또는 종교의 차이가 아닌 개인의 문제로 판단하여 차이를 공식적으로 인정하지 않고 있으며, 이로 인하여 '이주'나 '이민' 자체가 문제가 아니라 '이민 정책의 부재'라는 문제가 발생하고 있다.

PART 2

다문화사회와 정책

CHAPTER

06

다문화 관련 법과 제도

06 Chapter 다문화 관련 법과 제도

배울내용

1. 다문화 관련 법
2. 다문화 관련 제도
3. 이민정책

학습목표

1. 다문화 관련 법들을 이해한다.
2. 다문화 관련 제도를 이해하고 적용 방법을 모색해 본다.
3. 이민정책을 이해한다.

1 다문화 관련 법

1) 국적법

국적에 관해서는 「민법」·「헌법」 또는 단행법(單行法)으로 규정하고 있는데, 우리나라의 경우 「국적법」에서 규정하고 있다(「헌법」 제2조). 즉, 「국적법」은 "대한민국의 국민이 되는 요건을 정함"을 목적으로 하고 있으며, 1948년 12월 20일 법률 제16호로 제정되어, 3차례의 일부 개정을 거친 후 1997년 12월 13일 전문개정되어 현재까지 시행되고 있다. 현행 「국적법」은 국적의 취득에 관하여, 부모의 국적에 따라 결정하는 속인주의를 채택하고 있으며(「국적법」 제2조), 출생이라는 선천적 국적취득 외에 혼인, 인지(認知)·귀화·수반취득(隋伴取得)·국적회복과 같은 후천적 취득도 포함된다(제3조 이하). 「국적법」과 관련된 용어는 〈표 6-1〉, 「국적법」의 국적 취득 내용은 〈표 6-2〉, 귀화 요건은 〈표 6-3〉, 수반 취득과 국적회복은 〈표 6-4〉, 국적 상실은 〈표 6-5〉와 같다.

표 6-1. 「국적법」과 관련된 용어

구분	내용
국적선택	대한민국 국적과 외국국적 중 하나를 선택하는 것을 말하며 실무적으로 국적을 선택한다는 것은 외국국적을 포기하고 대한민국 국적을 보유하겠다는 것을 신고하는 것이다.
귀화	우리 국적을 취득한 사실이 없는 외국인이 법무부장관의 허가를 받아 국적을 취득하는 절차로, 혈연 등 우리 국민과 일정한 관계 여부에 따라 귀화요건에 차이가 있으며, 신원 조회, 적격심사(필기, 면접) 후 귀화 여부가 결정된다.
국적이탈	복수 국적자가 국적 선택기간 내에 외국국적을 선택하기 위하여 우리 국적을 포기하는 것을 말한다. 국적 선택명령이라는 최고절차를 거친 후에도 국적 선택을 하지 아니하면 우리 국적이 상실된다.
국적상실	우리 국민이 자진하여 외국국적을 취득하는 등 「국적법」에 규정된 국적상실 사유에 해당하는 사실이 있을 때 우리 국적이 상실된다.

표 6-2. 「국적법」의 국적 취득 내용

제2조(출생에 의한 국적 취득)

① 다음 각 호의 어느 하나에 해당하는 자는 출생과 동시에 대한민국 국적(國籍)을 취득한다.

1. 출생 당시에 부(父) 또는 모(母)가 대한민국의 국민인 자
2. 출생하기 전에 부가 사망한 경우에는 그 사망 당시에 부가 대한민국의 국민이었던 자
3. 부모가 모두 분명하지 아니한 경우나 국적이 없는 경우에는 대한민국에서 출생한 자

② 대한민국에서 발견된 기아(棄兒)는 대한민국에서 출생한 것으로 추정한다.

제3조(인지에 의한 국적 취득)

① 대한민국의 국민이 아닌 자(이하 "외국인"이라 한다)로서 대한민국의 국민인 부 또는 모에 의하여 인지(認知)된 자가 다음 각 호의 요건을 모두 갖추면 법무부장관에게 신고함으로써 대한민국 국적을

취득할 수 있다.
1. 대한민국의 「민법」 상 미성년일 것
2. 출생 당시에 부 또는 모가 대한민국의 국민이었을 것
② 제1항에 따라 신고한 자는 그 신고를 한 때에 대한민국 국적을 취득한다.
③ 제1항에 따른 신고 절차와 그 밖에 필요한 사항은 대통령령으로 정한다.

제4조(귀화에 의한 국적 취득)
① 대한민국 국적을 취득한 사실이 없는 외국인은 법무부장관의 귀화허가(歸化許可)를 받아 대한민국 국적을 취득할 수 있다.
② 법무부장관은 귀화허가 신청을 받으면 제5조부터 제7조까지의 귀화 요건을 갖추었는지를 심사한 후 그 요건을 갖춘 사람에게만 귀화를 허가한다.
③ 제1항에 따라 귀화허가를 받은 사람은 법무부장관 앞에서 국민선서를 하고 귀화증서를 수여받은 때에 대한민국 국적을 취득한다. 다만, 법무부장관은 연령, 신체적 · 정신적 장애 등으로 국민선서의 의미를 이해할 수 없거나 이해한 것을 표현할 수 없다고 인정되는 사람에게는 국민선서를 면제할 수 있다.
④ 법무부장관은 제3항 본문에 따른 국민선서를 받고 귀화증서를 수여하는 업무와 같은 항 단서에 따른 국민선서의 면제 업무를 대통령령으로 정하는 바에 따라 지방출입국 · 외국인관서의 장에게 대행하게 할 수 있다.
⑤ 제1항부터 제4항까지에 따른 신청절차, 심사, 국민선서 및 귀화증서 수여와 그 대행 등에 관하여 필요한 사항은 대통령령으로 정한다.

표 6-3. **「국제법」의 귀화 요건**

제5조(일반귀화 요건)
외국인이 귀화허가를 받기 위해서는 제6조나 제7조에 해당하는 경우 외에는 다음 각 호의 요건을 갖추어야 한다.
1. 5년 이상 계속하여 대한민국에 주소가 있을 것
1의 2. 대한민국에서 영주할 수 있는 체류자격을 가지고 있을 것
2. 대한민국의 「민법」 상 성년일 것
3. 법령을 준수하는 등 법무부령으로 정하는 품행 단정의 요건을 갖출 것
4. 자신의 자산(資産)이나 기능(技能)에 의하거나 생계를 같이하는 가족에 의존하여 생계를 유지할 능력이 있을 것
5. 국어능력과 대한민국의 풍습에 대한 이해 등 대한민국 국민으로서의 기본 소양(素養)을 갖추고 있을 것
6. 귀화를 허가하는 것이 국가안전보장 · 질서유지 또는 공공복리를 해치지 아니한다고 법무부장관이 인정할 것

제6조(간이귀화 요건)

① 다음 각 호의 어느 하나에 해당하는 외국인으로서 대한민국에 3년 이상 계속하여 주소가 있는 사람은 제5조 제1호 및 제1호의 2의 요건을 갖추지 아니하여도 귀화허가를 받을 수 있다.

1. 부 또는 모가 대한민국의 국민이었던 사람
2. 대한민국에서 출생한 사람으로서 부 또는 모가 대한민국에서 출생한 사람
3. 대한민국 국민의 양자(養子)로서 입양 당시 대한민국의 「민법」 상 성년이었던 사람

② 배우자가 대한민국의 국민인 외국인으로서 다음 각 호의 어느 하나에 해당하는 사람은 제5조 제1호 및 제1호의 2의 요건을 갖추지 아니하여도 귀화허가를 받을 수 있다.

1. 그 배우자와 혼인한 상태로 대한민국에 2년 이상 계속하여 주소가 있는 사람
2. 그 배우자와 혼인한 후 3년이 지나고 혼인한 상태로 대한민국에 1년 이상 계속하여 주소가 있는 사람
3. 제1호나 제2호의 기간을 채우지 못하였으나, 그 배우자와 혼인한 상태로 대한민국에 주소를 두고 있던 중 그 배우자의 사망이나 실종 또는 그 밖에 자신에게 책임이 없는 사유로 정상적인 혼인 생활을 할 수 없었던 사람으로서 제1호나 제2호의 잔여기간을 채웠고 법무부장관이 상당(相當)하다고 인정하는 사람
4. 제1호나 제2호의 요건을 충족하지 못하였으나, 그 배우자와의 혼인에 따라 출생한 미성년의 자(子)를 양육하고 있거나 양육하여야 할 사람으로서 제1호나 제2호의 기간을 채웠고 법무부장관이 상당하다고 인정하는 사람

제7조(특별귀화 요건)

① 다음 각 호의 어느 하나에 해당하는 외국인으로서 대한민국에 주소가 있는 사람은 제5조 제1호 · 제1호의 2 · 제2호 또는 제4호의 요건을 갖추지 아니하여도 귀화허가를 받을 수 있다.

1. 부 또는 모가 대한민국의 국민인 사람. 다만, 양자로서 대한민국의 「민법」상 성년이 된 후에 입양된 사람은 제외한다.
2. 대한민국에 특별한 공로가 있는 사람
3. 과학 · 경제 · 문화 · 체육 등 특정 분야에서 매우 우수한 능력을 보유한 사람으로서 대한민국의 국익에 기여할 것으로 인정되는 사람

② 제1항 제2호 및 제3호에 해당하는 사람을 정하는 기준 및 절차는 대통령령으로 정한다.

표 6-4. 「국제법」의 수반 취득과 국적회복

제8조(수반 취득)

① 외국인의 자(子)로서 대한민국의 「민법」 상 미성년인 사람은 부 또는 모가 귀화허가를 신청할 때 함께 국적 취득을 신청할 수 있다.

② 제1항에 따라 국적 취득을 신청한 사람은 부 또는 모가 대한민국 국적을 취득한 때에 함께 대한민국 국적을 취득한다.

③ 제1항에 따른 신청절차와 그 밖에 필요한 사항은 대통령령으로 정한다.

제10조(국적 취득자의 외국 국적 포기 의무)

① 대한민국 국적을 취득한 외국인으로서 외국 국적을 가지고 있는 자는 대한민국 국적을 취득한 날부터 1년 내에 그 외국 국적을 포기하여야 한다.

② 제1항에도 불구하고 다음 각 호의 어느 하나에 해당하는 자는 대한민국 국적을 취득한 날부터 1년 내에 외국 국적을 포기하거나 법무부장관이 정하는 바에 따라 대한민국에서 외국 국적을 행사하지 아니하겠다는 뜻을 법무부장관에게 서약하여야 한다.

1. 귀화허가를 받은 때에 제6조 제2항 제1호 · 제2호 또는 제7조 제1항 제2호 · 제3호의 어느 하나에 해당하는 사유가 있는 자
2. 제9조에 따라 국적회복허가를 받은 자로서 제7조 제1항 제2호 또는 제3호에 해당한다고 법무부장관이 인정하는 자
3. 대한민국의 「민법」 상 성년이 되기 전에 외국인에게 입양된 후 외국 국적을 취득하고 외국에서 계속 거주하다가 제9조에 따라 국적회복허가를 받은 자
4. 외국에서 거주하다가 영주할 목적으로 만 65세 이후에 입국하여 제9조에 따라 국적회복허가를 받은 자
5. 본인의 뜻에도 불구하고 외국의 법률 및 제도로 인하여 제1항을 이행하기 어려운 자로서 대통령령으로 정하는 자

③ 제1항 또는 제2항을 이행하지 아니한 자는 그 기간이 지난 때에 대한민국 국적을 상실(喪失)한다.

국적은 이중국적자의 국적선택과 국적이탈, 외국국적의 취득 등 여러 가지 이유로 상실되며(제12 · 14 · 15조), 국적을 상실한 자는 대한민국 국민으로서 누릴 수 있는 권리를 국적을 상실한 때부터 누릴 수 없으며, 그 권리와 관련된 법령에 별도로 정한 바가 없는 한 3년 이내에 대한민국의 국민에게 양도해야 한다(제18조)

표 6-5. 국적의 상실

제12조(복수국적자의 국적선택의무)

① 만 20세가 되기 전에 복수국적자가 된 자는 만 22세가 되기 전까지, 만 20세가 된 후에 복수국적자가 된 자는 그때부터 2년 내에 제13조와 제14조에 따라 하나의 국적을 선택하여야 한다. 다만, 제10조 제2항에 따라 법무부장관에게 대한민국에서 외국 국적을 행사하지 아니하겠다는 뜻을 서약한 복수국적자는 제외한다.

② 제1항 본문에도 불구하고 「병역법」 제8조에 따라 병역준비역에 편입된 자는 편입된 때부터 3개월 이내에 하나의 국적을 선택하거나 제3항 각 호의 어느 하나에 해당하는 때부터 2년 이내에 하나의 국적을 선택하여야 한다. 다만, 제13조에 따라 대한민국 국적을 선택하려는 경우에는 제3항 각 호의 어

느 하나에 해당하기 전에도 할 수 있다.

③ 직계존속(直系尊屬)이 외국에서 영주(永住)할 목적 없이 체류한 상태에서 출생한 자는 병역의무의 이행과 관련하여 다음 각 호의 어느 하나에 해당하는 경우에만 제14조에 따른 국적이탈신고를 할 수 있다.

1. 현역 · 상근예비역 · 보충역 또는 대체역으로 복무를 마치거나 마친 것으로 보게 되는 경우
2. 전시근로역에 편입된 경우
3. 병역면제처분을 받은 경우

제14조(대한민국 국적의 이탈 요건 및 절차)

① 복수국적자로서 외국 국적을 선택하려는 자는 외국에 주소가 있는 경우에만 주소지 관할 재외공관의 장을 거쳐 법무부장관에게 대한민국 국적을 이탈한다는 뜻을 신고할 수 있다. 다만, 제12조 제2항 본문 또는 같은 조 제3항에 해당하는 자는 그 기간 이내에 또는 해당 사유가 발생한 때부터만 신고할 수 있다.

② 제1항에 따라 국적 이탈의 신고를 한 자는 법무부장관이 신고를 수리한 때에 대한민국 국적을 상실한다.

③ 제1항에 따른 신고 및 수리의 요건, 절차와 그 밖에 필요한 사항은 대통령령으로 정한다.

제15조(외국 국적 취득에 따른 국적 상실)

① 대한민국의 국민으로서 자진하여 외국 국적을 취득한 자는 그 외국 국적을 취득한 때에 대한민국 국적을 상실한다.

② 대한민국의 국민으로서 다음 각 호의 어느 하나에 해당하는 자는 그 외국 국적을 취득한 때부터 6개월 내에 법무부장관에게 대한민국 국적을 보유할 의사가 있다는 뜻을 신고하지 아니하면 그 외국 국적을 취득한 때로 소급(遡及)하여 대한민국 국적을 상실한 것으로 본다.

1. 외국인과의 혼인으로 그 배우자의 국적을 취득하게 된 자
2. 외국인에게 입양되어 그 양부 또는 양모의 국적을 취득하게 된 자
3. 외국인인 부 또는 모에게 인지되어 그 부 또는 모의 국적을 취득하게 된 자
4. 외국 국적을 취득하여 대한민국 국적을 상실하게 된 자의 배우자나 미성년의 자(子)로서 그 외국의 법률에 따라 함께 그 외국 국적을 취득하게 된 자

③ 외국 국적을 취득함으로써 대한민국 국적을 상실하게 된 자에 대하여 그 외국 국적의 취득일을 알 수 없으면 그가 사용하는 외국 여권의 최초 발급일에 그 외국 국적을 취득한 것으로 추정한다.

④ 제2항에 따른 신고 절차와 그 밖에 필요한 사항은 대통령령으로 정한다.

제18조(국적상실자의 권리 변동)

① 대한민국 국적을 상실한 자는 국적을 상실한 때부터 대한민국의 국민만이 누릴 수 있는 권리를 누릴 수 없다.

② 제1항에 해당하는 권리 중 대한민국의 국민이었을 때 취득한 것으로서 양도(讓渡)할 수 있는 것은 그 권리와 관련된 법령에서 따로 정한 바가 없으면 3년 내에 대한민국의 국민에게 양도하여야 한다.

우리나라 개정 전의 「국적법」은 부계혈통주의를 채택하고 있었지만 이는 「헌법」 상 남녀평등의 원칙에 위배된다는 주장으로 헌법재판소에 위헌심판이 제청되었다. 그리고 대한민국 정부가 1984년 국제연합(UN)의 '여성에 대한 모든 형태의 차별철폐에 관한 협약'에 가입할 당시 유보한 바 있는 국적취득에 있어서의 남녀평등조항에 대한 유보를 철회해 국제조류에 따를 필요성에 따라 현행 「국적법」은 부모양계혈통주의로 전환하게 되었다(제2조 1항 1호). 이런 변화는 그동안 현실에 맞지 않거나 입법 상 미비된 점을 개선 · 보완한 것이다. 즉, 종전에는 대한민국 국민의 처가 된 외국인에게 대한민국 국적을 부여하던 제도를 폐지하고 대한민국 국민과 혼인한 외국인은 남녀 모두 혼인 후 국내에 2년 이상 거주하는 등 일정 요건을 갖추고 법무부장관의 귀화허가를 받도록 하였고, 남편이 대한민국 국적을 취득하면 그 처도 자동으로 대한민국 국민이 되는 수반취득조항과 처의 단독귀화를 금지하는 조항을 삭제해 혼인한 여성에게 독자적인 국적선택권을 보장했으며(종전 제4조 2호 및 제8조 1항 삭제), 국적선택제도를 신설해 이중국적자가 일정한 기간 내에 대한민국 국적을 선택하지 않은 경우에는 우리 국적을 상실하도록 하였다.

이와 함께 부모양계혈통주의를 채택함에 따라 외국인 아버지와 한국인 어머니 사이에 출생한 자녀는 어머니의 성과 본을 따를 수 있으며, 이 경우 어머니의 호적에 입적하도록 「민법」을 개정하였다(법 부칙 제8조).

이러한 「국적법」의 변화에 따른 우리나라 연도별 국적취득자(귀화+회복) 현황은 〈그림 6-1〉과 같다.

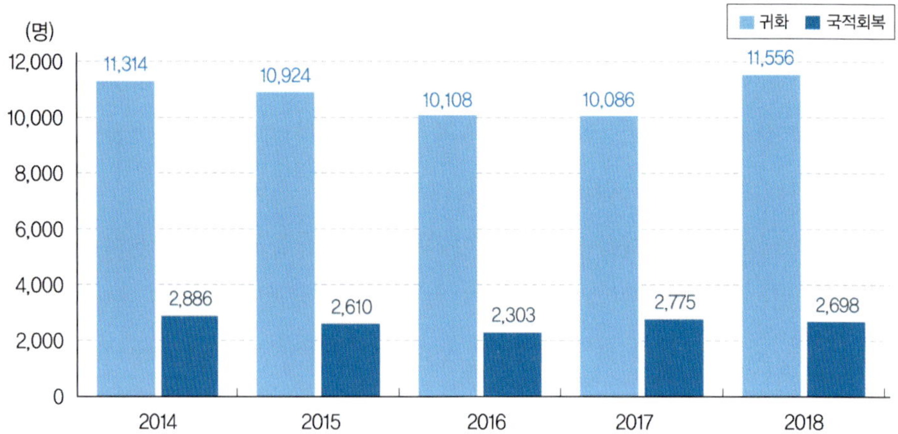

(단위: 명)

구분	2014	2015	2016	2017	2018
귀화	11,314	10,924	10,108	10,086	11,556
국적회복	2,886	2,610	2,303	2,775	2,698

그림 6-1. 연도별 국적취득자(귀화+회복) 현황

출처: 법무부(2019). 출입국통계.

연도별 국적취득자 증감 추이(2014~2018년) 현황을 살펴보면〈그림 6-1〉, 2018년 귀화자 및 국적회복자는 총 14,254명으로 전년 대비 10.8% 증가한 것으로 나타났다. 연도별 혼인귀화자 현황은 〈그림 6-2〉와 같다.

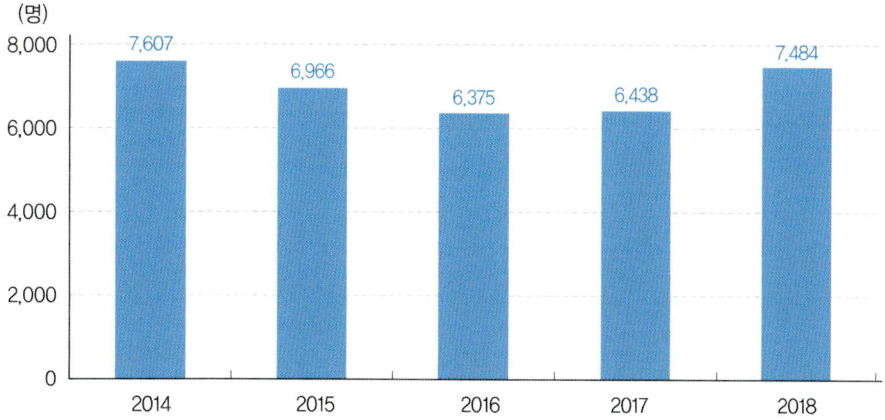

(단위: 명)

구분	2014	2015	2016	2017	2018
혼인귀화자	7,607	6,966	6,375	6,438	7,484

그림 6-2. 연도별 혼인귀화자 현황

출처: 법무부(2019). 출입국통계.

연도별 혼인귀화자 현황(2014~2018년)은 2018년 전체 귀화자 11,556명 중 한국인과의 혼인을 통한 간이귀화자(혼인귀화자)는 64.8%(7,484명)를 차지하고 있는 것으로 나타났다. 연도별 국적이탈·상실 현황은 〈그림 6-3〉과 같다.

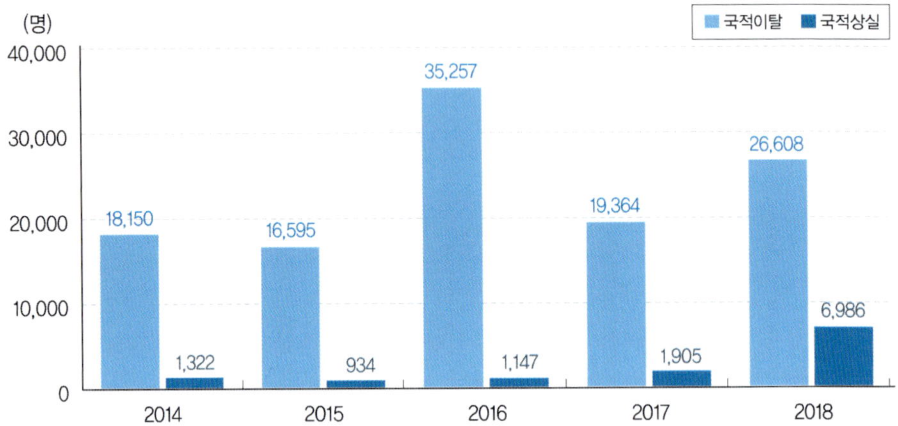

(단위: 명)

구분	2014	2015	2016	2017	2018
국적이탈	18,150	16,595	35,257	19,364	26,608
국적상실	1,322	934	1,147	1,905	6,986

그림 6-3. 연도별 국적이탈 · 상실 현황

출처: 법무부(2019). 출입국통계.

연도별 국적이탈 · 상실자 현황(2014~2018년)은 2018년 국적이탈 · 상실자는 33,594명으로 전년 대비 57.9% 증가하였으며, 이는 제7회 지방선거 지원을 위해 기존에 접수된 신고를 집중 처리함에 따른 국적상실처리 증가와 개정 「재외동포법」 시행(2018. 5. 1.)에 따른 영향 및 이전에 접수된 신고를 집중 처리함에 따른 국적이탈처리 증가에 기인한 것으로 추정해 볼 수 있다.

2) 출입국관리법

역사적으로 국가가 탄생하고 국가와 국가 사이에 사신을 파견하는 등 교류가 진행됐을 때부터 제한적으로나마 출입국관리가 존재했다고 볼 수 있다. 대한민국은 지정학적인 위치에서 봤을 때 오랜 세월 동안 중국, 러시아, 일본 등 주변국들과 활발한 교류를 해 왔다.

현대적 의미의 출입국관리는 1880년대로 거슬러 올라갈 수 있는데, 1882년 미국과의 조약체결을 시작으로 서방국가와 처음으로 외교관계를 수립하면서 급변하는 세계의 정치, 문화, 역사의 흐름 아래 부산, 인천 등 항만에 출입하는 내국인과 외국인에 대해 출입국관리를 하기 시작한 것이 시초라고 볼 수 있다. 출입국관리와 관련되는 법령은 미군정시대로 거슬러 올라갈 수 있는데, 1946년 2월 19일 제정된 「군정법령」 제49호 '조선에 입국 또는 출국자 이동의 관리 및 기록 건'은 처음으로 현대적인 출국과 입국 사항에 관한 모태를 찾아볼 수 있는 법령이라고 할 수 있다.

이 법령은 1948년 7월 30일에 전부개정 되어 「군정법령」 제214조 '조선에 입국 또는 출국자 이동의 관리급 기록에 관한 건'으로 제정된 후 동년 8월 1일부터 효력이 발생하였다. 과도기 정부 때 시행되던 이 출입국에 관련한 법령은 1949년 11월 17일에 「외국인의 입국 · 출국과 등록에 관한 법률」이 제정되면서 폐지되었고 1950년 1월 7일부터는 「외국인의 입국 · 출국과 등록에 관한 법률」로 출입국에 대한 관리를 진행하였다. 「외국인의 입국 · 출국과 등록에 관한 법률」은 비록 외국인에게만 적용되는 출입국 관련 사항을 규정했지만 외국인의 입국, 출국에 관한 사항은 물론 외국인의 입국금지, 대한민국을 통과하는 외국인의 통과 기간 연장, 외국인의 거주허가, 법을 어긴 외국인에 대한 출국명령, 관련 규정을 위반한 외국인에 대한 벌칙 등의 내용도 규정함으로써 오늘날 「출입국관리법」 체계의 기본적인 양상을 보여 주어 1963년에 현대적 의미의 「출입국관리법」이 제정되는 데 기반이 되었다.

현대적 의미의 「출입국관리법」은 1963년 3월 5일에 제정되고 시행되었다. 이는 대한민국의 현행 「출입국관리법」의 근간이라고 할 수 있다. 「출입국관리법」이 시행된 후 종전의 「외국인의 입국·출국과 등록에 관한 법률」은 폐지되었다. 이후 「출입국관리법」은 각각 1967년, 1977년, 1983년, 1992년에 전부개정 되었으며, 오늘날에 이르기까지 35차례의 일부개정과 타법개정으로 수정·보완이 되어 왔다. 「출입국관리법」과 관련된 용어는 〈표 6-6〉, 연도별 출입국자(국민+외국인) 현황은 〈그림 6-4〉와 같다.

표 6-6. 「출입국관리법」과 관련된 용어

구분	내용
국민	대한민국의 국민이다.
외국인	대한민국의 국적을 가지지 아니한 사람이다.
난민	「난민법」 제2조 제1호에 따른 난민을 말한다. 인종, 종교, 국적, 특정 사회집단의 구성원인 신분 또는 정치적 견해를 이유로 박해를 받을 수 있다고 인정할 충분한 근거가 있는 공포로 인하여 국적국의 보호를 받을 수 없거나 보호받기를 원하지 아니하는 외국인 또는 그러한 공포로 인하여 대한민국에 입국하기 전에 거주한 국가(이하 상주국)로 돌아갈 수 없거나 돌아가기를 원하지 아니하는 무국적인 외국인이다.
여권	대한민국 정부·외국 정부 또는 권한 있는 국제기구에서 발급한 여권 또는 난민여행증명서나 그 밖에 여권을 갈음하는 증명서로서 대한민국 정부가 유효하다고 인정하는 것을 말한다.
선원신분증명서	대한민국 정부나 외국 정부가 발급한 문서로서 선원임을 증명하는 것을 말한다.
출입국항	출국하거나 입국할 수 있는 대한민국의 항구·공항과 그 밖의 장소로서 대통령령으로 정하는 곳을 말한다.
재외공관의 장	외국에 주재하는 대한민국의 대사(大使), 공사(公使), 총영사(總領事), 영사(領事) 또는 영사업무를 수행하는 기관의 장을 말한다.
선박 등	대한민국과 대한민국 밖의 지역 사이에서 사람이나 물건을 수송하는 선박, 항공기, 기차, 자동차, 그 밖의 교통기관을 말한다.
승무원	선박 등에서 그 업무를 수행하는 사람을 말한다.
운수업자	선박 등을 이용하여 사업을 운영하는 자와 그를 위하여 통상 그 사업에 속하는 거래를 대리하는 자를 말한다.

구분	내용
지방출입국 · 외국인관서	출입국 및 외국인의 체류 관리업무를 수행하기 위하여 법령에 따라 각 지역별로 설치된 관서와 외국인보호소를 말한다.
보호	출입국관리공무원이 제46조 제1항 각 호에 따른 강제퇴거 대상에 해당된다고 의심할 만한 상당한 이유가 있는 사람을 출국시키기 위하여 외국인보호실, 외국인보호소 또는 그 밖에 법무부장관이 지정하는 장소에 인치(引致)하고 수용하는 집행활동을 말한다.
외국인보호실	외국인을 보호할 목적으로 지방출입국 · 외국인 관서에 설치한 장소를 말한다.
외국인보호소	지방출입국 · 외국인 관서 중 이 법에 따라 외국인을 보호할 목적으로 설치한 시설로서 대통령령으로 정하는 곳을 말한다.
출입국사범	제93조의 2, 제93조의3, 제94조부터 제99조까지, 제99조의 2, 제99조의3 및 제100조에 규정된 죄를 범하였다고 인정되는 자를 말한다.

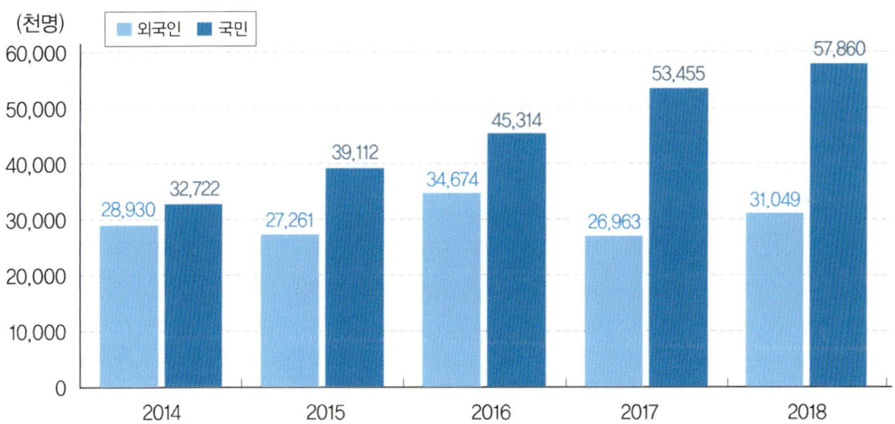

(단위: 명)

구분	2014	2015	2016	2017	2018
외국인	28,929,790	27,261,092	34,674,076	26,962,672	31,048,752
국민	32,722,368	39,111,816	45,313,898	53,455,030	57,859,670

그림 6-4. **연도별 출입국자(국민+외국인) 현황**

출처: 법무부(2019). 출입국통계.

연도별 내 · 외국인 출입국자 추이(2014~2018년)를 살펴보면, 2018년도 총 출입국자는 88,908,422명으로 전년 대비 10.6% 증가한 것으로 나타났다. 연도별 국민 출국자 현황은 〈그림 6-5〉와 같다.

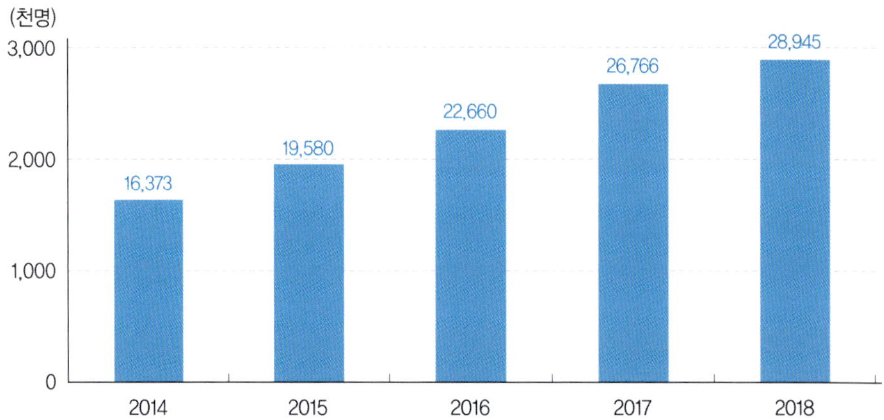

(단위: 명)

구분	2014	2015	2016	2017	2018
인원	16,372,830	19,580,398	22,659,640	26,765,503	28,945,447

그림 6-5. 연도별 국민 출국자 현황

출처: 법무부(2019). 출입국통계.

연도별 국민 출국자 증감 추이(2014~2018년)를 살펴보면, 2018년 국민 출국자 수는 28,945,447명으로 전년 대비 15.2% 증가한 것으로 나타났다. 연도별 외국인 입국자 현황은 〈그림 6-6〉과 같다.

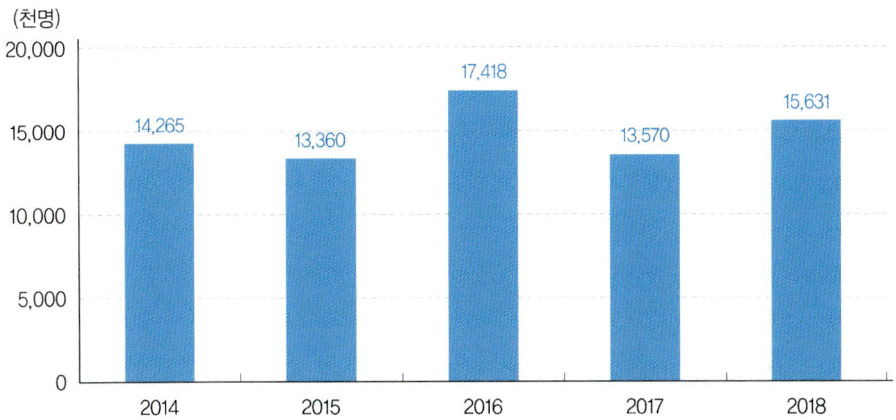

(단위: 명)

구분	2014	2015	2016	2017	2018
인원	14,264,508	13,359,701	17,418,307	13,569,509	15,630,522

그림 6-6. 연도별 외국인 입국자 현황

출처: 법무부(2019). 출입국통계.

연도별 외국인 입국자 증감 추이(2014~2018년)를 살펴보면, 2018년 외국인 입국자는 15,630,522명으로 전년 대비 15.2% 증가한 것으로 나타났다. 연도별 출·입항 항공기 및 선박 현황은 〈그림 6-7〉과 같다.

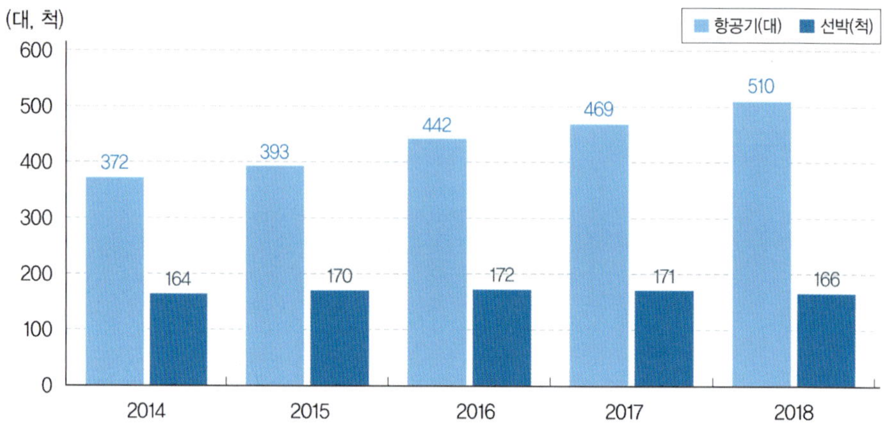

(단위: 천대, 천척)

구분	2014	2015	2016	2017	2018
항공기	372	393	442	469	510
선박	164	170	172	171	166

그림 6-7. **연도별 출입항 항공기 및 선박 현황**

출처: 법무부(2019). 출입국통계.

연도별 출·입항 항공기 및 선박 증감 추이(2014~2018년)를 살펴보면, 2018년 출·입항 항공기 수는 510,324대로 전년 대비 8.8% 증가하였으며, 출·입항 선박 수는 165,816척으로 전년 대비 3.2% 감소한 것으로 나타났다.

3) 재한외국인 처우 기본법

「재한외국인 처우 기본법」은 재한외국인을 대우하는 일에 관한 기본적인 사항을 정한 법률로, 재한외국인이 대한민국 사회에 적응하여 개인의 능력을 충분히 발휘할 수 있도록 하고, 대한민국 국민과 재한외국인이 서로를 이해하고 존중하는 사회 환경을 만들어 대한민국의 발전과 사회 통합에 이바지하는 것을 목적으로 하는 법이다. 「재한외국인 처우 기본법」과 관련된 용어는 〈표 6-7〉, 「재한외국인 처우 기본법」의 내용은 〈표 6-8〉, 연도별 인구대비 체류외국인 현황은 〈그림 6-8〉과 같다.

표 6-7. **「재한외국인 처우 기본법」의 관련 용어**

구분	내용
재한외국인	대한민국 국적을 가지지 아니한 자로서 대한민국에 거주할 목적을 가지고 합법적으로 체류하고 있는 자이다.
재한외국인에 대한 처우	국가 및 지방자치단체가 재한외국인을 그 법적 지위에 따라 적정하게 대우하는 것이다.
결혼이민자	대한민국 국민과 혼인한 적이 있거나 혼인관계에 있는 재한외국인이다.

표 6-8. **「재한외국인 처우 기본법」**

제10조(재한외국인 등의 인권옹호)

국가 및 지방자치단체는 재한외국인 또는 그 자녀에 대한 불합리한 차별 방지 및 인권옹호를 위한 교육 · 홍보, 그 밖에 필요한 조치를 하기 위하여 노력하여야 한다.

제11조(재한외국인의 사회적응 지원)

국가 및 지방자치단체는 재한외국인이 대한민국에서 생활하는 데 필요한 기본적 소양과 지식에 관한 교육 · 정보제공 및 상담 등의 지원을 할 수 있다.

제12조(결혼이민자 및 그 자녀의 처우)

① 국가 및 지방자치단체는 결혼이민자에 대한 국어교육, 대한민국의 제도 · 문화에 대한 교육, 결혼이민자의 자녀에 대한 보육 및 교육 지원, 의료 지원 등을 통하여 결혼이민자 및 그 자녀가 대한민국 사회에 빨리 적응하도록 지원할 수 있다.

② 제1항은 대한민국 국민과 사실혼 관계에서 출생한 자녀를 양육하고 있는 재한외국인 및 그 자녀에 대하여 준용한다.

③ 국가와 지방자치단체는 제1항의 결혼이민자 및 그 자녀와 제2항의 재한외국인 및 그 자녀에 대하여 건강검진을 실시할 수 있다.

제13조(영주권자의 처우)

① 국가 및 지방자치단체는 대한민국에 영구적으로 거주할 수 있는 법적 지위를 가진 외국인(이하 "영주권자"라 한다)에 대하여 대한민국의 안전보장 · 질서유지 · 공공복리, 그 밖에 대한민국의 이익을 해치지 아니하는 범위 안에서 대한민국으로의 입국 · 체류 또는 대한민국 안에서의 경제활동 등을 보장할 수 있다.

② 제12조 제1항은 영주권자에 대하여 준용한다.

제14조(난민의 처우)

① 「난민법」에 따른 난민인정자가 대한민국에서 거주하기를 원하는 경우에는 제12조 제1항을 준용하여 지원할 수 있다.

② 국가는 난민의 인정을 받은 재한외국인이 외국에서 거주할 목적으로 출국하려는 경우에는 출국에 필요한 정보제공 및 상담과 그 밖에 필요한 지원을 할 수 있다.

제15조(국적취득 후 사회적응)

재한외국인이 대한민국의 국적을 취득한 경우에는 국적을 취득한 날부터 3년이 경과하는 날까지 제12조 제1항에 따른 시책의 혜택을 받을 수 있다.

제16조(전문외국인력의 처우 개선)

국가 및 지방자치단체는 전문적인 지식 · 기술 또는 기능을 가진 외국인력의 유치를 촉진할 수 있도록 그 법적 지위 및 처우의 개선에 필요한 제도와 시책을 마련하기 위하여 노력하여야 한다.

제17조(과거 대한민국국적을 보유하였던 자 등의 처우)

국가 및 지방자치단체는 과거 대한민국의 국적을 보유하였던 자 또는 그의 직계 비속(대한민국의 국적을 보유한 자를 제외한다)으로서 대통령령으로 정하는 자에 대하여 대한민국의 안전보장 · 질서유지 · 공공복리, 그 밖에 대한민국의 이익을 해치지 아니하는 범위 안에서 대한민국으로의 입국 · 체류 또는 대한민국 안에서의 경제활동 등을 보장할 수 있다.

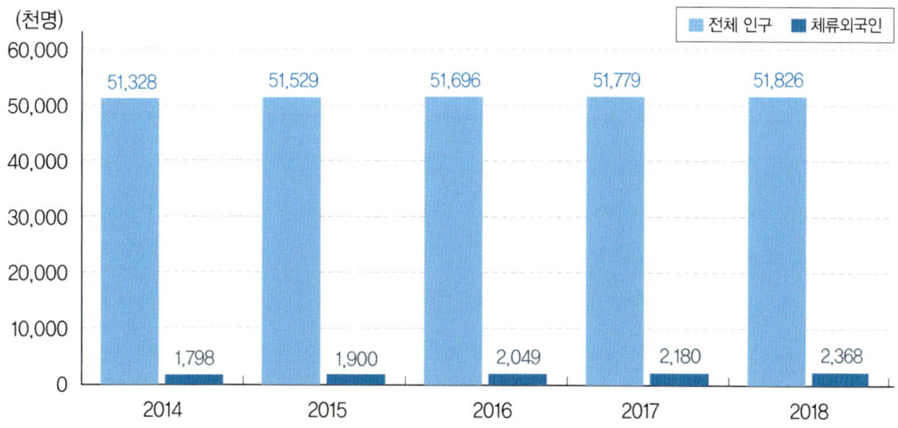

(단위: 명)

구분	2014	2015	2016	2017	2018
전체 인구	51,327,916	51,529,338	51,696,216	51,778,544	51,826,059
체류외국인	1,797,618	1,899,519	2,049,441	2,180,498	2,367,607

그림 6-8. **연도별 인구대비 체류외국인 현황**

출처: 법무부(2019). 출입국통계.

연도별 인구대비 체류외국인 현황(2014~2018년)을 살펴보면, 전체 인구대비 체류외국인 비율은 2014년 3.50%(1,797,618명)에서 2018년 4.57%(2,367,607명)로 매년 증가하고 있는 것으로 나타났다. 연도별 장·단기 체류외국인 현황은 〈그림 6-9〉와 같다.

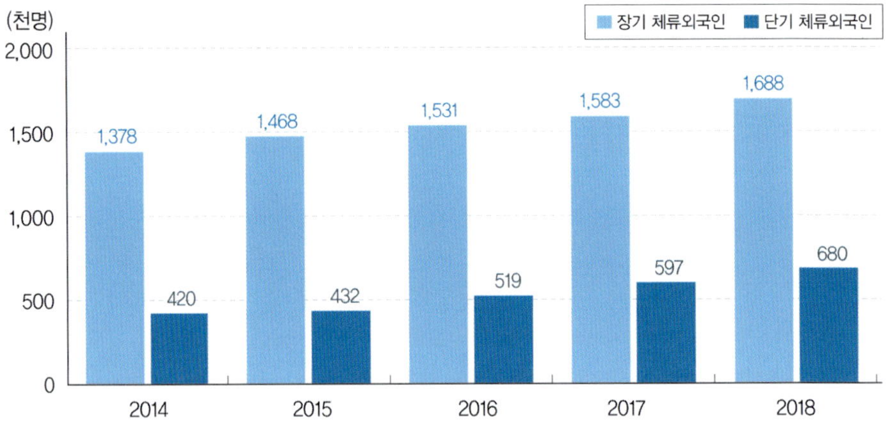

(단위: 명)

구분	2014	2015	2016	2017	2018
장기 체류외국인	1,377,945	1,467,873	1,530,539	1,583,009	1,687,733
단기 체류외국인	419,673	431,646	518,902	597,399	679,874

그림 6-9. **연도별 장·단기 체류외국인 현황**

출처: 법무부(2019). 출입국통계.

연도별 장·단기 체류외국인 현황(2014~2018년)을 살펴보면, 2018년 말 기준 국내 체류외국인은 2,367,607명으로 전년 대비 8.6% 증가한 것으로 나타났다. 연도별 주요 국적별 외국인 현황은 〈그림 6-10〉과 같다.

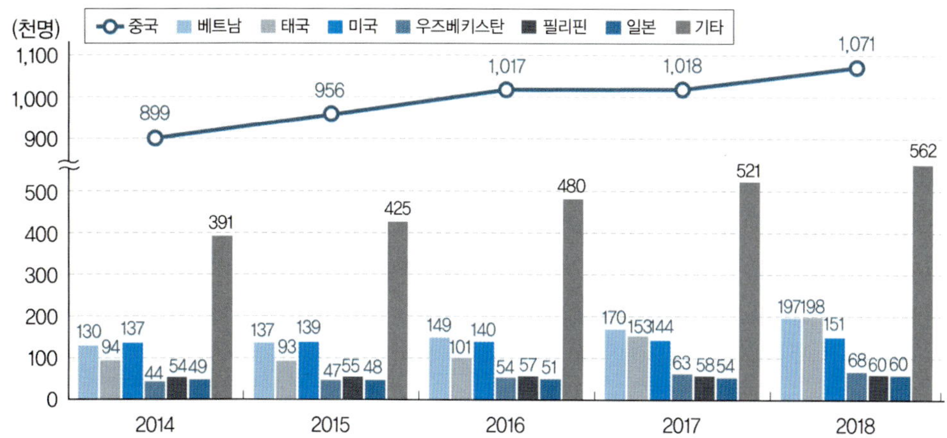

(단위: 명)

구분	2014	2015	2016	2017	2018
중국	898,654	955,871	1,016,607	1,018,074	1,070,566
베트남	129,973	136,758	149,384	169,738	196,633
태국	94,314	93,348	100,860	153,259	197,764
미국	136,663	138,660	140,222	143,568	151,018
우즈베키스탄	43,852	47,103	54,490	62,870	68,433
필리핀	53,538	54,977	56,980	58,480	60,139
일본	49,152	47,909	51,297	53,670	60,878
기타	391,472	424,893	479,601	520,839	562,176

그림 6-10. **연도별 주요 국적별 외국인 현황**

출처: 법무부(2019). 출입국통계.

연도별 주요 국적별 체류외국인 현황(2014~2018년)을 살펴보면, 한국계 중국인을 포함한 중국이 45.2%(1,070,566명)를 차지하고 있으며, 태국 8.4%(197,764명), 베트남 8.3%(196,633명), 미국 6.4%(151,018명), 우즈베키스탄 2.9%(68,433명), 일본 2.6%(60,878명) 등의 순이었다. 연도별 유학생 현황은 〈그림 6-11〉과 같다.

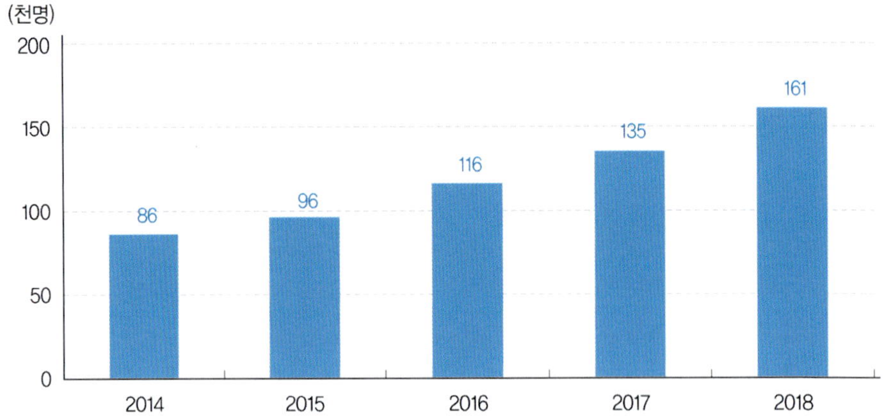

(단위: 명)

구분	2014	2015	2016	2017	2018
국내 유학생	86,410	96,357	115,927	135,087	160,671

그림 6-11. 연도별 유학생 현황

출처: 법무부(2019). 출입국통계.

연도별 유학생 현황(2014~2018년)을 살펴보면, 2018년 말 기준 국내 유학생은 160,671명으로 전년 대비 18.9% 증가한 것으로 나타났다. 연도별 취업자격 외국인(전문인력+단순기능인력) 현황은 〈그림 6-12〉와 같다.

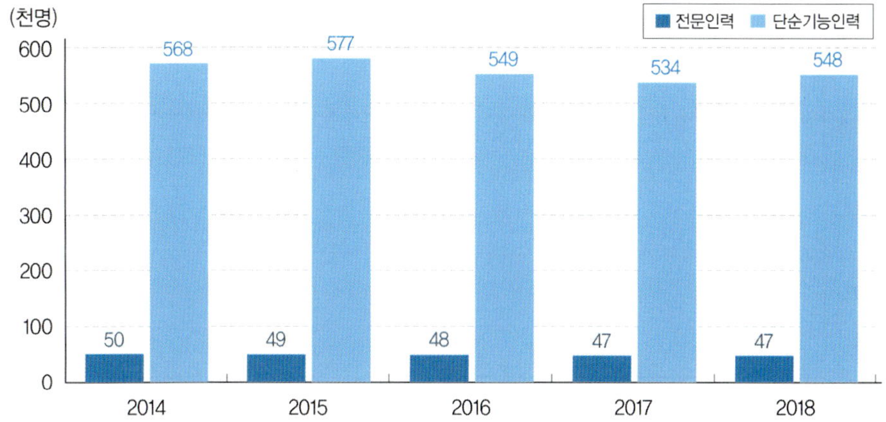

(단위: 명)

구분	2014	2015	2016	2017	2018
전문인력	49,503	48,607	48,334	47,404	46,851
단순기능인력	567,642	576,522	549,449	534,076	548,140

그림 6-12. **연도별 취업자격 외국인(전문인력+단순기능인력) 현황**

출처: 법무부(2019). 출입국통계.

연도별 취업자격 체류외국인 현황(2014~2018년)을 살펴보면, 2018년 말 기준 취업자격 체류외국인은 594,991명으로 전년 대비 2.3% 증가한 것으로 나타났다. 연도별 결혼이민자 현황은 〈그림 6-13〉과 같다.

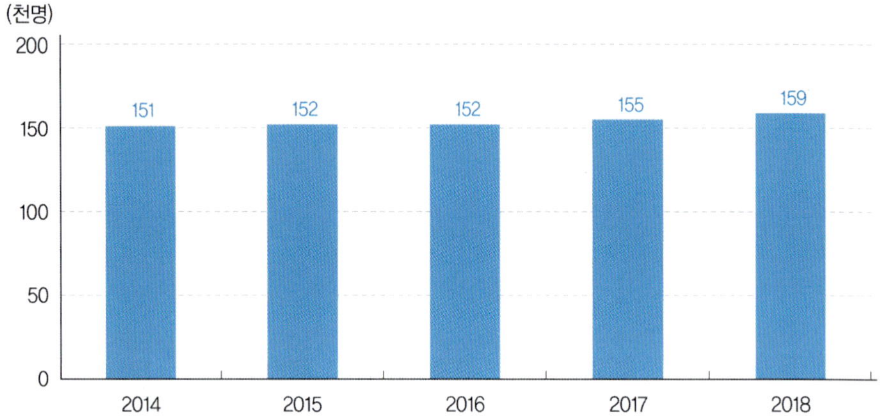

(단위: 명)

구분	2014	2015	2016	2017	2018
결혼 이민자	150,994	151,608	152,374	155,457	159,206

그림 6-13. 연도별 결혼이민자 현황

출처: 법무부(2019). 출입국통계.

연도별 결혼이민자 현황(2014~2018년)을 살펴보면, 2018년 말 기준 결혼이민자는 159,206명으로 전년 대비 2.4% 증가한 것으로 나타났다. 연도별 영주자격(F-5) 외국인 현황은 〈그림 6-14〉와 같다.

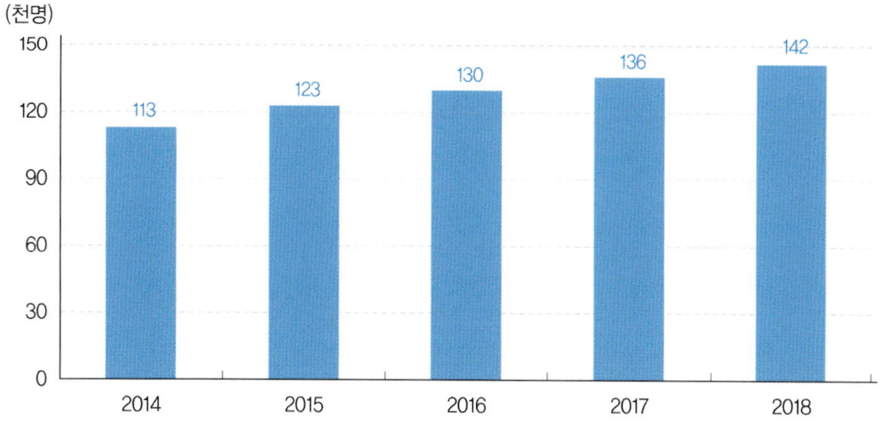

(단위: 명)

구분	2014	2015	2016	2017	2018
영주자격자(F-5)	112,742	123,255	130,237	136,334	142,151

그림 6-14. 연도별 영주자격(F-5) 외국인 현황

출처: 법무부(2019). 출입국통계.

연도별 영주자격(F-5)자 추이(2014~2018년)를 살펴보면, 2018년 말 기준 영주자격(F-5) 체류외국인은 142,151명으로 전년 대비 4.3% 증가한 것으로 나타났다. 연도별 난민신청 현황은 〈그림 6-15〉와 같다.

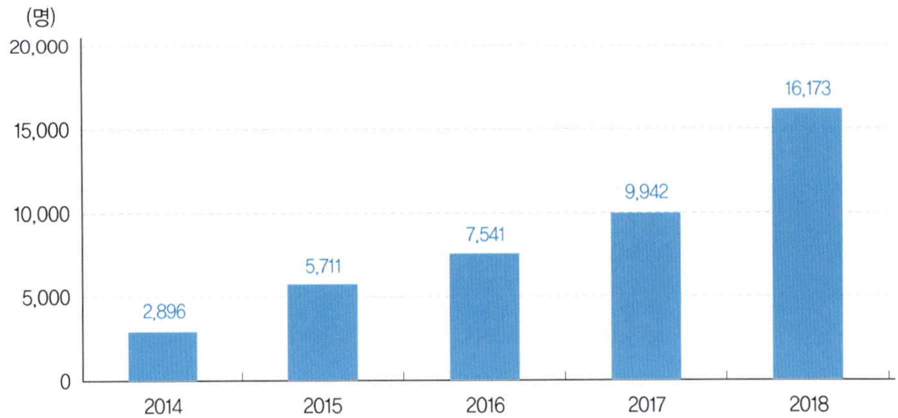

(단위: 명)

구분	2014	2015	2016	2017	2018
난민신청	2,896	5,711	7,541	9,942	16,173

그림 6-15. 연도별 난민신청 현황

출처: 법무부(2019). 출입국통계.

연도별 난민신청자 현황(2014~2018년)을 살펴보면, 난민신청자는 2010년 이후 꾸준히 증가하였고, 특히 「난민법」이 시행된 2013년 이후 급증세를 보이며, 2018년에는 16,173명으로 나타났다. 연도별 난민인정자 현황은 〈그림 6-16〉과 같다.

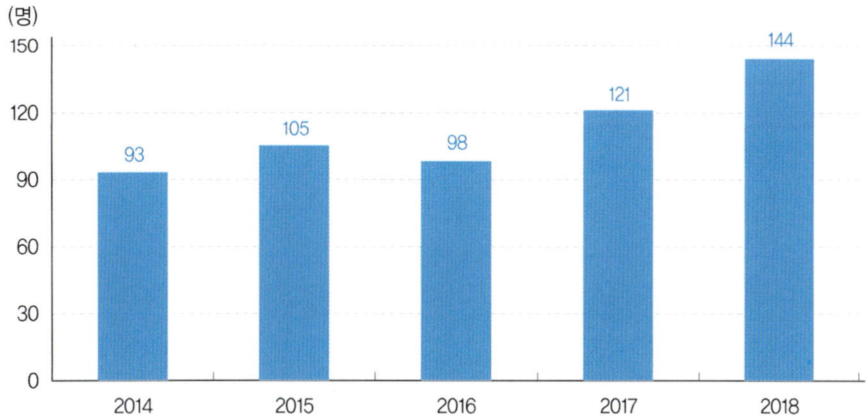

(단위: 명)

구분	2014	2015	2016	2017	2018
난민인정자	93	105	98	121	144

그림 6-16. 연도별 난민인정자 현황

출처: 법무부(2019). 출입국통계.

연도별 난민인정자 현황(1994~2018년)을 살펴보면, 1994년부터 2018년까지 총 936명이 난민인정을 받았으며, 2018년 한 해 동안은 144명이 난민인정을 받은 것으로 나타났다. 연도별 인도적 체류허가자 현황은 〈그림 6-17〉과 같다.

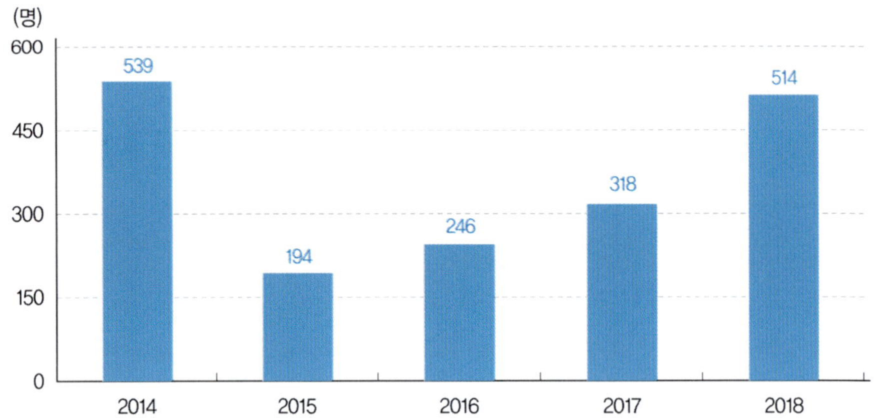

(단위: 명)

구분	2014	2015	2016	2017	2018
인도적 체류허가자	539	194	246	318	514

그림 6-17. 연도별 인도적 체류허가자 현황

출처: 법무부(2019). 출입국통계.

연도별 인도적 체류허가자 현황(1994~2018년)을 살펴보면, 1994년부터 2018년까지 총 1,988명이 인도적 체류허가를 받았으며, 2018년 한 해 동안 514명이 인도적 체류허가를 받은 것으로 나타났다. 연도별 출입국사범 현황은 〈그림 6-18〉과 같다.

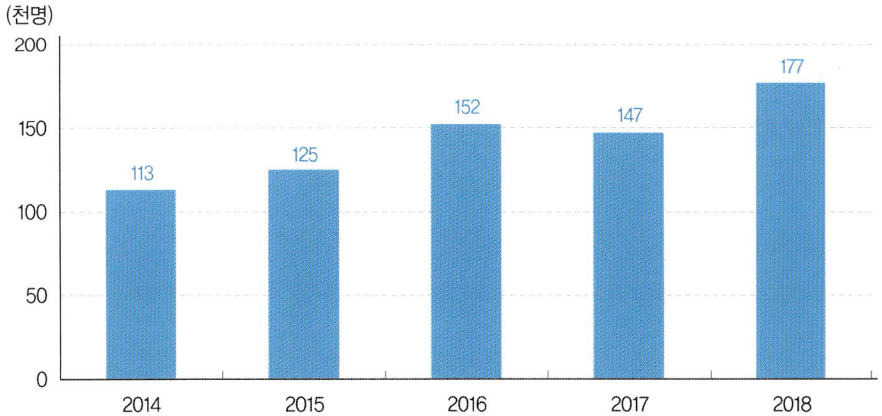

(단위: 명)

구분	2014	2015	2016	2017	2018
출입국사범	113,351	124,515	152,486	146,924	176,837

그림 6-18. 연도별 출입국사범 현황

출처: 법무부(2019). 출입국통계.

연도별 출입국사범 증감 추이(2014~2018년)를 살펴보면, 2018년 출입국사범 처리 건수는 176,837건으로 전년 대비 20.4% 증가한 것으로 나타났다.

4) 다문화가족지원법

「다문화가족지원법」은 다문화가족구성원이 안정적인 가족생활을 영위하고 사회구성원으로서의 역할과 책임을 다할 수 있도록 함으로써 이들의 삶의 질 향상과 사회통합에 이바지함을 목적으로 한다. 「다문화가족지원법」은 국가와 지방자치단체의 책무(제3조), 생활정보 제공 및 교육 지원(제6조), 가정폭력 피해자에 대한 보호·지원(제8조), 다국어에 의한 서비스 제공(제11조) 등 전문 16조와 부칙으로 이루어져 있다. 2008년

3월 21일 법률 제8937호로 제정된 이후 2011년 4월 4일 법률 제10534호까지 2차에 걸쳐 내용이 일부 개정되었다.

이 법에서 사용하는 '다문화가족'이란 대한민국 국민과 혼인한 적이 있거나 혼인관계에 있는 재한외국인과 「국적법」에 의해 대한민국 국적을 취득한 자로 이루어진 가족을 말한다(제2조). 국가와 지방자치단체는 다문화가족구성원이 안정적인 가족생활을 영위할 수 있도록 필요한 제도와 여건을 조성하고 이를 위한 정책을 수립 · 시행해야 한다(제3조). 여성가족부장관은 다문화가족 지원을 위해 5년마다 다문화가족정책에 관한 기본계획을 수립해야 하며(제3조의 2), 다문화가족의 현황 및 실태를 파악하고 다문화가족 지원을 위한 정책수립에 활용하기 위해 3년마다 다문화가족에 대한 실태조사를 실시하고 그 결과를 공표해야 한다(제4조). 「다문화가족지원법」과 관련된 용어는 〈표 6-9〉, 「다문화가족지원법」 3조, 4조는 〈표 6-10〉과 같다.

표 6-9. 「다문화가족지원법」과 관련된 용어

구분	내용
다문화가족	다음의 어느 하나에 해당하는 가족이다. 가. 「재한외국인 처우 기본법」 제2조 제3호의 결혼이민자와 「국적법」 제2조부터 제4조까지의 규정에 따라 대한민국 국적을 취득한 자로 이루어진 가족 나. 「국적법」 제3조 및 제4조에 따라 대한민국 국적을 취득한 자와 같은 법 제2조부터 제4조까지의 규정에 따라 대한민국 국적을 취득한 자로 이루어진 가족
결혼이민자 등	다문화가족의 구성원으로서 다음 각 목의 어느 하나에 해당하는 자를 말한다. 가. 「재한외국인 처우 기본법」 제2조 제3호의 결혼이민자 나. 「국적법」 제4조에 따라 귀화허가를 받은 자
아동 · 청소년	24세 이하인 사람을 말한다.

표 6-10. 「다문화가족지원법」 3조, 4조

제3조(국가와 지방자치단체의 책무)

① 국가와 지방자치단체는 다문화가족구성원이 안정적인 가족생활을 영위하고 경제 · 사회 · 문화 등

각 분야에서 사회구성원으로서의 역할과 책임을 다할 수 있도록 필요한 제도와 여건을 조성하고 이를 위한 시책을 수립 · 시행하여야 한다.

② 특별시 · 광역시 · 특별자치시 · 도 · 특별자치도 및 시 · 군 · 구(자치구를 말한다. 이하 같다)에는 다문화가족 지원을 담당할 기구와 공무원을 두어야 한다.

③ 국가와 지방자치단체는 이 법에 따른 시책 중 외국인정책 관련 사항에 대하여는 「재한외국인 처우 기본법」 제5조부터 제9조까지의 규정에 따른다.

제3조의 2(다문화가족 지원을 위한 기본계획의 수립)

① 여성가족부장관은 다문화가족 지원을 위하여 5년마다 다문화가족정책에 관한 기본계획(이하 "기본계획"이라 한다)을 수립하여야 한다.

② 기본계획에는 다음 각 호의 사항을 포함하여야 한다.

1. 다문화가족 지원 정책의 기본 방향
2. 다문화가족 지원을 위한 분야별 발전시책과 평가에 관한 사항
3. 다문화가족 지원을 위한 제도 개선에 관한 사항

3의 2. 다문화가족구성원의 경제 · 사회 · 문화 등 각 분야에서 활동 증진에 관한 사항

4. 다문화가족 지원을 위한 재원 확보 및 배분에 관한 사항
5. 그 밖에 다문화가족 지원을 위하여 필요한 사항

③ 여성가족부장관은 기본계획을 수립할 때에는 미리 관계 중앙행정기관의 장과 협의하여야 한다.

④ 기본계획은 제3조의 4에 따른 다문화가족정책위원회의 심의를 거쳐 확정한다. 이 경우 여성가족부장관은 확정된 기본계획을 지체 없이 국회 소관 상임위원회에 보고하고, 관계 중앙행정기관의 장과 특별시장 · 광역시장 · 특별자치시장 · 도지사 · 특별자치도지사(이하 "시 · 도지사"라 한다)에게 알려야 한다.

⑤ 여성가족부장관은 기본계획을 수립하기 위하여 필요하다고 인정하는 경우 관계 기관의 장에게 기본계획의 수립에 필요한 자료의 제출을 요구할 수 있다.

⑥ 제5항에 따라 자료의 제출을 요구받은 관계 기관의 장은 정당한 사유가 없으면 이에 따라야 한다.

제4조(실태조사 등)

① 여성가족부장관은 다문화가족의 현황 및 실태를 파악하고 다문화가족 지원을 위한 정책수립에 활용하기 위하여 3년마다 다문화가족에 대한 실태조사를 실시하고 그 결과를 공표하여야 한다.

② 여성가족부장관은 제1항에 따른 실태조사를 위하여 관계 공공기관 또는 관련 법인 · 단체에 대하여 필요한 자료의 제출 등 협조를 요청할 수 있다. 이 경우 자료의 제출 등 협조를 요청받은 관계 공공기관 또는 관련 법인 · 단체 등은 특별한 사유가 없는 한 이에 협조하여야 한다.

③ 여성가족부장관은 제1항에 따른 실태조사를 실시함에 있어서 외국인정책 관련 사항에 대하여는 법무부장관과 다문화가족구성원인 아동 · 청소년의 교육현황 및 아동 · 청소년의 다문화가족에 대한 인식 등에 관한 사항에 대하여는 교육부장관과 협의를 거쳐 실시한다.

④ 제1항에 따른 실태조사의 대상 및 방법 등에 필요한 사항은 여성가족부령으로 정한다.

국가와 지방자치단체는 다문화가족에 대한 사회적 차별 및 편견을 예방하고 사회구성원이 문화적 다양성을 인정하고 존중할 수 있도록 다문화이해 교육과 홍보 등 필요한 조치를 해야 하며(제5조), 결혼이민자 등이 대한민국에서 생활하는 데 필요한 기본적 정보를 제공하고, 사회적응교육과 직업교육훈련 및 언어소통능력 향상을 위한 한국어교육 등을 받을 수 있도록 필요한 지원을 할 수 있다(제6조). 또한 다문화가족 내 가정폭력을 예방하기 위해 노력하며, 가정폭력으로 피해를 입은 결혼이민자 등을 보호·지원할 수 있다(제8조). 「다문화가족지원법」의 제5조, 제6조, 제8조는 〈표 6-11〉과 같다.

표 6-11.「다문화가족지원법」의 제5조, 제6조, 제8조

제5조(다문화가족에 대한 이해증진) ① 국가와 지방자치단체는 다문화가족에 대한 사회적 차별 및 편견을 예방하고 사회구성원이 문화적 다양성을 인정하고 존중할 수 있도록 다문화이해 교육을 실시하고 홍보 등 필요한 조치를 하여야 한다. ② 여성가족부장관은 제1항에 따른 조치를 함에 있어 홍보영상을 제작하여 「방송법」 제2조 제3호에 따른 방송사업자에게 배포하여야 한다. ③ 여성가족부장관은 「방송법」 제2조 제3호에 따른 방송사업자(이하 이 조에서 "방송사업자"라 한다)에게 같은 법 제73조 제4항에 따라 대통령령으로 정하는 비상업적 공익광고 편성비율의 범위에서 제2항의 홍보영상을 채널별로 송출하도록 요청할 수 있다. ④ 방송사업자는 제2항의 홍보영상 외에 독자적으로 홍보영상을 제작하여 송출할 수 있다. 이 경우 여성가족부장관에게 필요한 협조 및 지원을 요청할 수 있다. ⑤ 교육부장관과 특별시·광역시·특별자치시·도·특별자치도의 교육감은 「유아교육법」 제2조, 「초·중등교육법」 제2조 또는 「고등교육법」 제2조에 따른 학교에서 다문화가족에 대한 이해를 돕는 교육을 실시하기 위한 시책을 수립·시행하여야 한다. 이 경우 제4조에 따른 실태조사의 결과 중 다문화가족 구성원인 아동·청소년의 교육현황 및 아동·청소년의 다문화가족에 대한 인식 등에 관한 사항을 반영하여야 한다. ⑥ 교육부장관과 특별시·광역시·특별자치시·도·특별자치도의 교육감은 「유아교육법」 제2조 및 「초·중등교육법」 제2조에 따른 학교의 교원에 대하여 대통령령으로 정하는 바에 따라 다문화이해 교육 관련 연수를 실시하여야 한다. **제6조(생활정보 제공 및 교육 지원)** ① 국가와 지방자치단체는 결혼이민자 등이 대한민국에서 생활하는 데 필요한 기본적 정보(아동·청소년에 대한 학습 및 생활지도 관련 정보를 포함한다)를 제공하고, 사회적응교육과 직업교육·훈련 및

언어소통 능력 향상을 위한 한국어교육 등을 받을 수 있도록 필요한 지원을 할 수 있다.
② 국가와 지방자치단체는 결혼이민자 등의 배우자 및 가족구성원이 결혼이민자 등의 출신 국가 및 문화 등을 이해하는 데 필요한 기본적 정보를 제공하고 관련 교육을 지원할 수 있다.
③ 국가와 지방자치단체는 제1항 및 제2항에 따른 교육을 실시함에 있어 거주지 및 가정환경 등으로 인하여 서비스에서 소외되는 결혼이민자 등과 배우자 및 그 가족구성원이 없도록 방문교육이나 원격교육 등 다양한 방법으로 교육을 지원하고, 교재와 강사 등의 전문성을 강화하기 위한 시책을 수립 · 시행하여야 한다.
④ 국가와 지방자치단체는 제3항의 방문교육의 비용을 결혼이민자 등의 가구 소득수준, 교육의 종류 등 여성가족부장관이 정하여 고시하는 기준에 따라 차등지원할 수 있다.
⑤ 국가와 지방자치단체가 제4항에 따른 비용을 지원함에 있어 비용 지원의 신청, 금융정보 등의 제공, 조사 · 질문 등은 「아이돌봄 지원법」 제22조부터 제25조까지의 규정을 준용한다.
⑥ 결혼이민자 등의 배우자 등 다문화가족 구성원은 결혼이민자 등이 한국어교육 등 사회적응에 필요한 다양한 교육을 받을 수 있도록 노력하여야 한다.
⑦ 그 밖에 제1항 및 제2항에 따른 정보제공 및 교육에 필요한 사항은 대통령령으로 정한다.

제8조(가정폭력 피해자에 대한 보호 · 지원)
① 국가와 지방자치단체는 「가정폭력방지 및 피해자보호 등에 관한 법률」에 따라 다문화가족 내 가정폭력을 예방하기 위하여 노력하여야 한다.
② 국가와 지방자치단체는 가정폭력으로 피해를 입은 결혼이민자 등을 보호 · 지원할 수 있다.
③ 국가와 지방자치단체는 가정폭력의 피해를 입은 결혼이민자 등에 대한 보호 및 지원을 위하여 외국어 통역 서비스를 갖춘 가정폭력 상담소 및 보호시설의 설치를 확대하도록 노력하여야 한다.
④ 국가와 지방자치단체는 결혼이민자 등이 가정폭력으로 혼인관계를 종료하는 경우 의사소통의 어려움과 법률체계 등에 관한 정보의 부족 등으로 불리한 입장에 놓이지 아니하도록 의견진술 및 사실확인 등에 있어서 언어통역, 법률상담 및 행정지원 등 필요한 서비스를 제공할 수 있다.

국가와 지방자치단체는 아동 보육 · 교육을 실시함에 있어서 다문화가족구성원인 아동을 차별해서는 안 되며(제10조), 결혼이민자 등의 의사소통의 어려움을 해소하고 서비스 접근성을 제고하기 위해 다국어에 의한 서비스 제공이 이루어지도록 노력해야 한다(제11조). 그리고 국가와 지방자치단체는 다문화가족 지원 사업을 수행하는 단체나 개인에 대해 필요한 비용의 전부 또는 일부를 보조하거나 그 업무수행에 필요한 행정적 지원을 할 수 있다(제16조). 「다문화가족지원법」의 제10조, 제11조, 제16조의 내용은 〈표 6-12〉와 같다.

표 6-12. 「다문화가족지원법」의 제10조, 제11조, 제16조

제10조(아동 · 청소년 보육 · 교육)

① 국가와 지방자치단체는 아동 · 청소년 보육 · 교육을 실시함에 있어서 다문화가족구성원인 아동 · 청소년을 차별하여서는 아니 된다.

② 국가와 지방자치단체는 다문화가족구성원인 아동 · 청소년이 학교생활에 신속히 적응할 수 있도록 교육지원대책을 마련하여야 하고, 특별시 · 광역시 · 특별자치시 · 도 · 특별자치도의 교육감은 다문화가족구성원인 아동 · 청소년에 대하여 학과 외 또는 방과 후 교육 프로그램 등을 지원할 수 있다.

③ 국가와 지방자치단체는 다문화가족구성원인 18세 미만인 사람의 초등학교 취학 전 보육 및 교육 지원을 위하여 노력하고, 그 구성원의 언어발달을 위하여 한국어 및 결혼이민자 등인 부 또는 모의 모국어 교육을 위한 교재지원 및 학습지원 등 언어능력 제고를 위하여 필요한 지원을 할 수 있다.

④ 「영유아보육법」 제10조에 따른 어린이집의 원장, 「유아교육법」 제7조에 따른 유치원의 장, 「초 · 중등교육법」 제2조에 따른 각급 학교의 장, 그 밖에 대통령령으로 정하는 기관의 장은 아동 · 청소년 보육 · 교육을 실시함에 있어 다문화가족구성원인 아동 · 청소년이 차별을 받지 아니하도록 필요한 조치를 하여야 한다.

제11조(다국어에 의한 서비스 제공)

국가와 지방자치단체는 제5조부터 제10조까지의 규정에 따른 지원정책을 추진함에 있어서 결혼이민자 등의 의사소통의 어려움을 해소하고 서비스 접근성을 제고하기 위하여 다국어에 의한 서비스 제공이 이루어지도록 노력하여야 한다.

제16조(민간단체 등의 지원)

① 국가와 지방자치단체는 다문화가족 지원 사업을 수행하는 단체나 개인에 대하여 필요한 비용의 전부 또는 일부를 보조하거나 그 업무수행에 필요한 행정적 지원을 할 수 있다.

② 국가와 지방자치단체는 결혼이민자 등이 상부상조하기 위한 단체의 구성 · 운영 등을 지원할 수 있다.

5) 결혼중개업의 관리에 관한 법률

「결혼중개업의 관리에 관한 법률」은 결혼중개업을 건전하게 지도 · 관리하고 결혼중개업 이용자의 피해를 예방하여 그 이용자를 보호함으로써 건전한 결혼문화 형성에 이바지함을 목적으로 하는 법이다. 법의 내용으로는 실태조사, 국내결혼중개업의 신

고, 국제결혼중개업의 등록, 국제결혼중개업체의 공시, 지도점검, 휴업 · 폐업 및 재개의 신고, 결격사유, 겸업금지, 신고필증 등의 게시, 명의 대여의 금지, 결혼중개계약서의 작성, 신상정보 제공, 통역 · 번역서비스의 제공, 기록보존, 부정한 방법의 모집 · 알선 등의 금지, 외국 현지법령 준수, 홍보영상의 제작 · 배포 · 송출, 거짓 · 과장된 표시 · 광고의 금지, 미성년자 소개 금지, 개인정보의 보호, 장부 등의 비치, 국제결혼중개업자의 업무제휴, 보고 및 검사, 관계 기관의 협조, 시정 명령, 영업정지, 폐쇄조치, 청문, 행정처분의 승계, 수수료, 교육, 결혼중개업 이용자의 피해 예방을 위한 교육, 자본금, 손해배상책임의 보장, 벌칙, 양벌규정, 과태료 등을 규정하고 있다. 「결혼중개업의 관리에 관한 법률」과 관련된 용어는 〈표 6-13〉과 같다.

표 6-13. 「결혼중개업의 관리에 관한 법률」과 관련된 용어

구분	내용
결혼중개	결혼을 위한 상담 및 알선 등의 행위를 말한다.
결혼중개업	수수료 · 회비, 그 밖의 금품을 받고 결혼중개를 업으로 행하는 것을 말한다.
국내결혼중개업	대한민국의 국적을 가진 사람을 대상으로 하는 결혼중개업을 말한다.
국제결혼중개업	대한민국의 국적을 가진 사람과 외국인을 대상으로 하는 결혼중개업을 말한다.
결혼중개업자	제3조 제1항에 따라 결혼중개업의 신고를 하거나 제4조 제1항에 따라 결혼중개업의 등록을 한 자를 말한다.

2 다문화 관련 제도

1) 사회통합 정책

(1) 대상범위

「다문화가족지원법」에는 이민이라는 개념 대신 다문화가족이라는 개념을 사용하고 있으며, 이는 동법률에 있어서 주로 지적되고 있는 문제점으로 언급되고 있다. 왜냐하면 동법률 상의 주체가 이민자이면서 대한민국 내에서 가족을 형성하고자 하는 또는 형성하고 있는 자로 제한하고 있기 때문이다. 이민사회에서 사회통합이 다른 부처의 정책에까지 간섭하고 통제하게 되어 외국인정책의 기능을 중첩하게 하는 문제가 발생하게 된다면 그 사회통합법제의 재고가 필요하다. 불법체류자(미등록이주민)도 임금청구권, 산업재해청구권을 가지며, 이 권리는 이들이 본국으로 돌려 보내져도 인정되는 것이므로 다문화가족 개념이 안고 있는 문제점을 고려하면 이주민의 개념 도입을 검토할 필요가 있다. 그리고 이주민의 개념에 불법체류자가 반드시 포함되어야 하는 것은 아니므로 이를 이유로 이주민의 개념 자체를 도입하지 않을 필요는 없다.

(2) 사회적응

「재한외국인 처우 기본법」 제1조의 목적은 재한외국인이 대한민국 사회에 적응하여 개인의 능력을 충분히 발휘할 수 있도록 하고, 대한민국 국민과 재한외국인이 서로를 이해하고 존중하는 사회 환경을 만들어 대한민국의 발전과 사회통합에 이바지하는 것이다. 그리고 「다문화가족지원법」의 목적은 다문화가족구성원이 안정적인 가족생활을 영위하고 사회구성원으로서의 역할과 책임을 다할 수 있도록 함으로써 이들의 삶의 질 향상과 사회통합에 이바지하는 것이다. 이들 두 가지 법률은 분명히 모두 "사회통합"을 목적으로 하고 있다.

그러나 동법률과 조례는 사회통합을 목적으로 하고 있지만 실제에 있어서는 동화에 많은 비중이 있으며, 국민과 이민자 간의 상호이해 및 소통 등의 진정한 의미의 내용은 부족하다고 할 수 있다. 이를 위해서는 지역주민과 이민자 모두가 함께할 수 있는 프로그램이나 제도적 뒷받침이 필요하다. 그러나 이민자들이 자기의 능력을 발휘하고 안정적 적응을 돕기보다는 아직 우리 사회에서는 하나의 주체로 인정하지 않고 그들을 관리대상으로만 보고 있으며, 주로 지원하는 수준에 머물고 있다. 따라서 진정한 의미의 사회통합보다는 오히려 그들을 우리 사회에 단순히 동화시키는 정책을 구현하고 있다는 비판도 있다. 즉, 이민자들의 사회적응에 대한 정확한 인식보다는 국익에 도움이 되는 외국인만을 우대하거나 다문화가족이 우리 사회에 해악을 끼치지 않을 정도로만 관리하면 된다는 시각을 벗어나지 못하고 있기 때문이라고 주장한다.

또한 「재한외국인 처우 기본법」 제12조는 국가 및 지방자치단체는 결혼이민자에 대한 국어교육, 대한민국의 제도 및 문화에 대한 교육, 결혼이민자의 자녀에 대한 보육 및 교육 지원 등을 통하여 결혼이민자 및 그 자녀가 대한민국 사회에 빨리 적응하도록 지원할 수 있다고 규정하고 있다. 물론 재한외국인에 대한 지원측면에서는 긍정적일 수 있지만, 동법률의 근본적인 목적에 비추어 볼 때 적응을 통한 사회통합에 있음을 알 수 있다. 더욱이 결혼이민자 가족이 해체될 경우 영주권이나 국적부여가 쉽지 않다는 점은 이들이 사회적응의 걸림돌로 작용하고 있으므로 사회통합 측면에서도 결혼이민자의 불안정한 지위를 보장해 줄 필요가 있다.

(3) 교육지원

결혼이민자나 그 자녀로 이루어지는 다문화가족은 언어와 문화의 차이로 우리사회에 적응하지 못하거나 가족끼리의 갈등을 경험하고 있으며, 자녀교육에도 상당한 어려움에 처해 있는 있기 때문에 다문화가족에게 있어 교육지원은 매우 중요하다. 따라서 이들이 우리 사회의 한 구성원으로서 잘 통합되어 안정적인 가족생활을 지속할 수 있도록 부부, 부모, 자식으로서 갖추어야 할 기본적인 소양 등 가족구성원으로서의 역할에 대한 교육과 필요한 상담을 지원하고, 통역, 법률상담, 각종 행정적 지원 등의 실생활에 필요한 서비스를 제공하는 등 다문화가족에 대한 구체적이고 체계적인 지원정책을 제도적으로 구현해야 한다. 특히 교육적인 문제에서 해결해야 하는 과제는 언어문제 및 자녀교육 등이다. 따라서 범정부적 차원의 종합대책을 추진함으로써 이민자 가족구성원이 우리 사회에서 안정적으로 정착하고 사회구성원으로서의 역할과 책임을 다할 수 있는 사회적 통합을 이루어야 한다.

2) 사회통합프로그램

이민자가 사회구성원으로서 사회통합에 가장 중요한 요소는 언어적, 사회적 소통이라고 할 수 있다. 이런 전제하에 도입된 법무부의 사회통합프로그램의 추진배경은 〈표 6-14〉와 같다.

표 6-14. 사회통합프로그램의 추진배경

• 이민자의 귀화허가 시 국민으로서 갖추어야 할 기본소양을 검증하는 데 한계를 지닌다. 일반귀화자의 경우 한국 국적을 취득하기 위해서는 귀화필기시험을 통해 최소한의 한국어능력과 기본소양을 평가받고 있지만 예상문제집을 단순 암기하여 응하는 귀화신청자를 대상으로 국민으로서의 정체성과 자격요건을 검증하는 데 한계가 있다. 특히 결혼이민자의 경우, 2003년부터 국적취득 시 귀화필기시험과 면접심사를 면제함에 따라 한국어와 한국사회의 이해 등 기본소양을 갖추지 못한 상태로 혼인기간이 2년만 넘으면 간이귀화를 통해 한국국적을 취득할 수 있게 되어 결혼이민자의 한국어와 한국사회에 대한 학습노력의 필요성이 상실되었고, 일부 결혼이민자의 경우 '가만히 있으면 알아서 국적이 나오는

데 뭐 하러 시간을 허비해 가며 한국어를 배워'라는 사고 때문에 학습에 노력을 기울이지 않거나, 가족들도 결혼이민자의 교육 참여를 반대하는 등의 문제로 결혼이민자의 한국어능력 부족과 한국사회의 이해 곤란이 심각한 수준이라는 결과를 보이고 있다. 이는 이민자 본인은 물론 2세까지도 사회적응에 어려움을 경험하게 하는 요인으로 작용하고 있다.

- 사회통합의 대상이 주로 결혼이민자에 한정되어 지원되고 있는 한계를 극복하기 위하여 외국적 동포, 외국인근로자, 유학생 등 모든 이민자를 대상으로 국가 통합차원에서 한국어와 한국사회의 이해에 대한 체계적이고 표준화된 사회통합 교육시스템을 필요로 하고 있다. 즉, 이민자의 정주화에 맞추어 모든 이민자를 대상으로 하여 한국사회 구성원으로서의 정체성 확립과 정착에 필요한 법과 제도, 생활, 문화 이해 등의 기본소양을 함양할 필요성이 높아졌기 때문이다.
- 중앙부처를 비롯하여 지방자치단체와 사회복지단체 및 NGO, 종교단체 등은 결혼이민자의 적응지원에 많은 노력과 예산을 투입하기 시작하였지만 지원 정책들이 체계적이지 못하여 이민자의 참여와 관심이 저조한 것으로 나타났다. 결과적으로 국가나 지자체 등 우리 사회가 이민자의 우리 사회 적응지원을 위해 노력하는 만큼 이민자 스스로도 자신의 책임과 노력을 바탕으로 미래 우리 사회의 부담이 되지 않도록 우리 사회와의 유대와 소통을 강화하고 자립력을 배양하도록 정부정책의 방향을 선회할 필요를 느끼게 되었다.

이로써 법무부는 이민자의 사회부적응을 예방하고, 국민과의 마찰 등으로 인한 사회적 비용을 절감하고, 교육과 취업의 기회로부터 소외되어 사회적 · 경제적 취약 계층으로의 전락을 방지하고자 2007년 초부터 사회통합프로그램의 도입을 계획하여 시범적으로 전국의 20개 운영기관을 통해 사회통합프로그램 이수제를 실시하게 되었다. 정부에서 실시하고 있는 사회통합프로그램의 내용은 〈표 6-15〉, 사회통합프로그램의 구체적인 예는 〈표 6-16〉, 연도별 사회통합프로그램 운영기관 및 참여자 현황은 〈그림 6-20〉과 같다.

표 6-15. 사회통합프로그램의 내용

- 2009년부터 이민자가 우리 사회구성원으로 적응 · 자립하는 데 필수적인 한국어와 한국문화, 한국사회의 이해 및 헌법적 가치 등의 기본소양을 함양할 수 있도록 사회통합프로그램을 운영하고 있다.
- 사회통합프로그램 교육이수 시 사증발급, 일반체류자격 변경, 영주자격 변경, 귀화심사 등에 혜택을 부여함으로써 사회통합프로그램 참여를 활성화하고 있다.

- 자라 온 환경이 다르고 우리나라와 다른 법령 체계 등으로 한국생활에 어려움을 겪는 이민자를 위하여 전국 사회통합프로그램 운영기관에서 이민자를 대상으로 범죄예방, 근로, 부동산 거래, 소비생활법령 등 생활법률 특강과 금융 · 경제, 재난 · 안전 교육 등 다양한 프로그램을 운영하고 있다.
- 또한 이민자 교육환경에 따른 수요를 고려하여 임신, 출산, 장애, 취업, 거주 등으로 집합교육 참여가 어려운 이민자를 위하여 1명의 강사가 9명의 이민자와 컴퓨터 화상카메라를 통해 실시간으로 교육하는 '온라인 화상교육'을 운영하고 있으며, 외국인근로자, 회화강사 등 주간교육 참여가 어려운 이민자 특성을 반영하여 야간반, 주말반 등 특수반 운영을 활성화하고 있다.

그림 6-19. **사회통합프로그램의 운영**

출처: 여성가족부(2020). 제3차 다문화가족정책 기본계획 2020년도 이행계획.

표 6-16. **사회통합프로그램의 구체적인 내용**

구분	내용
목적	재한외국인이 우리 사회 구성원으로서 살아가는 데 필요한 기본소양(한국어, 한국문화) 함양 기회 제공
참여대상	국적, 영주 등 체류자격을 취득하려는 재한외국인, 국적취득 후 3년 이내인 사람 이수 혜택: 체류허가 및 영주 · 국적 신청 시 가점 부여 또는 귀화시험 면제 등
과정	• 한국어와 한국문화: 0~4단계로 구성, 사전평가(=레벨 테스트) 등을 거쳐 단계배정 • 한국사회 이해: 영주자격 취득 시 50시간, 국적취득 시 70시간
신청방법	• 사회통합정보망(www.socinet.go.kr)에 회원 가입 • '단계배정' 메뉴에서 단계배정방법을 선택 – 0단계부터 시작: 선택하여 신청 – 사전평가를 통한 단계배정: 신청을 누르면 자동 연결되는 평가 홈페이지 사회통합프로

구분	내용
	그램 평가(www.socinet.go.kr)에서 사전평가 신청하고 응시 수수료(3만원)을 납부하고 접수 – 연계를 통한 단계배정: 홈페이지 매뉴얼 참조 • 사회통합정보망에서 배정받은 단계의 수업에 과정신청하여 참여: 단, 과정신청기간에만 신청 가능하며, 자세한 내용은 사회통합정보망(www.socinet.go.kr) 참조
교육체계	(아래 표)

구분 \ 단계		0단계	1단계	2단계	3단계	4단계	5단계
과정		한국어					한국사회 이해
		기초	초급1	초급2	중급1	중급2	
이수기간		15시간	100시간	100시간	100시간	100시간	50시간
사전평가 점수		3점 미만 (구술 3점)	3~20점	21~35점	36~65점	66~80점	81~100점
2013년 이전	결혼이민자	0~10점	11~29점	30~49점	면제		50~100점
	일반이민자	0~10점	11~29점	30~49점	50~69점	70~89점	90~100점

출처: 여성가족부(2020). 제3차 다문화가족정책 기본계획 2020년도 이행계획.

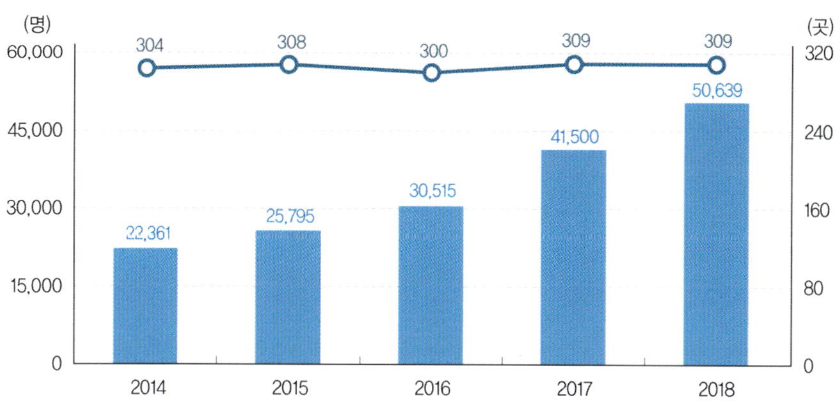

(단위: 명)

구분	2014	2015	2016	2017	2018
운영기관 수	304	308	300	309	309
교육참여자	22,361	25,795	30,515	41,500	50,639

그림 6-20. 연도별 사회통합프로그램 운영기관 및 참여자 현황

출처: 법무부(2019). 출입국통계.

연도별 사회통합프로그램 운영기관 및 참여자 현황(2014~2018년)을 살펴보면, 사회통합프로그램 도입 첫해인 2009년에는 사회통합프로그램 운영기관이 20개에 불과하였으나 2018년 309개로 증가하였으며, 참여자 수도 2009년 1,331명에서 매년 급증하여 2018년에는 50,639명에 달하는 것으로 나타났다.

3) 이민자 조기적응 프로그램

결혼이민자, 외국국적동포, 중도입국 외국인 자녀, 외국인유학생 등 장기체류를 하고자 하는 외국인의 조기적응을 지원하기 위하여 대한민국 기초법 · 제도 안내 및 사회적응정보를 제공하는 이민자 조기적응프로그램을 2015년부터 본격 시행하고 있으며, 이민자의 다양한 체류유형에 맞게 일반적인 사회적응정보 외에 미래진로, 부부교육, 인권보호, 대한민국 구성원 되기 등 특화된 정보를 제공하고 있다. 정부에서 실시하고 있는 이민자 조기적응 프로그램의 예는 〈표 6-17〉, 연도별 이민자 조기적응 프로그램 이수 현황은 〈그림 6-21〉과 같다.

표 6-17. 이민자 조기적응 프로그램

구분	내용
목적	최초 입국하는 외국인이 우리 사회에 빨리 적응하는 데 필요한 생활정보, 기초법 습득 기회 제공
참여대상	최초 입국하는 외국인 • 의무참여: 방문취업 동포, 외국인 연예인(예술 · 흥행 E6-2 체류자격), 결혼이민자(고시 7개국: 중국, 베트남, 필리핀, 캄보디아, 몽골, 우즈베키스탄, 태국) • 자율참여: 고시 7개국 제외 결혼이민자 이하 상동 • 이수 혜택: 결혼이민자 체류기간 2년 부여

구분	내용
과정	• 공통과목: 기초법 · 질서, 한국사회 적응정보, 출입국관련 제도 등 2시간 • 특수과목: 방문취업 동포(국내 정착), 결혼이민자(가족 간 상호이해), 외국인 연예인(예술 · 흥행 E6-2 체류자격)(인권보호), 유학생(학교생활 정보), 중도입국 자녀(미래진로) 등 1시간
신청방법	사회통합정보망(www.socinet.go.kr)에 접속하여 회원가입 후 조기적응프로그램 참여 신청

출처: 여성가족부(2020). 제3차 다문화가족정책 기본계획 2020년도 이행계획.

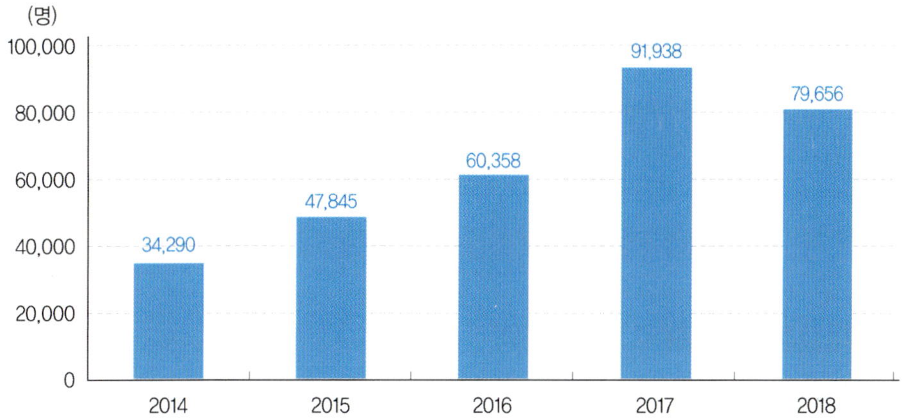

(단위: 명)

구분	2014	2015	2016	2017	2018
인원	34,290	47,845	60,358	91,938	79,656

그림 6-21. 연도별 이민자 조기적응 프로그램 이수 현황

출처: 법무부(2019). 출입국통계.

연도별 이민자 조기적응 프로그램 이수 현황(2014~2018년)을 살펴보면, 이민자 조기적응 프로그램은 2018년 말 현재 230개 민간기관에서 운영하고 있으며, 이민자 및 가족 등의 참여를 적극 유도하여 국내정착을 지원하고 있으며, 2018년 조기적응 프로그램 참여자 수는 79,656명으로 나타났다.

4) 이민자 네트워크 운영

정부 주도의 일방적인 지원정책에서 벗어나 이민자들의 자발적인 사회관계망 형성을 통해 정서적 안정에 기여하고, 이민자 상호 간 한국생활 정보교류를 통해 건전한 사회구성원으로 성장할 수 있도록 지원하기 위하여 이민자 네트워크 활동을 지원하고 있다. 구체적으로 전국 출 · 입국 외국인 관서에서 이민자 네트워크에 소속된 결혼이민자 등을 외국인 자원봉사자로 위촉하여 통 · 번역 및 민원안내 도우미로 활동하도록 함으로써 이민자의 사회참여활동 기회를 제공하고 있으며, 이민자의 체류 · 국적 등과 관련한 고충상담과 애로사항 해결 등에 활용하여 이민자의 권익을 보호하고 사회적응을 지원하고 있다.

5) 국제결혼 안내프로그램 운영

국제결혼에 대한 올바른 인식을 제고하고 국제결혼 과정에서 발생하는 피해를 최소화하기 위하여 2010년 10월부터 국제결혼 안내프로그램을 운영하고 있다. 국제결혼 안내프로그램은 현지 국가의 제도 · 문화 · 예절 등의 소개, 결혼사증 발급절차 및 심사기준 등 정부정책 소개, 시민단체의 결혼이민자 상담 · 피해사례 및 결혼이민자와 한국인 배우자의 경험담 소개 등으로 구성되어 있으며, 2018년 3월 결혼이민자의 인권증진과 성공적인 국내 정착을 지원하기 위해 국제결혼 안내프로그램에는 부부간 인권존중 및 갈등해소, 가정폭력 방지 등 내용의 인권교육 과정을 추가하였다. 법무부장관이 지정 · 고시한 7개 국가(중국 · 베트남 · 필리핀 · 캄보디아 · 몽골 · 우즈베키스탄 · 태국) 국민과 결혼을 희망하는 한국인 배우자는 국제결혼 안내프로그램을 이수해야만 배우자를 초청할 수 있다. 정부에서 실시하고 있는 국제결혼 안내프로그램의 내용은 〈표 6-18〉,

연도별 국제결혼 안내프로그램 이수 현황은 〈그림 6-22〉와 같다.

표 6-18. 국제결혼 안내프로그램의 내용

구분	내용
목적	국제결혼으로 외국인 배우자를 초청하려는 사람이 국제결혼에 대한 올바른 인식을 가지고 건전한 결혼생활을 할 수 있도록 지원하고자 함
참여대상	우리 국민 중 국제결혼을 희망하거나, 이미 국제결혼을 한 상태에서 외국인 배우자(대상 국가: 중국, 베트남, 필리핀, 캄보디아, 몽골, 우즈베키스탄, 태국)를 초청하려는 사람
과정	• 국제결혼 관련 현지 국가의 제도 · 문화 · 예절정보 등 소개 • 결혼이민(F-6)사증 발급절차 및 심사기준 등 정책 설명 • 결혼이민자 상담 및 피해사례 소개, 결혼이민자와 한국인 남편의 경험담 소개 등 • 인권교육(부부 간 인권존중 및 갈등해소 노력, 가정폭력 방지 등)
신청방법	사회통합정보망(www.socinet.go.kr)에 회원 가입 후, 메뉴의 '국제결혼 안내프로그램' 신청란에서 참가 신청

출처: 여성가족부(2020). 제3차 다문화가족정책 기본계획 2020년도 이행계획.

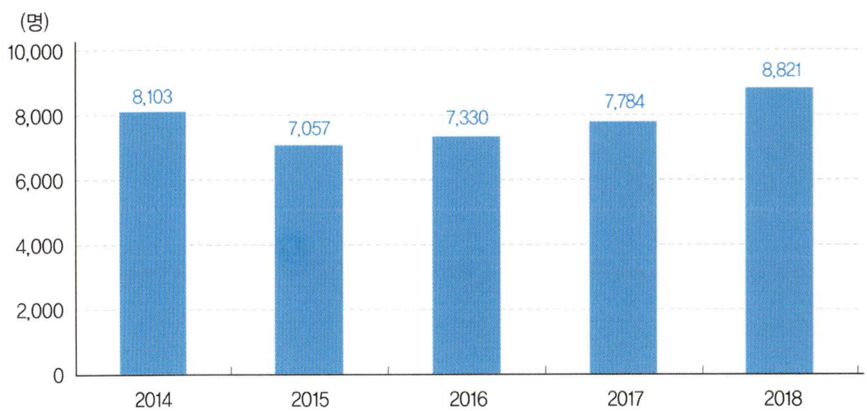

(단위: 명)

구분	2014	2015	2016	2017	2018
인원	8,103	7,057	7,330	7,784	8,821

그림 6-22. 연도별 국제결혼 안내프로그램 이수 현황

출처: 법무부(2019). 출입국통계.

연도별 국제결혼 안내프로그램 이수 현황(2014~2018년)을 살펴보면, 국제결혼 안내프로그램 이수 의무화 조치로 인해 2011년에 교육 참여자가 16,701명으로 급증하였으나, 2014년 4월 국제결혼 건전화를 위한 결혼이민 사증발급 심사 강화 및 국제결혼의 감소 추세로 인하여 교육참여자 수가 감소하다가 2016년 이후로 증가하여 2018년에는 8,821명으로 전년 대비 13.3% 증가한 것으로 나타났다.

6) 사회통합 자원봉사위원 제도 운영

법률 · 의료 등 사회 각 분야 전문가, 모범정착 이민자 등을 사회통합 자원봉사위원으로 위촉하여 이민자의 사회적응을 다각도로 지원하고 있으며, 사회통합 자원봉사위원은 외국인 · 고용주 등에 대한 법질서 준수 계도 및 홍보 지원, 국내체류 외국인을 위한 교육 · 상담, 기타 법률 · 의료 · 취업 등 지원활동을 수행하고 있다.

7) 세계인의 날 행사 개최

2007년 「재한외국인 처우 기본법」을 제정하면서 대한민국 국민과 재한외국인이 서로 문화와 전통을 존중하면서 더불어 살아갈 수 있는 사회 환경을 조성하기 위해 매년 5월 20일을 '세계인의 날'로 정하고, 세계인의 날로부터 1주간의 기간을 세계인 주간으로 지정하였다. 법무부는 매년 5월 20일 세계인의 날 기념식을 개최하고 있으며, 전국의 지방자치단체에서도 세계인 주간 동안 다양한 세계인의 날 기념 행사를 개최하여 이민자에 대한 이해 증진과 인식 개선 활동을 적극적으로 추진하고 있다.

그림 6-23. 세계인의 날 행사 개최

3 이민정책

국가마다 이민현상에 대한 이민정책이나 법제도의 문제로 세계적 관심을 갖고 있으며, 우리나라 정부는 국가적 정체성을 훼손시키지 않는 전제하에서만 이질적인 소수자 집단을 수용하고자 하며, 소수자들에게 차별적인 포섭과 배제하는 상반된 정책을 추진하고 있는 것이 현실이다. 즉, 한국 이민사회 현실은 외부적 행동으로는 이민사회를 인정하려는 태도를 가지고 그 필요성을 주장하고 있지만 내부적 관념으로는 이민사회를 쉽게 인정하지 못하는 이중적 문제에 직면해 있다고 할 수 있다. 또한 방송매체의 공익광고를 통해 이민사회를 인정하고 사랑하는 사회가 품격 있는 사회라고 칭송하면서 국민들로 하여금 이민사회에 친숙하도록 유도하고 있다. 더 나아가 대학의 다문화센터, 지방자치단체 및 민간에 의한 다문화교육센터, 복지센터 등을 설립하여 이민사회에 관한 지원과 상담활동, 학술연구 및 한국어강좌 등의 서비스를 제공하고 있다.

이민사회정책은 이민자가 사회에 적응하지 못함으로써 발생하는 사회갈등을 최소화하기 위한 정책을 의미한다. 즉, 우리나라의 이민사회는 이민자가 태어난 국가에서 습득한 문화를 우리나라의 문화와 융합하여 보다 더 발전적인 문화를 창출할 수 있고, 자신의 능력을 충분하게 펼쳐 나가도록 지원하는 정부의 정책을 의미한다. 현행 「재한외국인 처우 기본법」, 「다문화가족지원법」의 각 제1조에서 사회통합에 이바지함을 목적으로 규정하고 있으며, 제52호에서도 사회통합프로그램에 관한 규정을 두고, 프로그램을 운영하거나 지원하고 있다. 사회통합프로그램의 내용으로는 기존 한국인들이 이민자 집단들의 사회문화적 배경과 전통을 이해, 존중하고 그것을 완전히 버리도록 강요하지 않아야 하며, 이민자 집단들은 자신들이 이주해 와서 살게 된 한국사회의 가치, 규범, 법률 등을 이해, 존중하고 자신들이 다른 문화적 배경에서 왔음을 내세워 이를 무시하거나 거스르지 않도록 하는 내용들이다. 이를 위해 한국사회가 양쪽 모두에게 '대한민국'이라는 사회속에서 모두 함께 느낄 수 있는 소속감과 정체성의 원천을 제공하는 것이 중요한 과제이며, 그러한 원천을 찾아 기존 한국인과 이민자 집단들에게 내면화시킬 방안을 고려해야 한다.

1) 이민자 사회

우리나라에서 이민자 사회라고 함은 우리 국민과 함께 살아가고 있는 외국인의 증가에 따라 다양한 국적 및 민족이 각각 지니고 있던 문화가 본래의 우리 문화와 혼재하거나 융합되어 새로운 문화가 형성되는 등 다양한 문화의 존재를 인식하는 사회를 의미한다. 즉, 이민사회의 개념이 이민자의 존재로 나타나는 문화의 다양성 등의 사회현상만을 말하는 것이 아니라 사회공동체의 일정한 가치도 함께 담고 있다. 이러한 사회에서 이주민의 인권은 국적 · 인종에 관계없이 문화적으로나 인간의 본질적인 인권 전반을 누리게 되는 권리이다. 이는 법규범적 차원에서 사회공동체는 일정한 공감대의 형성이 필요하므로 서로의 문화적 차이를 어떻게 또는 어느 정도까지 인정할 것인지 법정책적 측면에 있어서 국민적 합의가 필요한 부분이 있다.

우리나라는 사회현상으로써 결혼이민이든 노동이민이든 외국인이 증가하는 사실이나 현상을 부정할 수는 없다. 우리나라의 경우 이민사회보다는 다문화가족이라는 표제가 활발하게 언급된 것은 결혼이민자를 한국사회와 문화에 신속하게 동화시키기 위한 국가의 정책목표와 정책대상의 우선순위이었기 때문이다. 또한 외국인의 입국과 체류, 출국, 영주와 국적취득, 그리고 사회통합에 이르는 사전 · 사후의 이민정책의 필요성이 당연히 높아진다. 이러한 현상으로 국내 법률제정 · 개정이 이루어지고 있으며, 우리나라의 이민정책 및 법제화는 세계 이민 국가들이 이주민의 증가현상을 경험한 후 공동체를 추구하는 통합의 목적에 초점을 맞추고 있다.

현재 시행 중인 외국인정책은 국제사회에서 통용되고 있는 국경 및 출 · 입국관리, 국적부여 정책과 이민자 사회통합 정책을 포괄하는 개념으로 이민정책(Immigration Policy)을 의미하며, 대한민국으로 이주하고자 하는 외국인과 그 자녀 등에 대해 영구적 또는 일시적 사회구성원 자격을 부여하거나, 국내에서 살아가는 데 필요한 제반 환경 조성에 관한 사항을 종합적인 관점에서 다루는 정책이다. 그럼에도 불구하고 이후 외국인정책, 다문화정책, 다문화가족정책 등의 용어 혼재로 정책의 중복과 혼선이 나타나고 있음이 현실이다.

2) 결혼이민자

현행 「다문화가족지원법」 제2조 제1호에 의하면, 다문화가족이라 함은 먼저 「재한외국인 처우 기본법」 제2조 제3호의 결혼이민자와 「국적법」 제2조부터 4조까지의 규정에 따른 대한민국 국적을 취득한 자로 이루어진 가족, 그리고 「국적법」 제3조 및 제4조에 따라 귀화허가를 받은 자와 동법 제2조부터 제4조까지의 규정에 따라 대한민국의 국적을 취득한 자로 이루어진 가족을 말한다. 따라서 일반적으로 다문화가족이라 함은 국제결혼가족 가운데 배우자 일방이 한국인인 경우를 말한다.

다문화가족이라는 개념과 구분하여 결혼이민자의 개념을 동법상에 명시적으로 규정하고 있는데, 결혼이민자 등(「다문화가족지원법」 제2조 제2호)이라 함은 다문화가족의 구성원으로서 「재한외국인 처우 기본법」 제2조와 제3호의 결혼이민자와 「국적법」 제4조에 따라 귀화허가를 받은 자를 말한다. 결혼이민자는 내국인과의 혼인을 통하여 유입되어 사회통합대상의 우선순위로써 조속한 정착과 안정에 집중되어 지원하고 있다. 그러나 일반적으로 결혼이민자라는 공통점만을 기준으로 획일화된 지원체계와 지원이 이루어지는 것은 많은 비용을 발생시키면서 그 효과는 충분히 얻지 못하는 결과를 가져온다.

「다문화가족지원법」은 다문화가족구성원이 안정적인 가족생활을 영위하여 사회구성원으로서의 역할과 책임을 다할 수 있도록 함으로써 이들의 삶의 질 향상과 사회통합에 이바지함을 목적으로 한다. 이러한 목적을 둔 이유는 외국인의 이주가 급증함에 따라 외국인정책의 중요성이 부각되고 있기 때문이다. 결혼이민자는 새로운 사회적 및 문화적 공간을 재구성하는 존재이며, 이들은 생활세계 속에서 능동적 가치변동의 주체로 한 사회의 가치, 제도, 규범과 윤리에 지대한 영향을 미치는 의도되지 않은 생산자이다. 특히 결혼이민자의 장기체류로 인한 어려움이 두드러지게 나타나고 있는데, 대표적인 것이 문화차이에 따른 부부갈등 및 폭행, 의사소통의 어려움, 그들의 자녀에 대한 교육 등이 있으며, 이에 맞춤형 종합서비스 개발과 지원이 필요하다.

3) 이민정책 기본계획

우리나라에서 이민과 관련된 정책들이 본격으로 다루어지기 시작한 것은 2006년부터이며, 이후 외국인정책위원회가 설치되면서 논의가 시작된 이민정책은 「재한외국인 처우 기본법」 제5조에 따라 법무부장관이 5년마다 관계부처의 기본계획(안)을 종합하고, 외국인정책위원회(위원장: 국무총리)의 심의 · 의결을 거쳐 확정한다는 법적 근거 및 절차에 의해 시행되고 있다. 이와 같은 기본계획은 대한민국 이민정책에 관한 범정부 차원의 국가계획이자, 정책지침서이며, 향후 5년간의 정책추진에 관한 기본설계도이다. 법무부가 간사로 주관하는 정책이라 하더라도 법무부만이 관여하는 것은 아니다. 외국인 정책에 관여하는 중앙행정기관은 외국인정책 기본계획에 소관부처를 명기하고 추진할 과제들도 제시하고 있다. 제3차(2018~2022년)에 명기되어 있는 외국인정책위원회 위원부처는 국무조정실, 기획재정부, 교육부, 과학기술정보통신부, 외교부, 법무부(간사), 행정안전부, 문화체육관광부, 농림축산식품부, 산업통상자원부, 보건복지부, 고용노동부, 여성가족부, 국토교통부, 해양수산부, 중소벤처기업부, 방송통신위원회, 통계청, 경찰청이다.

「재한외국인 처우 기본법 시행령」에서 규정하고 있는 외국인정책위원회를 구성하는 중앙행정기관을 보면 기획재정부장관, 교육부장관, 과학기술정보통신부장관, 외교부장관, 법무부(간사)장관, 행정안전부장관, 문화체육관광부장관, 농림축산식품부장관, 산업통상자원부장관, 보건복지부장관, 고용노동부장관, 여성가족부장관, 국토교통부장관, 해양수산부장관, 중소벤처기업부장관, 방송통신위원회장, 통계청장, 경찰청장이 위원이다. 「재한외국인 처우 기본법」에서 규정하고 있는 외국인정책위원회 구성기관 역시 현재는 그 기관들이 외국인 정책에 관여한다는 것을 의미하는 것으로 파악할 수 있다.

현재 우리나라에서 이민정책을 관장하기 위해 외국인정책위원회, 다문화가족정책위원회, 외국인력정책위원회의 세 개의 위원회가 있다. 외국인정책위원회가 심의 · 조정하는 주요 사항은 외국인정책의 기본계획 수립, 외국인정책의 시행계획 수립 · 시행 및 평가, 국적취득 후의 사회적응, 기타 외국인정책에 관한 주요 사항 등이다. 외국인정책위원회는 재한외국인의 처우에 관한 정책을 총괄하고 있고, 영주권자와 난민을 포함한 전체 재한외국인과 결혼이민자 및 자녀 등을 정책대상으로 하고 있어 세 위원회 중 가장 포괄적인 위치에 있다. 다문화가족정책위원회는 주로 결혼이민자와 그 가족을, 외국인력정책위원회에서는 외국인근로자의 도입과 관리를 다루고 있다.

정부조직 주요 부처별 소관정책을 보면, 이민정책의 중심이 되는 법무부가 전체 외국인에 대한 정책총괄을 맡으며, 각 부처는 해당정책 수립과 집행을 위한 법적 근거를 갖고 있다. 예를 들어, 법무부는 「재한외국인 처우 기본법」과 「출입국관리법」에, 여성가족부는 「다문화가족지원법」에 근거하며, 현실적으로 우리나라의 이민정책의 주요 대상자인 외국인근로자에 대한 정책을 다루고, 고용노동부는 「외국인고용법」과 「산재보험법」 등에 근거를 둔다. 외국인정책은 그 특성상 관련분야가 많고 정책환경이 빠르게 변화하므로 소관부처별 개별적인 정책추진보다는 국가차원에서 중장기정책 방향을 미리 설정하여 종합적 · 체계적으로 추진할 필요가 있다.

CHAPTER

07

한국의 다문화정책

07 Chapter 한국의 다문화정책

배울내용
1. 다문화가족정책의 이해
2. 다문화가족 주요 지원제도
3. 다문화가족 생애주기별 지원대책

학습목표
1. 다문화가족정책에 대해 이해한다.
2. 다문화가족 주요 지원제도에 대한 이해 및 대책방안을 모색해 본다.
3. 다문화가족 생애주기별 지원대책과 다양한 프로그램들을 이해한다.

1 다문화가족정책의 이해

2000년대 중반부터 상업적 결혼중개를 통한 국제결혼이 급증하면서 결혼이민자의 한국사회 정착과 인권보호, 다문화가정 자녀의 사회적응 등이 사회문제로 부각되기 시작하였다. 이에 정부는 2008년 3월 「다문화가족지원법」을 제정하여 다문화가족의 안정적 생활지원을 위한 정책기반을 마련하였고, "제1차 다문화가족지원정책 기본계획"(2010~2012년)과 "제2차 다문화가족정책 기본계획"(2013~2017년) 및 "제3차 다문화가족정책 기본계획"(2018~2022년)을 각각 수립 · 추진하는 등 지속적으로 다문화가족 지원사업을 추진하여 왔다. 다문화가족정책이 결혼이민자의 결혼준비부터 정착에 이르기까지 생애주기별 통합지원을 목표로 하고는 있지만 결혼이민자의 서비스 수요와 욕구 등을 고려하기보다는 결혼이민자 사망사건 등과 같은 다문화가족 문제가 사회적으로 부각될 때마다 정부부처별로 다양한 정책과제를 발굴·추진해 오고 있는 실정이다. 그로 인해 부처별 정책이 서로 중복되거나 연계가 미흡하여 사업추진상의 비효율이 발생하거나 저소득층 등 취약계층에 대한 기초생활보장 등의 보편적 서비스가 충분히 제공되지 않고 있고, 가정폭력 예방 등 인권보호도 미흡하다는 지적이 꾸준히 제기되어 왔다.

1) 다문화가족정책 추진 현황

2000년 이후 급증한 다문화가족의 안정적 정착과 인권침해 문제 등이 사회적 문제가 되었고, 이에 대한 대응방안으로 마련된 부처별 개별사업이 점차 통합되고 체계화되면서 우리나라 다문화가족정책은 가족정책 및 외국인정책의 한 영역으로 발전하게 되었다. 다문화가족정책에 대한 연혁을 살펴보면〈표 7-1〉, 다문화가족정책은 2006년 4월 대통령 자문기구인 빈부격차·차별시정위원회와 여성가족부 등 12개 부처가 공동으로 여성 결혼이민자 가족의 사회통합지원대책을 마련으로 본격 추진되었고, 다문화가족 지원 서비스 전달기구인 '다문화가족지원센터'가 2006년에 21개 시·군·구에 처음으로 설치되었다. 그 후 다문화가족의 수가 증가하고 결혼이민자에 대한 가정폭력 등이 사회적 문제로 대두되면서, 2007년 12월 「결혼중개업의 관리에 관한 법률」이 제정되어 국제결혼중개업에 대한 관리·감독이 강화되었고, 2008년 3월에는 「다문화가족지원법」이 제정되면서 '여성 결혼이민자' 대신 '다문화가족'이라는 용어가 사용되었고, 정책의 대상 및 범위도 결혼이민자 위주에서 다문화가족 전체로 확대되었다.

2009년에는 다문화가족지원사업의 효율적 추진을 위하여 국무총리실 소속으로 다문화가족정책위원회가 설치되어 부처 간 유사 · 중복사업 조정 등 관련 정책을 총괄하고 있다. 또한 2010년, 2012년 및 2018년에 각각 제1차와 제2차 및 제3차 다문화가족정책 기본계획을 수립하여 다문화가족지원사업의 기본 방향을 제시하고, 이에 따라 매년 시행계획을 마련하는 등 종합적이고 중 · 장기적인 다문화가족정책을 추진하고 있다(감사원, 2018).

표 7-1. **연도별 다문화가족 관련 정책 추진 경과**

연도	주요 추진경과
2006년	• 여성 결혼이민자 가족 및 혼혈인 · 이주자 사회통합 지원방안 발표 • 다문화가족지원센터 설치(21개)
2007년	•「재한외국인 처우 기본법」 제정 및 시행 •「결혼중개업의 관리에 관한 법률」 제정
2008년	•「다문화가족지원법」 제정 및 시행 • 다문화가족 생애 주기별 맞춤형 지원 강화 대책 발표(보건복지부)
2009년	•「다문화가족지원 개선 종합대책」 발표 •「다문화가족정책위원회규정」 시행 및 제1차 다문화가족정책위원회 개최
2010년	• 제1차 다문화가족지원정책 기본계획(2010~2012년) 수립 및 추진
2011년	•「다문화가족지원법」 개정으로 다문화가족 정의 확대
2012년	•「결혼중개업의 관리에 관한 법률」 개정으로 인한 결혼중개업체 관리 · 감독 강화 • 제2차 다문화가족정책 기본계획(2013~2017년) 수립 및 추진
2018년	• 다문화가족정책 '도입 및 성장기'에서 '정착기'로 패러다임이 변화하는 추세를 고려, 다문화가족 초기적응 지원 중심에서 장기정착화에 따른 정책의 강화 • 제3차 다문화가족정책 기본계획(2018~2022년) 수립 및 추진

2) 다문화가족정책 관련 법령

정부는 2008년 〈표 7-2〉와 같이 다문화가족정책에 대한 기본법으로 「다문화가족지원법」을 제정하였고, 이에 따라 다문화가족의 삶의 질 향상과 사회통합을 위한 기본계획 등을 수립하여 사회적응 교육, 가족상담 등의 지원사업을 추진하고 있다.

표 7-2. 「다문화가족지원법」 주요 내용

구분	주요 내용
목적	• 다문화가족구성원의 삶의 질 향상과 사회통합에 이바지(제1조)
대상	• 다문화가족: 결혼이민자 등 가족 • 대한민국 국민과 사실혼 관계에서 출생한 자녀를 양육하고 있는 다문화가족구성원(제14조)
기본계획 등 수립	• 기본계획: 여성가족부장관은 매 5년마다 다문화가족정책 기본계획 수립(제3조의 2) • 시행계획: 관계 중앙행정기관의 장, 시·도지사가 매년 다문화가족정책 시행계획 수립(제3조의 3) • 심의의결기구: 국무총리 소속으로 다문화가족정책위원회 구성(제3조의 4)
지원 내용	• 사회적응교육, 직업교육·훈련 및 한국어교육 등(제6조), 가족상담, 부부·부모교육, 가족생활교육 등(제7조) • 가정폭력피해자에 대한 보호·지원(가정폭력상담소 및 보호시설 설치 등)(제8조) • 산전·산후 도우미 파견, 건강검진 등(제9조), 아동·청소년 보육·교육(제10조), 다국어서비스 제공(제11조)

출처: 여성가족부(2020). 제3차 다문화가족정책 기본계획 2020년도 이행계획.

또한 「국민기초생활 보장법」, 「가정폭력방지 및 피해자보호 등에 관한 법률」, 「결혼중개업의 관리에 관한 법률」 등에 근거하여 다문화가족에 대한 사회보장서비스 지원, 가정폭력 피해보호, 국제결혼중개 건전화 등 다양한 정책을 추진하고 있다.

3) 다문화가족정책 추진체계

다문화가족정책의 추진체계는 〈그림 7-1〉과 같이 다문화가족정책위원회(위원장: 국무총리)에서 총괄·조정하고 관계 중앙부처 및 지방자치단체(다문화가족지원센터)에서 집행하는 구조로 되어 있다.

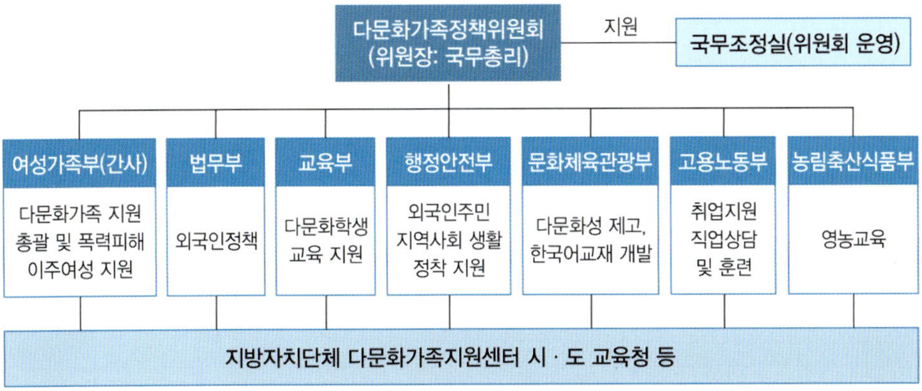

그림 7-1. 다문화가족정책 추진체계

출처: 감사원(2018). 다문화가족정책 추진실태 감사보고서.

(1) 다문화가족정책위원회

다문화가족정책위원회는 「다문화가족지원법」 제3조의 4의 규정에 따라 다문화가족의 삶의 질 향상과 사회통합에 관한 중요사항을 심의 · 조정하기 위하여 설치한 국무총리 소속 위원회로 관계 중앙행정기관의 장(12명)과 국무총리가 위촉하는 7명 이내의 민간인 등 위원장을 포함한 20명 이내의 위원으로 구성되며, 다문화가족 지원을 위한 기본계획 및 시행계획의 수립 · 시행, 추진실적 점검 및 평가 그리고 각종 다문화가족 지원사업의 조정 · 협력 등에 관한 사항을 심의 · 조정한다.

(2) 중앙행정기관 및 지방자치단체(다문화가족지원센터)

여성가족부는 다문화가족정책의 주관부처로서 법무부, 교육부 등 관계 중앙행정기관 및 시 · 도지사 등과 협의하여 기본계획 및 부처별 시행계획을 수립 · 시행하고, 매년 추진실적을 제출받아 평가하는 등 다문화가족정책을 실무적으로 총괄하고 있다. 그리고 전국의 다문화가족지원센터는 각 지방자치단체로부터 업무를 위탁받아 한국어교육, 다문화사회 이해교육, 가족교육, 상담, 다문화가족 취업 · 창업교육 등 다문화가족 지원을 위하여 필요한 사업을 수행하고 있다.

다문화가족서비스는 다양한 부처에서 정책대상별 · 사업별로 다양한 업무를 집행하고 있다. 즉, 다문화 관련 서비스 전달체계도 매우 다양하다. 각 부처별 다문화가족서비스의 내용은 〈표 7-3〉과 같다(여성가족부, 2020).

표 7-3. 각 부처별 다문화가족서비스 내용

구분	내용
여성가족부	현재 다문화가족서비스를 지원하는 주무 부처의 역할을 담당하고 있는 곳은 여성가족부이다. 여성가족부는 다문화가족지원사업의 주무 부처로서 「다문화가족지원법」을 중심으로 다문화가족정책과 사업 등을 결정하고, 전국 시 · 도 및 시 · 군 · 구 다문화가족지원센터를 통해 다문화가족구성원에게 생애주기별 맞춤형 종합적인 서비스를 제공하고 있다. 다문화가족서비스는 정부의 여러 부처에서 다양하게 이루어지고 있지만, 중앙정부는 여성가족부를 중심으로 그리고 지역은 다문화가족지원센터를 중심으로 각 시 · 도 지방자치단체에 위임하여 종합적인 다문화가족서비스가 이루어지고 있다. 그리고 여성가족부는 이주여성긴급지원센터를 통해 가족폭력, 성폭력, 학대 등에 대한 긴급지원이 필요한 이주여성들에게 상담과 쉼터를 제공하고 있다. 또한 다누리콜센터를 운영하면서 고충 상담, 생활 정보제공 등을 하고 있다.
교육부	교육부는 다문화 시대 인재 육성의 목표로 다문화가정 자녀 교육지원에 중점을 두고 있으며, 한국어교육, 다언어교육, 문화교육, 다문화 학생 기초학력 지원, 다문화 학생 정서 상담 지원, 교원 역량 강화, 다문화가정 학부모 교육 강화 등을 담당하고 있다. 그리고 다문화교육센터 지정, 외국인학교의 운영지원 및 제도개선, 다문화대안학교 등 다문화가족 자녀들의 학교적응 및 문화이해에 초점을 두고 사업을 시행하고 있다.
외교부	외교부는 KOICA 드림봉사단 선발 시 다문화청소년 참여기회를 확대하고 KOICA 영프로페셔널(청년인턴) 선발 서류심사 시 다문화청년에게 가산점을 부여하고, 다문화가족 등 사회 취약계층의 참여 촉진을 위해 KOICA 코디네이터 선발 시 사회형평적 채용을 실시하고 있으며, 귀환여성 한국국적 자녀 관련 체류 비자 연장 및 정규 교육 접근성 보장 여부의 지속적인 모니터링, 한베자녀 현지 한글캠프 운영 및 교육자료 지원을 담당하고 있다.
법무부	법무부는 산하에 출입국 · 외국인정책 본부를 두고 외국인의 출입국 관리 및 체류관리, 재외동포 관련 업무, 국적 업무, 미등록 이주민에 대한 관리 등을 담당하고 있다. 그리고 「재한외국인 처우 기본법」을 중심으로 이민자가 한국어와 한국문화를 빨리 익히도록 하여 지역사회에 쉽게 융화하도록 지원하는 사회통합프로그램, 국제결혼을 한 내국인이 다른 문화와 환경에서 성장한 외국인 배우자를 잘 이해하고 행복한 가정을 만들어 갈 수 있도록 지원하는 국제결혼 안내프로그램, 국내에 장기체류할 목적으로 합법적으로 체류하고 있는

구분	내용
	외국인 유학생, 외국인 연예인, 결혼이민자, 중도입국 자녀, 외국국적동포, 밀집지역 외국인 등을 지원하기 위하여 조기적응 프로그램 등의 서비스를 제공하고 있다.
국방부	군 내부 다문화 전문강사 양성(각 군 및 부대 소속 전문강사 선발 및 양성, 내부 다문화 강사 양성교육 프로그램 실시)하고 장병 대상 찾아가는 다문화 이해교육을 추진(한국건강가정진흥원 소속 민간 전문강사 교육, 군 내부 다문화 전문 강사의 소속 · 인근부대 강의)하고 있다.
행정안전부	행정안전부는 이주민의 지역사회에 대한 적응과 통합을 중심으로 생활정보제공, 민원상담, 응급구호, 다양한 다문화 행사 개최 등을 운영하고 있다.
문화체육관광부	다문화 구성원 역량 강화 및 사회 참여 확대(다문화 배경 초 · 중 · 고등학생을 위한 한국어(KSL) 교재의 교사용 지도서 및 익힘책 개발, 사회통합프로그램 한국어 교재 개발, 지역 내 다양한 문화 간 소통 · 교류 활성화를 위한 무지개다리 사업 운영 지원, 문화다양성의 날, 문화다양성 주간(5. 21~27) 행사 운영 지원)하고 다문화수용성 제고 기반 조성(문화종사자 등 대상 문화다양성 교육, 유 · 초등 대상 문화다양성 연구학교 운영 및 교원대상 연수 운영, 방송영상콘텐츠 제작 시, 외국인 차별금지 및 인권 보호를 위한 가이드라인 확산, 다문화가족과 지역 주민 간의 문화 격차 해소 및 지식정보 공유를 위한 도서관 서비스 개선 · 확대)을 담당하고 있다.
농림축산식품부	영농후계 인력 육성 및 지역통합을 위한 결혼이민여성 역량강화(영농종사 의지가 있는 결혼이민여성을 대상으로 하는 '기초농업교육' 및 수준별 농업교육을 실시하는 '1:1 맞춤형 농업교육' 실시, 다문화가족의 한국문화 이해도 제고 및 가족 · 지역주민 간 화합을 위한 '다문화가족 농촌정착 지원 과정' 운영(980명))를 담당하고 있다.
산업통상자원부 (KOTRA)	사회적 취업취약계층 지원을 통한 해외마케팅 전문 인력 제공(해외시장진출을 위하여 현지 언어 및 문화를 이해하는 인력 채용을 희망하는 중소 · 중견기업에 대한 해외마케팅 인재알선, 교육 및 취업 기회제공으로 다문화 인재의 한국사회 적응도 제고 및 우리사회 인적자원으로 활용)을 담당하고 있다.
보건복지부	사례관리사업 내실화를 위해 다문화가족지원센터를 비롯한 민간복지기관과 시군구 · 읍면동과의 정례적 소통 및 협의 활성화, 현직 어린이집 원장 및 보육교사 보수교육과정에 다문화가정 영유아보육 및 지원 내용을 포함하여 연중 교육 실시, 베트남 귀환 여성 및 자녀가 현지에서 적응, 자립할 수 있도록 의료서비스 지원강화 등을 담당하고 있다.
고용노동부	외국인 차별금지, 제한적 취업 허용 등의 목표로 「외국인근로자의 고용 등에 관한 법」을 중심으로 외국인노동자에게 서비스를 제공하고 있다. 상담통역, 한국어교육, 생활법률교육, 한국문화교육, 컴퓨터 · 산업 안전교육, 문화행사, 특성화 사업 등의 지원을 통해 외국인근로자의 국내 생활 적응 및 원활한 취업 활동을 촉진시키고, 사업주의 인력 활용 원활화를 도모할 목적으로 외국인 노동자 지원센터를 운영하고 있다.

구분	내용
국토교통부	다문화가족 및 한부모가족에 대한 주택 특별공급 제도를 지속적으로 운용하고, 이에 대한 정보안내를 실시하고 있다.
중소벤처기업부	여성창업보육시설 운영 및 입주기업 지원프로그램 마련, 우수 예비창업자 발굴 등을 통해 여성창업 활성화, 여성기업제품 공공구매 확대, 관련정보 제공 등을 통해 여성기업 판로 촉진 및 경영안정을 지원하고 있다.
방송통신위원회	한국교육방송공사가 다문화 시대 사회통합에 이바지할 수 있는 다양한 장르의 프로그램을 개발할 수 있도록 제작비를 지원하고 있다.
방송통신심의위원회	방송프로그램에 대한 심의 강화 및 자율규제 강화(표현의 맥락과 구성 등을 고려, 문화·인종 차별 방송프로그램에 대한 심의 강화, 심의 책임자 회의 및 교육 등을 통한 자율규제 강화)를 하고 있다.
경찰청	고위험 가정의 폭력 예방을 위해 다누리콜센터와 가정폭력학대예방경찰관(APO) 연계강화, 112 다국어 신고앱을 개발하여 신고불편 개선 및 신속한 신고체계 구축, 여성가족부와 협업, 다문화가족지원센터 기본프로그램에 범죄피해 예방법 및 대처방법교육을 마련, 다문화가족 가구원이 언어문제로 치안서비스 이용에 어려움을 겪지 않도록 경찰청 통역요원 대상 수사통역 전문화 교육을 실시하고 있다.
농촌진흥청	농촌지역 결혼이민여성 리더십 제고 프로그램 운영 및 다문화자녀 공동체 활동 프로그램의 현장 체험을 운영하고 있다.
소방청	찾아가는 취약계층 소방안전교육(다문화가족, 국내체류 외국인 등) 및 안전체험 교육 확산, 119 신고앱 영문버전 대국민 홍보를 추진하고 있다.

출처: 여성가족부(2020). 제3차 다문화가족정책 기본계획 2020년도 이행계획.

4) 다문화가족정책 기본계획

다문화가족정책 기본계획은 결혼이민자 등이 한국생활에 안정적으로 정착·생활할 수 있도록 기본방향, 제도개선, 재원확보·배분 등에 관한 사항을 포함하여 2010년부터 〈표 7-4〉와 같이 총 3차례에 걸쳐 수립하였고, 2018년 2월 "제3차 다문화가족정책 기본계획"(2018~2022년)을 확정하여 각종 다문화가족 지원사업을 추진하고 있다(여성가족부, 2020).

표 7-4. 다문화가족정책 기본계획 수립 내역

구분	제1차 기본계획 (2010~2012년)	제2차 기본계획 (2013~2017년)	제3차 기본계획 (2018~2022년)
비전	• 열린 다문화사회로 성숙한 세계국가구현	• 활기찬 다문화가족, 함께하는 사회	• 참여와 공존의 열린 다문화사회
목표	• 다문화가족의 삶의 질 향상 및 안정적인 정착 지원 • 다문화가족 자녀에 대한 지원 강화 및 글로벌 인재육성	• 사회발전동력으로서의 다문화가족 역량 강화 • 다양성이 존중되는 다문화사회 구현	• 모두가 존중받는 차별 없는 다문화사회 구현 • 다문화가족의 사회 · 경제적 참여확대 • 다문화가족 자녀의 건강한 성장도모
주요정책 과제	**(5대 영역 61개 세부과제)** • 국제결혼중개관리 및 입국전검증시스템강화 · 결혼이민자 정착 지원 및 자립역량 강화 • 다문화에 대한 사회적 이해 제고 • 다문화가족 자녀의 건강한 성장환경 조성	**(6대 영역 86개세부과제)** • 안정적인 가족생활 기반 구축 • 결혼이민자의 사회경제적 진출 확대 • 다양한 문화가 있는 다문화가족 구현 • 다문화가족에 대한 수용성 제고 • 다문화가족 자녀의 성장과 발달 지원	**(5대 영역 70개 세부과제)** • 다문화가족 장기 정착지원 • 결혼이민자의 다양한 사회참여 확대 • 다문화가족 자녀의 안정적 성장지원과 역량강화 • 상호존중에 기반한 다문화 수용성 제고

출처: 여성가족부(2020). 제3차 다문화가족정책 기본계획 2020년도 이행계획.

(1) 제1차 다문화가족지원정책 기본계획(2010~2012년)

제1차 다문화가족지원정책의 기본계획은 다문화가족정책 추진의 토대를 구축하고, 결혼이민자의 안정적 한국생활 정착을 위한 맞춤형 서비스 지원을 목표로 2010년부터 2012년까지 3년간 추진되었다. 2011년 4월 「다문화가족지원법」을 개정하여 다문화가족의 범위를 확대(출생에 의한 내국인과의 결합가족에서 귀화 또는 인지에 의한 내국인과의 결합가족까지)하고 다문화가족정책위원회 설치, 기본계획 및 시행계획 수립의 근거를 마련하였으며, 국제결혼중개업 등록기준 강화, 신상정보 제공 의무화 등 국제결혼중개 건전화를 위한 법령 · 제도도 개선하였다. 한편 다문화가족지원센터를 전국적으로 확대(2009년 100개소에서 2012년 206개소)하고, 사회통합프로그램 운영기관을 확대(2009년 20개소에서 2012년 271개소)하는 등 다문화가족정책 및 서비스 수행을 위한 전달체계를 확립하였다.

(2) 제2차 다문화가족정책 기본계획(2013~2017년)

2013년부터 2017년까지 제2차 기본계획 등을 추진하여 증가하는 다문화가족의 자립역량강화를 위한 한국어교육과 직업훈련 및 취업지원 등을 실시하고, 이들의 사회 · 경제적 참여를 활성화하는 동시에 다문화가족에 대한 사회의 부정적 태도의 불식과 갈등해소를 위한 법적 · 제도적 교육을 강화하는 등 다 함께 사는 사회를 구현하는 데 중점을 두었다. 주요 분야별로 살펴보면, 먼저 다문화가족의 초기적응 지원을 강화하기 위해 다문화가족지원센터를 통해 한국어교육, 통 · 번역서비스, 가족교육 · 상담 등 다문화가족의 한국사회 적응을 위한 통합서비스를 제공하는 한편, 다문화가족 종합정보 전화센터(1577-1366, 다누리콜센터)를 운영하여 모국어(13개 언어)로 한국 생활 정보, 기관안내 · 연계, 생활통역서비스, 긴급상담 등을 지원하였다. 그리고 다문화가족의 사회참여 및 자립역량을 강화하기 위해 결혼이민자 스스로 정착과정을 설계하고 실행계획을 수립하도록 지원하는 '결혼이민자 정착 단계별 지원 패키지'를 도입 · 운영하고, 문화예술모임, 학부모 모임 등과 같은 다문화가족의 자조모임을 활성화하는 한편, 다문화가족 자녀가 건강하게 성장하고 학교생활에 적응하여 원만한 교우관계를 형성할 수 있도록 언어(한국어)발달 지원서비스, 방문 돌봄 서비스 등을 지원하고, 학령기 자녀를 대상으로 진로지도 · 사회성 발달 등을 위한 '자녀성장 지원사업' 등을 추진하였다. 또한 결혼이민자 등 다문화가족에 대한 부정적 인식을 개선하고 사회통합 환경조성을 위해 다문화이해 교육 및 대국민 홍보, 지역의 민관협력을 통한 다문화가족 교류 · 연계 프로그램 발굴 및 확산 등의 정책을 추진하였다.

(3) 제3차 다문화가족정책 기본계획(2018~2022년)

제3차 다문화가족정책 기본계획은 다문화가족 정책의 '도입 및 성장기'에서 '정착기'로 패러다임이 변화하는 추세를 고려하여 다문화가족 초기적응 지원 중심에서 장기정착화에 따른 정책을 강화하여 제3차 다문화가족정책의 기본계획을 수립하게 되었다. 2018년에 수립된 제3차 다문화가족정책의 추진방향과 제3차 다문화가족정책의 기본계획 비전 및 목표는 〈표 7-5〉와 〈그림 7-2〉와 같다(여성가족부, 2020).

표 7-5. **다문화가족정책 추진방향**

구분	내용
결혼이민자 보호를 위한 안전망 강화	• 결혼이민자 정보를 전국 다문화가족지원센터로 연계 강화하여 사회안전망으로 유입 촉진 및 초기정착 · 고충상담 지원 확대 • 고위험 가정의 폭력 예방을 위해 경찰과의 연계 강화 및 폭력피해 이주여성의 복합적 문제를 지원하는 전문기관 확대 • 예비 결혼이민자 대상 현지사전 교육 확대 및 가족구성원 대상 인권보호 교육을 강화하여 인권침해 예방
안정적 정착을 위한 자립 여건 조성 및 자녀 성장 지원	• 결혼이민자의 역량강화, 취업연계 등 자립지원 프로그램 및 지역 수요 맞춤형 다문화가족 취업기회 제공 등 사회참여 확대 지원 • 다문화가족 사회참여 촉진에 필요한 한국어교육 프로그램 개발 · 운영 • 다문화가족 자녀 학교적응과 기초학습능력 향상을 위한 프로그램 운영, 사회성 · 리더십, 이중언어 개발 등 맞춤형 사회적응 지원 확대 • 자녀발달 주기별 부모교육 · 상담 및 정보제공 강화
상호존중 · 포용문화 조성을 위해 분야별 '다문화' 가치 확산	• 다문화가족이 지역공동체의 일원으로 지역사회 다문화수용성 제고 활동에 직접 참여하는 기회 확대 • 일반국민, 공무원, 교원, 장병 등 대상별 다문화 이해 교육 확대 • 다문화가족 차별 · 편견해소를 위해 언론매체, 인터넷 등에서의 모니터링 강화

출처: 여성가족부(2020). 제3차 다문화가족정책 기본계획 2020년도 이행계획.

구분	내용	
비전	참여와 공존의 열린 다문화 사회	
목표	■모두가 존중받는 차별 없는 다문화 사회 구현 ■다문화가족의 사회·경제적 참여 확대 ■다문화가족 자녀의 건강한 성장 도모	
정책과제	다문화가족 장기정착 지원	① 결혼이주여성 인권보호 강화(가정폭력예방 및 대응체계 구축) ② 국제결혼 피해예방 지원 ③ 안정된 가족생활 지원 ④ 서비스 연계 활성화
	결혼이민자 다양한 사회참여 확대	① 자립역량 강화 ② 취·창업 지원 서비스 내실화 ③ 사회참여 기회 확대
	다문화가족 자녀의 안정적 성장 지원과 역량 강화	① 안정적 성장을 위한 환경조성 ② 학업 및 글로벌 역량 강화 ③ 진로준비 및 사회진출 지원 ④ 중도입국자녀 맞춤형 지원
	상호존중에 기반한 다문화 수용성 제고	① 정책환경에 대한 주기적 모니터링 실시 ② 다문화 이해교육 활성화 ③ 다문화수용성 제고를 위한 미디어 환경 조성 ④ 지역 환경 조성 및 참여·교류 프로그램 활성화
	협력적 다문화 가족정책 운영을 위한 추진체계 강화	① 정책추진체계 간 협력 강화 ② 다문화가족 지원체계 내실화

그림 7-2. 제3차 다문화가족정책 기본계획 비전 및 목표

출처: 여성가족부(2020). 제3차 다문화가족정책 기본계획 2020년도 이행계획.

제3차 다문화가족정책 기본계획 비전 및 목표에서 제시하고 있는 정책과제는 다문화가족 장기정착 지원, 결혼이민자 다양한 사회참여 확대, 다문화가족 자녀의 안정적 성장 지원과 역량강화, 상호존중에 기반한 다문화 수용성 제고 및 협력적 다문화가족 정책 운영을 위한 추진체계 강화이며, 각각에 대해 구체적으로 살펴보면 다음과 같다 (여성가족부, 2020).

① 다문화가족 장기정착 지원

다문화가족 장기정착 지원에서는 결혼이주여성 인권보호를 위해 사회안전망으로 유입을 강화하고 입국 초기 집중지원을 하기 위한 것으로 주요내용은 결혼이민자 인권 강화 및 서비스 연계 활성화, 국제결혼 피해예방 지원, 안정된 가족생활 지원이다. 구체적인 내용은 〈표 7-6〉과 같다.

표 7-6. **다문화가족 장기정착 지원의 구체적인 내용**

구분	내용
결혼이민자 인권 강화 및 서비스 연계 활성화	• 결혼이민자의 사회안전망으로 유입을 위해 결혼이민자 정보를 입국 후 다문화가족지원센터로 연계 강화 • '폭력피해 이주여성상담소'를 확대하여 심리상담, 법률 자문 등 종합적 지원 강화 • 다문화가족구성원의 인권보호 인식 강화를 위한 한국인 배우자 · 부모 대상 「多함께 프로그램(2시간)」 시범 실시 • 고위험 가정의 폭력 예방을 위해 다누리콜센터와 가정폭력 학대예방 경찰관(APO) 연계강화
국제결혼 피해예방 지원	• 결혼이민 예정자에게 한국 입국 전 한국 생활에 필요한 정보를 제공하고 교육하는 현지 사전교육 확대 • 인권침해적 영상광고를 단속할 수 있도록 「결혼중개업법 시행규칙」 개정
안정된 가족생활 지원	• 결혼이민자 초기정착 및 고충상담을 위해 다문화가족 대상 사례관리 지원 확대 • 다문화에 대한 안정적인 주거환경 조성을 위한 주택 특별공급 지속 • 112 다국어 신고앱을 개발하여 신고불편 개선 및 신속한 신고체계 구축 • 문화적 차이로 인한 어려움 해소 및 사회통합을 위한 지역특화 사례관리, 멘토링 등 지원 • 한국사회 적응지원을 위한 다국어 생활정보 제공 등 지역특화 서비스 운영

출처: 여성가족부(2020). 제3차 다문화가족정책 기본계획 2020년도 이행계획.

② 결혼이민자의 사회 · 경제적 참여 확대

결혼이민자의 사회 · 경제적 참여 확대에서는 결혼이민자 자립 역량강화를 위한 교육 및 프로그램을 강화하고, 주도적인 사회적 참여 기회 제공의 확대를 위한 것으로 주요 내용은 자립 역량강화, 취 · 창업 지원 서비스 내실화, 사회참여 기회 확대이다. 구체적인 내용은 〈표 7-7〉과 같다.

표 7-7. 결혼이민자의 사회 · 경제적 참여 확대의 구체적인 내용

구분	내용
자립 역량강화	• '결혼이민자 자립지원패키지'를 확대하여 결혼이민 여성의 미래설계, 역량강화, 취업 연계 등 지원 • 자녀학습지도, 취업지원 및 토픽 대비 등 결혼이주여성의 사회참여를 위한 '특수목적 한국어교육 프로그램' 신규 운영 • 다문화가족지원센터와 협업하여 결혼이민자가 시 · 공간적 제약 없이 고등교육 기회를 누릴 수 있는 정책 홍보 • 결혼이민자 검정고시반 운영, 학위취득 지원, 다문화가족 공부방 운영, 취업 과정 개설 등 사회참여에 필요한 역량개발
취 · 창업 지원 서비스 내실화	• 전문 취업지원기관에서 교육을 받기 위해 필요한 기초 소양교육 및 취업을 위한 직업교육 훈련프로그램 운영 • 집단상담(새일센터 20개소, 800명 목표), 내일배움카드제(결혼이민자 1,300명 목표), 취업성공패키지를 통한 맞춤형 취업지원서비스 제공 • 사회적 기업 창업에 관심 있는 결혼이민자 대상으로 특화된 창업교육과정 운영(4개 과정) • 정보화 교육 및 자격증반 운영 등 취업 역량강화 교육 지원
사회참여 기회 확대	• 정책과정에 다문화가족이 참여하여 소통하는 '다문화가족 참여 회의' 구성원 다양화 · 확대운영 지속 • 지역 특화 결혼이민자 취업기회 제공 등 사회참여 기회 확대

출처: 여성가족부(2020). 제3차 다문화가족정책 기본계획 2020년도 이행계획.

③ 다문화가족 자녀의 안정적 성장과 역량강화

다문화가족 자녀의 안정적 성장과 역량강화는 증가 추세에 있는 다문화가족 청소년의 안정적 성장을 위한 역량강화 및 맞춤형 사회적응 지원의 확대를 위한 것으로 주요

내용은 안정적 성장을 위한 환경 조성, 학업 및 글로벌 역량강화 지원, 진로준비 및 사회진출 지원 및 중도입국자녀 맞춤형 지원 확대이다. 구체적인 내용은 〈표 7-8〉과 같다.

표 7-8. 다문화가족 자녀의 안정적 성장과 역량강화의 구체적인 내용

<table>
<tr><th>구분</th><th>내용</th></tr>
<tr><td>안정적 성장을 위한 환경 조성</td><td>
• 건강가정 · 다문화가족지원센터에서 운영하는 '다재다능' 프로그램을 확대하여 다문화가족 자녀의 사회성, 리더십 개발 등 지원(196개소)
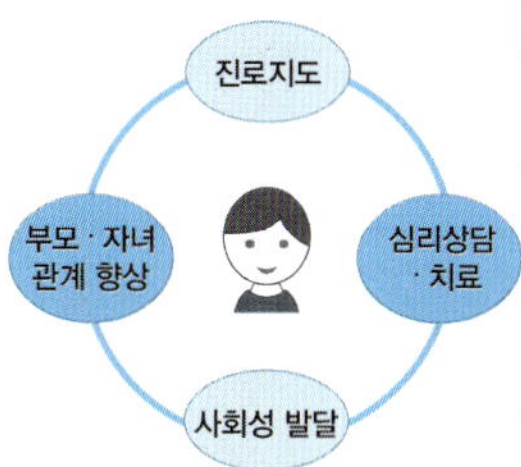

<table>
<tr><th>구분</th><th>프로그램 내용</th></tr>
<tr><td>부모·자녀관계 향상</td><td>자아정체성 확립, 가족상담, 부모교육, 가족통합캠프 운영 등, 멘토링 연계</td></tr>
<tr><td>사회성 발달</td><td>사회성 진단, 청소년 동아리활동, 봉사활동, 리더십캠프, 체험활동 프로그램 등</td></tr>
<tr><td>미래설계 (진로코칭)</td><td>동기부여, 적성검사, 진로소양교육, 진로설계, 직업체험활동 등 지원</td></tr>
<tr><td>위기사례지원</td><td>심층상담, 미술, 음악, 놀이치료 등</td></tr>
</table>
• 다문화청소년 진로진학 · 전문상담교사 역량강화를 위한 원격 연수 콘텐츠 확산(1,000여 명)
• 자녀발달 주기별 부모교육 · 상담 및 정보제공 강화, 자녀 창의 · 인성 함양 지원
• 다문화감수성 향상을 위한 또래상담 역량 프로그램 강화
</td></tr>
<tr><td>학업 및 글로벌 역량 강화 지원</td><td>
• 다문화가족 자녀가 이중언어로 소통할 수 있는 환경조성 강화(이중언어코치 2019년 150명에서 2020년 180명), 이중언어교육 전자책 추가 개발(몽골어, 태국어, 캄보디아어, 인도네시아어, 시아어 추가) 등 글로벌 인재 양성 지원
• 다문화학생의 학교적응과 기초학습능력 향상을 위한 멘토링, 교과보조교재 개발(중학 수학 · 과학), 지역 특화 프로그램 등 운영
• 글로벌 청년인재 양성의 일환으로 추진하는 청년 대상 봉사단 프로그램 추진 시 다문화청소년 참여기회 확대
</td></tr>
<tr><td>진로준비 및 사회진출 지원</td><td>
• 다문화학생 대상 원격영상 진로멘토링(80회), 온라인 진로상담 운영(커리어넷(www. career.go.kr), 전문가 3명) 및 진로 · 지도 매뉴얼 배포
• 글로벌 청년인재 양성을 위해 KOICA 영프로페셔널(청년인턴) 선발 시(660명 규모) 다문화 청년 가산점 부여, KOICA 코디네이터 선발 시 사회형평적 채용 실시
</td></tr>
</table>

구분	내용
	• 한국어교육부터 심리 · 정서 상담, 진로교육, 취업지원 등 이주배경 청소년의 안정적 정착을 위한 종합서비스 지원 모델 시범 운영 • 현장실무중심의 교육훈련 및 인력 양성을 추진하는 다문화청소년 특화 폴리텍 다솜학교운영 지속(135명 목표)
중도입국자녀 맞춤형 지원 확대	• 다문화교육 정책학교의 한국어 학급 확대 • 표준한국어 익힘책, 교사용 지도서 개발 및 보급 • 중도입국 청소년의 공교육 진입 공백 최소화를 위해 '다문화학생을 위한 학적관리 매뉴얼' 재개정 및 보급 강화 • 중도입국 등 이주배경청소년 대상 상담 및 사례관리를 통한 심리 · 정서적 어려움 해소 지속 추진(3,800건 목표)

출처: 여성가족부(2020). 제3차 다문화가족정책 기본계획 2020년도 이행계획.

④ 상호존중에 기반한 사회적 다문화수용성 제고

상호존중에 기반한 사회적 다문화수용성 제고는 상호존중 · 포용 문화 조성을 위해 분야별 '다문화' 가치 확산 및 다문화가족이 직접 다문화수용성 제고에 참여하는 기회의 확대를 위한 것으로 주요 내용은 인권 및 다양성이 존중되는 사회 환경 조성, 수용성 제고를 위한 미디어 환경 조성 및 지역환경 조성 및 참여 · 교류 프로그램 활성화이다. 구체적인 내용은 〈표 7-9〉와 같다.

표 7-9. 상호존중에 기반한 사회적 다문화수용성 제고의 구체적인 내용

구분	내용
인권 및 다양성이 존중되는 사회 환경 조성	• 다문화 관련 업무 담당자의 전문성 및 다문화 수용성 제고를 위한 다문화이해 교육 확대 • 유치원 및 어린이집 교육과정(누리과정) 내 다문화 교육 강화를 위해 현장 지원 자료(해설서, 놀이이해, 놀이실행), 놀이운영사례집(5종) 등 교수 학습 자료 보급 및 현장 적용 확대 • 결혼이주여성이 지역공동체의 일원으로 유치원, 어린이집, 학교 등에서 다문화 수용성 제고 활동에 직접 참여하는 '多이음사업' 추진

구분	내용
수용성 제고를 위한 미디어 환경 조성	• 언론매체, 인터넷 등 일상적인 다문화가족 차별 · 편견 사례 모니터링(사단법인 한국언론학회) 및 개선 체계 운영 강화 • 다문화를 건전하게 인식할 수 있도록 하는 방송프로그램 제작 지원, 표현의 맥락과 구성을 고려한 인종 차별 방송프로그램에 대한 심의 강화, 방송영상 콘텐츠 다문화수용성 제고 안내서 확산 및 점검 강화 • 결혼이민자가 기자단으로 참여하는 뉴스레터 제작
지역환경 조성 및 참여 · 교류 프로그램 활성화	• 전국 도서관에 문화다양성 이해를 위한 문화 · 교육 프로그램 운영 및 독서를 매개로 상호문화이해 기회 확대 • 국민과 재한외국인이 함께하는 어울림의 장(세계인의 날 행사 등), 다문화가족 남편 서포터즈 운영 확대 등을 통한 인식 개선

출처: 여성가족부(2020). 제3차 다문화가족정책 기본계획 2020년도 이행계획.

⑤ 협력적 다문화가족정책 운영을 위한 추진체계 강화

협력적 다문화가족정책 운영을 위한 추진체계 강화는 지역별 다문화가족 수요를 반영한 협력적 지원체계의 운영을 위한 것으로 주요내용은 정책 추진 체계 간 협력 강화, 다문화가족 지원체계 내실화, 사회적응 및 사회경제적 자립을 위한 현지지원 프로그램 지원 · 운영, 보건의료 서비스 제공 및 정규교육 접근 강화 등 자녀교육 지원이다. 구체적인 내용은 〈표 7-10〉과 같다.

표 7-10. 협력적 다문화가족정책 운영을 위한 추진체계 강화의 구체적인 내용

구분	내용
정책 추진 체계 간 협력 강화	• 이주민 관련 정책방향 및 과제 등에 대한 부처 간 논의 활성화 및 합동 대책 실효성 제고를 위한 이행점검 강화 • 전국 지역다문화교육지원센터(17개)를 통해 공교육 진입 지원, 관계기관 연계 활성화
다문화가족 지원체계 내실화	• 가족의 유형에 상관없이 포괄적 서비스를 제공하는 통합센터 확대(2019년 183개소에서 2020년 196개소)를 통해 다양한 가족형태, 생애주기별 가족서비스, 지역적 특성을 고려한 가족지원서비스 강화 • 신규 설치된 다문화가족 교류 · 소통 공간(80개)이 지역 수요에 맞게 소통 및 지역사회융합 공간으로 활용되는지 여부 섬검

구분	내용
	• 전국 지역 센터의 서비스 질 향상을 위해 다문화가족 방문교육지도사 등 종사자의 실질적 처우 개선
사회적응 및 사회경제적 자립을 위한 현지지원 프로그램 지원 · 운영	• 귀환여성과 한국 국적 자녀의 안정적 체류, 의료 · 교육 등 기본권 보장을 위한 현지 맞춤형프로그램 운영 및 기관 간 네트워크 확대 • '한베함께돌봄센터(법률 상담, 자녀교육 및 상담, 한국어교육(한베자녀 한글캠프, 한글교실) 등 운영)'의 현지 활동 지원을 통한 민간협력망 강화
보건의료 서비스 제공	• 베트남 귀환여성 자녀(만 18세 미만) 대상 건강검진, 질병 치료비 지원, 건강정보 제공 등 의료서비스 제공 및 베트남 귀환 여성 등 자녀의 보호자까지 의료서비스 지원 확대
정규교육 접근 강화 등 자녀교육 지원	• 베트남 교육 당국 및 학교와의 협의 결과를 토대로 '한국어 수업 개설' 및 현지 한글학교에 한국어 교재 보급

출처: 여성가족부(2020). 제3차 다문화가족정책 기본계획 2020년도 이행계획.

2 다문화가족 주요 지원제도

1) 사회보장서비스 지원

보건복지부는 「국민기초생활 보장법」 제8조 등에 따라 생계가 어려운 저소득가정의 최저생활을 보장하기 위하여 국민기초생활보장제도를 운용하고 있고, 여성가족부는 "제2차 다문화가족정책 기본계획"(2013~2017년)에 따라 다문화가족에 대한 사회보장제도 수급 현황을 파악하여 지원서비스의 사각지대를 발굴 · 해소하기 위해 노력하고 있다. 「국민기초생활 보장법」 제8조 제2항 등에 따르면, 대한민국 국민으로 이루어진 가족은 부양의무자가 없거나 부양의무자가 있어도 부양능력이 없거나 부양받을 수 없는 사람으로서 각 급여(생계 · 의료 · 주거급여 등)별 소득인정액이 기준금액 이하인 경우 수급권자로 선정되고, 해당급여를 가구단위로 지급하여 최저보장수준의 기초생활을 보장하도록 되어 있다.

이에 따라 정부는 다양한 사회적 위험으로부터 국민을 보호하고 지원하기 위해 2014년 8월 수립한 "제1차 사회보장 기본계획"(2014~2018년) 등에 따라 〈표 7-11〉과 같이 국민기초생활보장, 긴급복지지원 등의 공공부조제도 등을 운영하고 있다(감사원, 2018).

표 7-11. 주요 사회보장제도 상의 결혼이민자에 대한 지원기준

구분	부처	제도	국민에 대한 지원기준	결혼이민자에 대한 지원기준
공공부조	보건복지부	국민기초생활보장	부양의무자 기준 및 소득재산 기준	미성년자녀양육 등 가구유형에 따라 지원 결정
		장애인연금	만 18세 이상 등록한 중증장애인 중 소득 하위 70% 이하	지원대상 아님
		긴급복지지원	소득재산 기준	대한민국 국민과 혼인 중인 경우 지원 이혼·사별한 경우 대한민국 국적의 직계존비속을 돌보는 경우 지원
		기초노령연금	만 65세 이상 소득 하위 70% 이하	혼인신고 후 2년이 경과하지 않은 외국국적 배우자[주)]
사회보험	보건복지부	국민건강보험	국민은 가입자 또는 피부양자가 됨	직장 및 지역가입자, 외국인등록자, 국내거소신고자
		국민연금	만 18세 이상 60세 미만인 자	외국인도 국민연금 당연 가입 원칙이나 외국인의 본국법이 우리나라 국민에게 적용되지 않으면 상호주의 적용
		노인장기요양보험	65세 이상 등 6개월 이상 일상생활을 수행하기 어려운 자 중 장기요양등급을 받은 자	외국인 중 국민건강보험가입자
	고용노동부	산재보험	업무상 재해를 당한 노동자 등	업무상 재해를 당한 외국인에게 국민과 동일하게 지원, 단 유족보상연금의 경우 외국에 거주하는 유족은 제외

구분	부처	제도	국민에 대한 지원기준	결혼이민자에 대한 지원기준
		고용보험	실업급여: 피보험기간이 180일 이상인 비자발적 이직자 등	F-6(결혼이민) 체류자격의 경우 당연가입으로 국민에 대한 지원기준과 동일

주: 혼인신고 후 2년이 경과한 날로부터 1개월 이내에 국적취득 신청을 하지 않는 경우, 외국국적 배우자의 수급권은 상실 처리. 단, '귀화허가신청접수증'을 제출하여 기초연금을 재신청한 경우 귀화허가 통지 전까지는 부부 2인 수급가구로 처리.

그리고 여성가족부와 보건복지부는 「다문화가족지원법」 제3조 등에 따라 다문화가족구성원이 안정적인 가정생활을 영위하고 경제 · 사회 · 문화 등 각 분야에서 사회구성원으로서 역할과 책임을 다할 수 있도록 기초생활보장제도 등 사회보장제도에 대한 다문화가족의 수급 현황을 파악하고, 결혼이민자 등 다문화가족구성원이 정부지원서비스를 받지 못하는 사각지대를 해소하기 위해 노력하고 있다. 여성가족부가 실시한 전국다문화가족실태조사(2015)에 따르면〈표 7-12〉, 2015년 기준 전체 다문화가구 중 국민기초생활보장 수급가구는 14,135가구(전체 다문화가구의 5.1%)로, 이는 2015년 기준 우리나라 전체가구(19,560,603가구) 대비 기초생활 수급가구 비중(5.4%, 1,014,177가구)과 유사한 수준이다.

표 7-12. 다문화가족 취약계층 현황(2015년)

(단위: 가구, %)

계		국민기초생활보장수급가구	한부모가구	등록장애인가구
전체 추정치[주)] (비율)	278,036 (100)	14,135 (5.1)	13,455 (4.8)	17,700 (6.4)

주: 표본조사 대상자에 대하여 방문조사한 결과 17,849가구에 대하여 조사되고 이에 가중치를 적용하여 전체 다문화가구 수를 278,036가구로 추정하는 등 방문조사된 실제 통계에 가중치를 적용하는 방식으로 전수 추정.

출처: 여성가족부 제출자료 재구성.

한편「난민법」제32조의 규정에 따라 난민으로 인정되어 국내에 체류하는 외국인의 경우 내국인과 같이 부양의무자 기준 및 소득 · 재산기준만 적용되어 실제 가구원 수를 반영한 기초생활보장 급여 지원 등의 혜택을 받고 있다. 그리고 "주요국 결혼이민자에 대한 사회보장 지원 현황"과 같이 독일 · 일본 등 외국에서도 결혼이민자 등에 대하여 기초생활보장 등을 위한 공공부조 지원 시 내국인과 차별하지 않고 동등한 혜택을 받을 수 있도록 하고 있다. 더욱이「다문화가족지원법」제2조 등에 따르면 결혼이민자 가족도 국적 취득 등으로 내국인으로만 이루어진 다문화가족과 동일하게 같은 법 제6조부터 제12조에 따른 생활정보제공 및 교육 · 의료 · 건강관리를 위한 지원 등을 받고 있다. 따라서 결혼이민자는 혼인으로 내국인과 생계 · 거주를 같이하는 정주외국인으로 내국인과 유사한 지위에 있다는 점 등을 고려하여 내국인과 같은 수급자 선정기준을 적용하여 최저보장수준의 기초생활을 보장하는 것이 바람직하다. 하지만 결혼이민자 가족은 위의 기초생활보장급여 수급자 선정기준(부양의무자 기준, 소득 · 재산기준)과 동시에「국민기초생활 보장법」제5조의 2 및 같은 법 시행령 제4조에 따른 요건을 충족하는 경우에만 당해 결혼이민자를 수급권자로 인정하여 생계 · 의료 · 주거급여 등을 지원하고 있다.

이를 구체적으로 살펴보면, 〈표 7-13〉과 같이 내국인과 혼인하여 임신 중 또는 미성년 자녀를 양육하고 있거나 배우자의 내국인 직계존속과 생계나 주거를 같이하는 외국인(결혼이민자 포함)에 대해서만 수급권자로 인정하고, 내국인 배우자와 이혼 · 사별한 결혼이민자는 미성년 자녀를 양육하는 경우에 한해 수급권자로 인정하도록 되어 있다.

표 7-13. 결혼이민자에 대한 수급자 선정 기준

구분	수급권이 인정되는 가구유형	수급권이 인정되지 않는 주요 가구유형(사각지대)
혼인 중인 결혼이민자	• 대한민국 국민인 미성년자녀 양육(임신 포함) • 배우자의 직계존속(대한민국 국민)과 생계 · 주거를 같이함	• 대한민국 국민인 성년자녀와 생계 · 주거를 같이 함 • 불임부부 등 부부로 구성된 2인 가족
이혼 · 사별한 결혼이민자	• 대한민국 국민인 미성년자녀 양육 • 사별한 배우자의 태아를 임신	• 대한민국 국민인 성년자녀와 생계 · 주거를 같이함 • 배우자의 직계존속(대한민국 국민)과 생계 · 주거를 같이함 • 이혼한 배우자의 태아를 임신

전국 다문화가족 실태조사(2015)에서 다문화가족의 가구유형을 살펴보면, 전체 조사대상(9,835가구) 중 26.8%(2,635가구)가 부부 2인 가구로 구성되어 있는 등 다문화가구의 31.4%(3,089가구)가 결혼이민자의 수급기준을 충족하지 못하고 있으며, 이에 따라 해당 가구가 기초생활보장 대상에 해당된다 하더라도 결혼이민자를 보장대상 가구원에서 제외하여 생계급여 등을 적게 지원하는 등 기초생활보장의 사각지대에 놓여 있다. 또한 2016년 말 기준 사회보장정보시스템(행복e음)에 등록된 전체 기초생활보장 수급가구 중 결혼이민자 가족의 급여지원 실태를 분석한 결과〈표 7-14〉, 생계급여 등을 지원받는 결혼이민자 가족 전체 3,099가구 중 812가구(26.2%)는 결혼이민자의 수급기준에 해당하지 않아 결혼이민자에 대한 생계급여 등이 지원되지 않는 등 실제 가구원 수에 따른 기초생활보장 급여를 지원받지 못하고 있는 것으로 나타났다.

표 7-14. 다문화가족의 국민기초생활보장 사각지대 현황(2016년 12말 기준) (단위: 가구)

구분	합계 (실가구)	합계 (중복집계)	생계급여	의료급여	주거급여	교육급여
결혼이민자가 비수급자인 기초생활보장 수급가구(사각지대)	812	2,372	715	789	801	67
결혼이민자가 수급자인 기초생활보장 수급가구	2,287	7,086	1,594	2,157	2,237	1,098
계	3,099	9,458	2,309	2,946	3,038	1,165

주: 1. 합계 산정 시 2개 이상 급여를 지원받는 가구는 중복 산정하지 않고 1개 가구로만 상정.
2. 사회보장정보시스템에 사망 · 이혼 경력은 조회되지 않아 이혼 · 사별한 결혼이민자에 대한 자료 추출 불가.

따라서 결혼이민자 가족 중 부부로 구성된 2인 가구 등에 대하여는 「국민기초생활보장법」에 따른 저소득 수급가구로 선정되더라도 결혼이민자를 제외한 내국인에 대해서만 생계급여 등을 지원하고 있어 결혼이민자 가족이 최소한의 기초생활을 보장받지 못할 가능성이 높다.

다문화가족 국민기초생활보장 사각지대 사례

- 2009년 1월 외국인 A와 혼인한 B(충남 ㄱ시 ㄴ구에 거주)의 경우, 본인은 기초생활보장 수급자로 생계 · 주거급여를 지급받고 있으나 외국인인 배우자의 경우 미성년자녀를 양육하거나 직계존속을 부양하지 않고 있다는 사유로 아무런 지원을 받지 못하고 있는 실정
  - 1인 기준 생계급여(2010년 1월~2017년 12월 1인 기준 생계급여 평균 376,850원 및 주거급여 평균 55,490원 등을 지원받음) 등으로는 뇌졸중 등 지병이 있는 부인의 병원비 충당 등으로 생계 곤란
  - 또한 3천만 원 이상 은행 잔고(현행 규정상 6천만 원) 등이 있어야 국적취득 기준에 부합하나 수급가구에서 3천만 원을 마련하기 어렵고, 국적취득시험(초등학교 4~6학년 수준의 대한민국 역사, 정치, 국어 등)에서 5차례 떨어지는 등 국적 취득도 쉽지 않은 상황

2) 폭력피해 이주여성 보호

「가정폭력방지 및 피해자보호 등에 관한 법률」 제7조 및 제7조의 2에 따르면 가정폭력 피해자를 보호 · 지원하기 위하여 보호대상 및 보호기간 등을 구분하여 가정폭력피해자 보호시설을 설치 · 운영하도록 되어 있다. 특히 위 보호시설에는 배우자가 대한민국 국민인 외국인 피해자 등을 2년의 범위에서 보호할 수 있는 외국인 보호시설(이주여성쉼터)이 포함되어 있다. 이주여성쉼터(전국 24개소)는 〈표 7-15〉와 같이 「가정폭력방지법」 제7조의 5와 제8조 및 「폭력피해 이주여성 지원사업 운영지침」에 따라 생계비 및 아동양육비, 의료비 등 보호비용과 시설운영비 등을 지방자치단체와 공동으로 부담하여 이주여성 및 동반자녀에게 숙식을 제공하고 상담, 치료, 자립자활교육 등을 실시하고 있다.

표 7-15. 이주여성쉼터 설치 현황(2016년) (단위: 개소, 명)

구분	합계	서울	대구	인천	광주	대전	울산	경기	강원	충북	충남	전북	전남	경북	경남	제주
시설 수	24	4	2	1	1	1	1	3	1	1	1	2	2	2	1	1
종사자 수	93	16	8	4	4	4	4	10	4	4	4	8	7	8	4	4
입소정원	271	46	24	11	11	15	13	29	11	11	11	24	20	22	12	11

한편 국가인권위원회가 2017년 11월 결혼이민자의 가정폭력 경험 유무 등을 조사한 결과에 따르면〈표 7-16〉, 조사대상자 920명 중 42.1%에 해당하는 387명이 가정폭력을 경험하였고, 그 폭력의 형태는 심한 욕설(81.1%), 한국식 생활방식 강요(41.3%), 폭력위협(38.0%) 등의 순으로 나타나 결혼이주여성이 가정폭력으로 인한 인권침해가 심각한 것으로 나타났다.

표 7-16. 가정폭력 경험 유무 현황(중복 응답) (단위: 명, %)

유형		사례 수	비율[1]
심리 언어적 학대	심한 욕설	314	81.1
	부모님과 모국 모욕	102	26.4
신체적 학대	폭력 위협	147	38.0
	흉기 위협	77	19.9
성적 학대	성행위 강요	108	27.9
	성적 수치심	95	24.5
	성추행, 강간	60	15.5
건강상 불이익	낙태 강요	46	11.9
	치료 방해	77	19.9
	한국식 생활방식 강요	160	41.3

유형		사례 수	비율
활동자유 구속	감금	46	11.9
	외출 방해	99	25.6
	신분증 갈취	64	16.5
	한국어 교육 방해	69	17.8
고국과의 단절 강요	본국 식구와 단절	66	17.1
	본국 방문 방해	104	26.9
	본국 송금 방해	104	26.9
경제적 학대	금전적 방해	129	33.3
	수입 갈취	60	15.5
	과도한 휴대폰 요금[2]	63	16.3
	과도한 집안일	106	27.4

주: 1. 가정폭력을 경험한 387명 대비 폭력 유형별 사례 수 비율.
2. 과도한 휴대폰 요금(소액 결제 등)을 지불하도록 시키는 행위.
출처: 결혼이주민의 안정적 체류보장을 위한 실태조사(2017년 11월 국가인권위원회).

〈표 7-17〉과 같이 가정폭력 시 도움을 요청한 경험이 있다고 응답한 177명 중 56명(31.6%)이 다누리콜센터(이주민지원기관) 등 관련기관에 도움을 요청한 것으로 나타났다. 그리고 여성긴급전화 1366전남센터에 따르면, 2014년부터 2016년까지 다문화가정 여성에 대한 상담 건수 2,528건 중 2,251건(89%)이 가정폭력에 대한 상담으로 나타났다.

표 7-17. 가정폭력 시 도움을 요청한 상대 (단위: 명, %)

도움 요청 상대	사례 수	비율[1)]	도움요청 상대	사례 수	비율
남편	28	15.8	다누리콜센터, 이주민지원기관 등 관련기관	56	31.6
이웃	4	2.2	결혼중개업자	4	2.2
경찰	28	15.8	기타	7	4.0
본국의 가족 및 친구	20	11.3	무응답	7	4.0
한국거주 이주민, 선주민 친구	23	13.0	합계	177	100[2)]

주: 1. 도움요청 경험이 있다고 응답한 177명 대비 도움을 요청한 상대의 비율.
2. 사사오입으로 0.1% 오차 발생.
출처: 국가인권위원회(2017). 결혼이주민의 안정적 체류보장을 위한 실태조사.

「가정폭력방지법」 제7조의 3 등에 따르면, 가정폭력 피해자 등이 입소를 희망하거나 입소에 동의하는 경우 쉼터의 입소 대상으로 되어 있는 등 관계 법령에 불법체류자 신분인 폭력피해 이주여성을 입소·보호 대상에서 제외하도록 하는 규정은 없다. 그리고 모든 형태의 인종 차별 철폐에 관한 국제협약에 의해 창설된 유엔(UN) 산하의 인종차별철폐위원회는 "한국이 국제결혼 여성의 권리보호를 강화하기 위한 적절한 조치, 특히 한국인 남편의 전적인 귀책사유로 인하여 결혼이 파탄에 이르게 된 경우가 아니라고 하더라도, 국제결혼 여성이 이혼 또는 별거하게 된 경우에 법적인 거주 자격이 보장될 수 있도록 하는 조치를 채택할 것을 권고한다"라고 하는 등 결혼이주여성에 대한 보호 확대를 강조하고 있다.

불법체류자에 대한 외국의 보호·지원 사례를 살펴보면, 독일의 경우 긴급복지 차원에서 난민급여 등 공공부조를 지원하고 있으며, 일본도 불법체류자에게 아동복지·모자보건서비스 및 아동복지시설 입소 등을 허용하고 있고, 미국은 긴급의료(응급실 서비스), 아동교육 등에 대해서 지원하고 있다. 하지만 우리나라 여성가족부의 「폭력피해 이주여성 지원사업 운영지침」에는 쉼터 입소대상이 원칙적으로 합법적으로 체류가 가능한 자로 규정되어 있어, 각 보호시설(쉼터)에서는 불법체류 이주여성이 가정폭력 피해 등을 이유로 입소하고자 하더라도 보호시설에서 이를 거부하는 등 불법체류 이주여성의 쉼터 입소를 사실상 허용하지 않는 것으로 나타나고 있다. 그 결과 가정폭력에서 벗어나 기본적인 생활 유지 및 보호가 필요한 이주여성(동반자녀 포함)이 가정폭력의 가해자인 배우자 등 가족구성원의 비협조로 체류연장 승인을 제때 받지 못할 경우 정부에서 지원하는 쉼터를 이용하지 못하고, 민간보호시설에 지원을 의뢰할 수밖에 없는 등 적절한 보호 및 지원을 기대하기 어려운 실정이다.

3) 국제결혼중개 관리

여성가족부는 건전한 결혼문화 형성 등을 위해 「결혼중개업법」 제11조 등에 따라 외교부장관으로부터 외국 현지에서 「결혼중개업법」 및 현지 법령 등을 위반한 결혼중개업자를 통보받아 관할 지방자치단체로 하여금 영업정지 등을 조치하도록 하고, 결혼중개업 관리를 위해 필요한 경우 같은 법 제16조에 따라 관계 중앙행정기관의 장에게 협조를 요청하는 등 해외 현지에서 발생하는 불법적 국제결혼중개행위를 관리 · 감독하고 있다. 한편 베트남 등 주요 배우자 출신국가는 상업적 결혼중개를 불법으로 규정하고 있어 폐업한 결혼중개업체 종사자 등이 미등록 상태로 영업하거나 친척이나 친구 등으로 위장하여 음성적으로 영업을 계속할 가능성 등이 지속적으로 제기되어 왔지만 해외 현지에서 음성적으로 이루어지는 불법결혼중개 행위 등에 대해 그 혐의를 입증하기 위한 객관적 증거 확보 문제 등으로 국내에서 사후적으로 이를 점검하여 적발하는 것은 현실적으로 어려운 실정이다.

국제결혼(한국인 남자와 외국인 여자)은 2000년 이후 급격히 증가하다가 2005년 3만여 건을 정점으로 2016년 1만 4,800여 건으로 감소하였고, 국석별로는 2014년까지는 중국

국적 여성과의 혼인이 가장 많았으나 2015년부터는 베트남 출신 여성과의 혼인(전체의 36.3%, 2016년)이 가장 많은 것으로 나타났다.

중국 및 베트남 등 동남아시아 국가 출신 배우자와 이루어지는 국제결혼은 당사자 간의 자연스러운 만남보다는 〈그림 7-3〉과 같이 국내 남성들이 상업적 결혼중개업체 등을 통해 외국인 여성을 소개받아 단기간(4~5일)의 만남 후 혼인하고 그 배우자를 국내로 초청하는 형태로 이루어지고 있다.

결혼중개업자 등을 통한 소개	▷	맞선 및 결혼	▷	혼인신고	▷	배우자 초청 및 입국을 위한 사증심사	▷	입국 및 정착
국내		국외		국내/국외		국외		국내

그림 7-3. **국제결혼 절차**

이러한 결혼중개 과정에서 결혼중개업자 등이 결혼성사를 위해 충분하고 정확한 정보를 제공하지 않는 등으로 인해 결혼 후 상대방에 대한 이해부족, 문화차이 등으로 가정불화, 가정폭력 등이 빈번하여 사회적 문제로 부각되면서 결혼중개에 대한 규제를 강화할 필요성이 제기되었다. 이에 정부는 여성가족부 등 8개 부처 합동으로 "국제결혼중개 건전화와 결혼이민자 인권보호 강화 대책(2010.7.20.)"을 마련하고 국제결혼중개업체에 대한 관리·감독과 결혼이민자의 입국을 위한 심사기준을 강화하기 위해 「결혼중개업의 관리에 관한 법률」 및 「출입국관리법 시행규칙」을 개정하는 등 국제결혼 건전화를 위한 법적·제도적 기반을 마련하였다. 이처럼 국제결혼중개업체에 대한 관리·감독이 강화됨에 따라 2008년 922개에서 2011년 1,519개로 급증하던 국제결혼중개업체 수가 2013년에는 512개로 급감하였고, 2017년에는 371개로 2011년 대비 약 25% 수준으로 감소하였다.

3 다문화가족 생애주기별 지원대책

1) 결혼준비기: 결혼중개 탈법 방지 및 결혼 예정자 사전 준비 지원

결혼 중개 과정의 부정확한 정보로 인한 피해 방지를 위하여 국제결혼중개업자의 신상정보 사전 제공 의무 규정 신설 등 법령 개정을 추진하고 중개업체와 이용자 간 공정 거래 질서를 확립하기 위해 표준 약관을 제정하였다. 또한 몽골 등에서 실시 중인 결혼이민자 사전 정보 제공 프로그램과 다문화가족지원센터 사업을 연계하여 사전 프로그램을 이수한 결혼이민자가 입국 시 다문화가족지원센터에 등록하고 국적별 자조 모임과 연계해 초기 통역 · 정서 지원 및 사회적응 프로그램을 진행하고 있다. 한국인 국제결혼 예비 배우자 교육 참여율 제고를 위하여 지방자치단체와 연계 · 협력을 강화해 혼인신고 시 해당 지방자치단체에서 배우자 교육 프로그램 안내 및 참여 독려, 안내 리플렛 배포 등을 추진한다.

결혼준비기에 정부에서 지원하고 있는 사업의 예는 〈표 7-18〉, 〈표 7-19〉, 〈표 7-20〉, 〈표 7-21〉과 같다.

표 7-18. **결혼이민자 통 · 번역서비스 사업**

사업명	결혼이민자 통 · 번역서비스 사업
사업목적	• 입국초기 결혼이민자의 초기 정착 단계에서 경험하는 의사소통 문제해결을 위한 통 · 번역 서비스 지원으로 한국사회 조기 적응에 기여 • 통 · 번역 인력채용 등 사회적 일자리 확대로 결혼이민자의 자립능력 및 주체적 역량 강화
사업내용	한국말이 서툰 결혼이민자의 가족 · 사회생활에 필요한 의사소통을 지원하기 위한 통 · 번역 서비스 제공
해당언어 및 인력	• 결혼이민자 주요 출신국 언어: 베트남어, 중국어, 필리핀어(영어, 타갈로그어), 몽골어, 태국어, 러시아어, 인도네시아어, 캄보디아어, 일본어, 네팔어 등 센터별 1~4개 언어

	• 해당지역 다문화가족지원센터에서 지원되지 않는 언어에 대한 통 · 번역은 인근 다문화가족지원센터로 연계 지원 **통 · 번역 전담인력 총 283명 배치**

구분	계	서울	부산	대구	인천	광주	대전	울산	세종	경기	강원	충북	충남	전북	전남	경북	경남	제주
인원수	283	33	9	10	12	10	8	6	2	39	23	18	19	23	23	25	20	3

출처: 여성가족부(2020). 2020년 가족사업안내(II).

표 7-19. **자조모임 운영지원**

사업명	자조모임 운영지원	
사업목적	• 기정착 다문화가족이 신규 다문화가족의 한국사회 초기 적응을 지원함으로써 정서적 유대감 형성 및 조기정착 안정화 • 구성원 간 지식과 정보 교류를 통한 문제해결역량 강화 • 다양한 자조모임을 통해 다문화가족 잠재역량 향상 및 지역사회 참여 촉진	
추진절차	**추진 단계**	**추진 내용**
	사업기획	• 기존 회원 및 신규 회원의 국적, 정착 주기, 선호 활동 등 특성별 그룹화를 통한 자조모임, 수요 파악을 통한 자조모임 구성 기획
	대상자 모집 및 홍보	• SNS, 포스터, 리플렛, 이메일, 부스 운영 등을 통한 자조모임 홍보 강화 • 국적별 멘토 · 멘티 운영, 배우자 자조모임 등은 유선 연락 등 적극적 홍보
	프로그램 운영	• 자조모임 별 내부 규칙 수립: 연 10회 이상 개최될 수 있도록 독려 • 자조모임 별 선발된 리더와 센터 간 네트워크 구축을 통한 운영 활성화 및 효율화
유형	**구분**	**추진 내용**
	대상별	• 국적별, 배우자, 시부모, 남편, 학부모, 다문화가족 통합, 국가별 대표자, 통합 모임
	주제별	• 취 · 창업, 취미 · 여가, 단순 친목 도모, 지역사회 기여(봉사활동)

출처: 여성가족부(2020). 2020년 가족사업안내(I).

표 7-20 **국제결혼 피해예방 지원**

사업명	국제결혼 피해예방 지원
사업목적	• 국제결혼 당사자 간 의사소통이 어렵고 결혼이민예정자의 입국 전 정보제공 부실로 입국 후 가족 갈등, 이혼, 가정폭력 등 지속 발생(결혼당사자의 인권을 보호하고, 다문화가정의 안정적인 생활지원을 위해 입국 전 한국생활에 필요한 사전교육 프로그램 추진) • 입국 전 단계에서부터 결혼이민예정자가 우리 사회에 빠르게 적응할 수 있도록 지원방안 마련이 필요
사업내용	• 결혼이민자가 한국으로 입국하기 전에 한국생활에 필요한 기본적인 정보제공 프로그램 운영 • 온 · 오프라인 상담 실시(전화, 방문, 온라인 등을 통하여 방문자 등을 대상으로 일대일 방식 운영)

출처: 여성가족부(2020). 제3차 다문화가족정책 기본계획 2020년도 이행계획.

표 7-21. **국제결혼중개업체 관리 · 감독 강화**

사업명	국제결혼중개업체 관리 · 감독 강화
사업목적	• 국제결혼중개업체를 건전하게 지도 · 육성하고 이용자를 보호함으로써 건전한 이용질서 확립 • 국제결혼중개업체의 지도 · 점검 강화를 통해 업체의 법 준수율 제고 및 이용자의 피해 최소화
사업내용	• 불법 국제결혼 중개행위에 대한 실질적 적발, 단속, 처벌이 이루어질 수 있도록 등록관리 및 감독 기능 강화 • 국제결혼중개업체의 법 위반사항에 대한 지자체 주관 정기점검 시행 및 합동 수시점검 강화

출처: 여성가족부(2020). 제3차 다문화가족정책 기본계획 2020년도 이행계획.

2) 가족형성기: 결혼이민자 초기 적응 및 다문화가족의 안정적 생활 지원

결혼이민자의 의사소통 지원을 위하여 다문화가족지원센터를 중심으로 통 · 번역 요원 파견 시스템을 구축하고 보건복지콜센터에 외국어 가능 인력을 채용해 다국어 상담 및 연계 서비스를 실시하고, 통역서비스 실시 시범 보건소 확대 및 다문화가족지원센터의 통·번역 요원 파견 서비스를 활용해 부모 또는 학교 등에서 요청 시 부모상담을 위한 통역 요원을 파견한다. 또한 외국인 남편의 사회 적응력을 제고하기 위하여 법률, 의료 및 복지 상담 서비스 등 외국인 남편을 대상으로 포괄적 정보 서비스를 제공한다.

다문화가족의 기초생활보장 지원을 위하여 직계존속을 부양하는 국적 미취득 결혼이민자에 대하여 기초생활보장제도의 특례 확대 적용, 기초생활보장제도의 확대 적용 시 자활사업 적용 대상 확대 검토 및 「국민기초생활보장법」 상 외국인에 대한 긴급지원 제도의 특례규정을 신설하고 임신, 자녀 양육 중인 결혼이민자만을 대상으로 하던 것을 대한민국 국민과 결혼한 결혼이민자 전체로 적용 범위를 확대하여 추진하고 있다.

가족형성기에 정부에서 지원하고 있는 사업의 예는 〈표 7-22〉, 〈표 7-23〉, 〈표 7-24〉, 〈표 7-25〉와 같다.

표 7-22. 결혼이민자 정착단계별 지원 패키지 사업

사업명	결혼이민자 정착단계별 지원 패키지 사업
사업대상	한국거주 3~5년 이상 결혼이민자, 다문화가족지원센터 한국어교육 3단계 이상자 등 한국생활의 초기정착이 어느 정도 이루어진 결혼이민자
사업내용	• 미래설계 프로그램(미래찾기) – 향후 한국생활 예측 및 서비스 점검 – 현재 생활에 대한 점검 및 비전, 미래설계 • 관심분야별 세부계획 수립 프로그램(길찾기) – 당당한 학부모를 향한 길찾기 – 괜찮은 일자리를 향한 길찾기 – 폭넓은 사회활동을 향한 길찾기 • 정착지원 서비스 정보체계 탐색(지역정보알기) – 지역사회 서비스 분야 탐색

추진체계

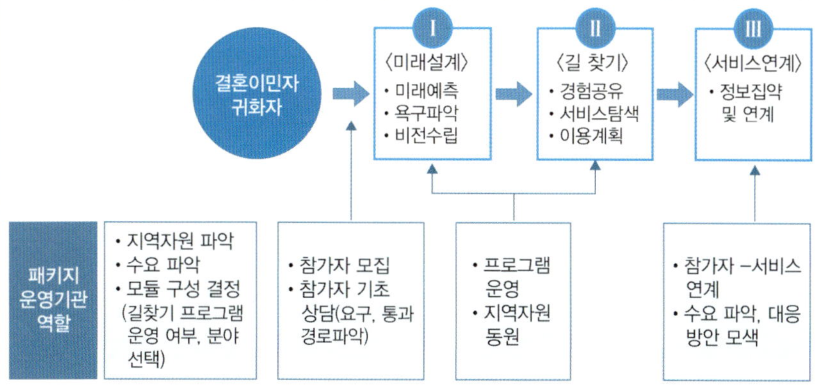

출처: 여성가족부(2020). 2020년 가족사업안내(Ⅰ).

표 7-23. 결혼이주여성의 사례관리

사업명	결혼이주여성의 정서적 안정 및 자립 역량강화를 위한 사례관리사업 내실화	
사업목적	• 다문화가족의 복잡하고 다양한 문제해결 및 욕구 해소를 위한 맞춤형 종합서비스를 제공하여 다문화가족의 안정적 정착 기반 마련	
사업내용	• 가정폭력, 이혼 등 위기 상황의 다문화가족, 기본적 가족역량이 부족하거나 복합적인 욕구를 가진 다문화가족을 유형별로 대상화하여 종합적인 서비스(상담, 서비스 연계 등)를 제공	
	위기 관리가구	• 가족폭력, 이혼, 자살(시도), 재난 등의 상황적 위기로 인해 정신적 외상(트라우마)을 경험한 개인 및 가족 등
	일반형 관리가구	• 다문화가족이 기본 가족역량은 있으나, 정보부족, 소득부족 등으로 다양한 사회서비스를 이용하지 못하는 가족(문제와 욕구의 심각성이 상대적으로 낮은 경우)
	통합형 관리가구	• 다문화가족의 문제 및 욕구의 심각성, 복합성이 높아 통합적 접근을 요구하는 개인 및 가족, 기존의 사회서비스로는 욕구 충족이 불가능하여 새로운 내·외부 자원을 발굴·연계해야 하는 가족 등 사례관리 개입 효과가 다문화가족에 국한하는 것이 아닌 지역사회의 역량강화와 사회제도의 변화를 이끌어 내는 데 초점을 두는 사례

출처: 여성가족부(2020). 제3차 다문화가족정책 기본계획 2020년도 이행계획.

표 7-24. **결혼이민자 일자리 및 직업교육훈련**

사업명	결혼이민자 적합 일자리 발굴 · 연계 및 직업교육훈련 강화
사업목적	• 취업취약계층인 결혼이민여성의 고용활성화 및 경제적 자립을 위한 직업교육훈련을 통한 직업능력개발 지원
사업내용	• 새일센터를 통해 지역의 구인수요 및 결혼이민여성 구직자의 필요를 반영한 특화직업교육훈련을 실시: 통번역사양성과정, 다국어 상담원 양성과정 등
추진체계	• 추진주체: 여성새로일하기센터(전국 158개소) • 추진절차: 여성가족부(지침마련, 사업기관 지정, 예산 지원) → 지자체(사업 관리, 예산 지원) → 여성새로일하기센터(사업수행)

출처: 여성가족부(2020). 제3차 다문화가족정책 기본계획 2020년도 이행계획.

표 7-25. **결혼이민자 창업 및 경영지원**

사업명	결혼이민자 강점 분야 창업 및 경영지원
사업목적	• 결혼이주 여성(기업)을 대상으로 창업 지원, 판로 등 경영 지원을 통해 결혼이주여성의 창업 활성화 및 경영안정 도모
사업내용	• 창업지원: 여성전용 창업보육센터 운영, 여성창업경진대회 개최, 창업보육센터 입주기업 컨설팅 지원 등 • 경영지원: 여성기업 확인제도 운영, 공공구매 관련정보 제공 등 여성기업의 판로 촉진 지원
추진체계	• 추진주체: 중소벤처기업부, 한국여성경제인협회, (재)여성기업종합지원센터 • 추진절차: 공고 및 신청 · 접수 → 대상자 선정 → 지원 → 사후관리

출처: 여성가족부(2020). 제3차 다문화가족정책 기본계획 2020년도 이행계획.

3) 자녀양육기: 다문화가족 자녀 임신 · 출산 · 양육 지원

다문화가족 산모 · 신생아의 건강관리, 산후 돌봄 서비스 제공을 위한 산모 · 신생아 도우미 서비스 지원 대상을 저소득층 출산 가정에서 중산층 가정까지 단계적으로 확대하고 임산부, 영유아를 위한 영양 지원 · 교육 프로그램을 전국 보건소로 확대 추진한다.

부모-자녀 간 자긍심 향상을 위하여 다문화가족지원센터에서 부모와 자녀가 함께

할 수 있는 프로그램을 개발·보급하고 다문화가족 영유아에 대한 보육지원 강화를 위하여 일정 소득 이하의 다문화가족 영유아에 대한 무상 보육 지원을 검토한다. 또한 보육 시설이 없는 농어촌을 중심으로 마을회관 등 유휴 공간을 활용한 소규모 보육 시범 지역 지정, 보육 시설에서의 다문화가정 아동·일반 아동 대상 프로그램 개발 및 다문화 프로그램 이수, 보육교사 양성 등의 다문화 프로그램을 강화한다.

자녀양육기에 정부에서 제공하고 있는 사업의 예는 〈표 7-26〉과 같다.

표 7-26. 다문화가족 이중언어 가족 환경조성 사업

<table>
<tr><th>사업명</th><td colspan="2">다문화가족 이중언어 가족환경조성 사업</td></tr>
<tr><th>사업대상</th><td colspan="2">사업대상: 영유아 자녀를 둔 다문화가족(예비부모 및 미취학 자녀, 중도입국자녀를 둔 다문화가족 포함)</td></tr>
<tr><th>사업목적</th><td colspan="2">• 다문화가족 자녀가 가정 내에서 영유아기부터 자연스럽게 이중언어로 소통할 수 있는 환경조성으로 자녀의 정체성 확립 및 글로벌 인재로의 성장지원
• 체계적이고 전문적인 부모교육 및 부모-자녀 상호작용 서비스 제공으로 부모의 역량을 강화함으로써 부모와 자녀 간의 의사소통과 정서적 유대감 강화</td></tr>
<tr><th rowspan="5">사업내용</th><th>영역</th><th>내용</th></tr>
<tr><td>이중언어 부모코칭</td><td>• 이주부모 및 한국인 배우자 대상 이중언어사용의 중요성 및 인식 개선 교육
• 아동의 발달 및 부모의 역할과 올바른 의사소통기술 등 가족의 역할 교육</td></tr>
<tr><td>부모-자녀 상호작용 프로그램</td><td>• 가정 내 활용할 수 있는 다양한 신체활동 등 이중언어를 사용하여 놀이활동 프로그램 운영
• 동요·동화 등 교구 교재를 활용한 상호작용 코칭</td></tr>
<tr><td>이중언어 프로그램</td><td>• 각국의 이주부모들 주체로 이중언어 사용 지지를 위한 부모지지체계 형성의 장 마련
• 자녀와 상호작용하는 다양한 지식과 정보·방법 등을 공유
• 부모와 자녀가 함께 참여해 출산국 언어를 활용할 수 있는 내용으로 구성(예: 베트남의 날-음식 나누기, 전통놀이 등을 베트남어만 사용하여 함께하기 등)</td></tr>
<tr><td>가족코칭</td><td>• 부모-자녀 상호작용프로그램에 참여하는 가정 중 희망하는 가정을 대상으로 가족 초청 또는 가정 방문을 통해 가족 구성원 전체(배우자, 시부모 등)에 대한 코칭 실시</td></tr>
</table>

출처: 여성가족부(2020). 2020년 가족사업안내(Ⅰ).

4) 자녀교육기: 다문화아동 · 청소년 학습 발달 및 역량 개발 지원

취한 전 영유아 언어발달 지원을 위하여 보육 시설 중심으로 다문화아동 대상 한국어 교육 등 특별 활동을 실시하고, 언어 치료사를 보육 시설 등에 파견하여 발달 지연 아동에 대한 언어 치료를 지원한다. 방과 후 인프라를 활용한 학습 · 성장 지원을 위하여 지역아동센터를 방과 후 다문화 특화 시설로 활용할 뿐만 아니라 다문화 프로그램을 보급하고 아동복지 교사를 파견 지원한다. 또한 다문화아동 · 청소년의 이중 언어 역량 개발을 위하여 다문화가족지원센터에서 결혼이민자를 활용, 언어별 교육 강사를 양성하여 보육 시설, 지역아동센터 등 아동 · 청소년 이용 기관에 파견하고, 드림스타트 서비스 대상자 중 빈곤 다문화가정 아동(0~12세) 집중 사례관리를 통하여 개별 욕구와 상황에 맞는 보건 · 복지 · 교육 맞춤형 통합서비스를 제공한다.

그리고 중도입국학생이 출신국에서 학적서류를 가지고 들어오면 바로 공교육에 진입할 수 있다. 그러나 학적이 미비하거나 학적을 가지고 오지 않았을 경우, 예비학교를 거쳐서 학력심의를 받은 뒤 초 · 중 · 고에 편입하게 된다(그림 7-4).

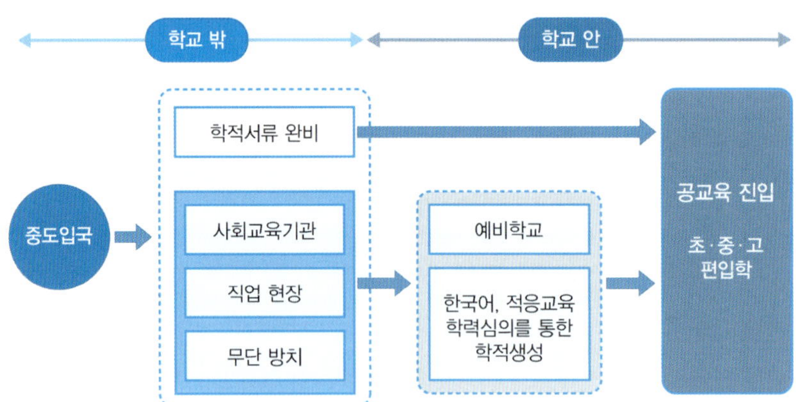

그림 7-4. 공교육 진입 지원 방법

다문화학생의 취학 및 편입학은 「초중등교육법 시행령」 제19조, 제75조에 의거해 재외국민 또는 외국인이 보호하는 자녀 아동이 국내의 초·중학교에 입학하거나 전입을 희망하는 경우, 학생의 출입국에 관한 사실증명이나 외국인등록 사실증명, 거주사실을 확인할 수 있는 서류를 통해 취학이 가능하며, 다문화학생(외국인)의 편입학을 허용하고 있어 거부할 수 없다.

2019년 초·중·고 학생의 다문화학생은 총 137,225명으로 전체학생의 2.5%를 차지하며〈그림 7-7〉, 이는 전년 대비 12.3% 증가한 것으로 나타났다. 부모의 출신 국가(한국계 제외) 순위는 베트남이 30.6%로 가장 많았고, 중국이 22.5%, 필리핀이 10.8%로 나타났다. 2012년에는 일본이 가장 많았고, 중국이 그다음이었으나 2018년 조사결과 베트남, 중국, 필리핀, 일본 순으로 나타났으며 현재는 베트남이 가장 많다.

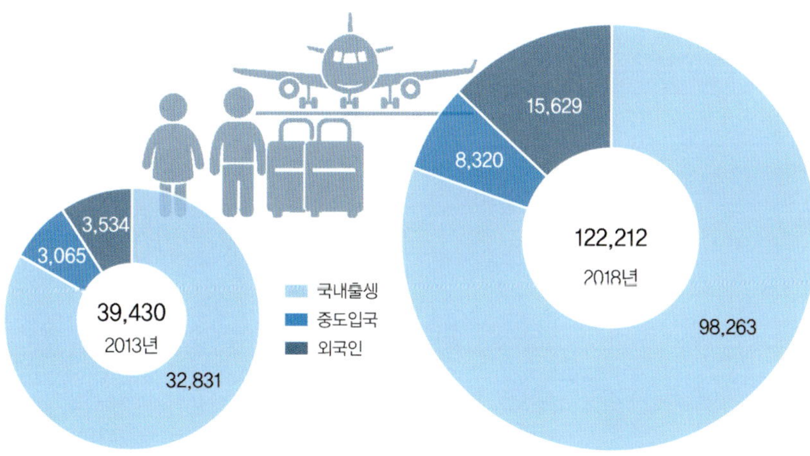

그림 7-5. **중도입국학생 포함 다문화학생 현황(단위: 명, 매년 4월 1일 기준)**

출처: 교육부(2019). 교육기본통계.

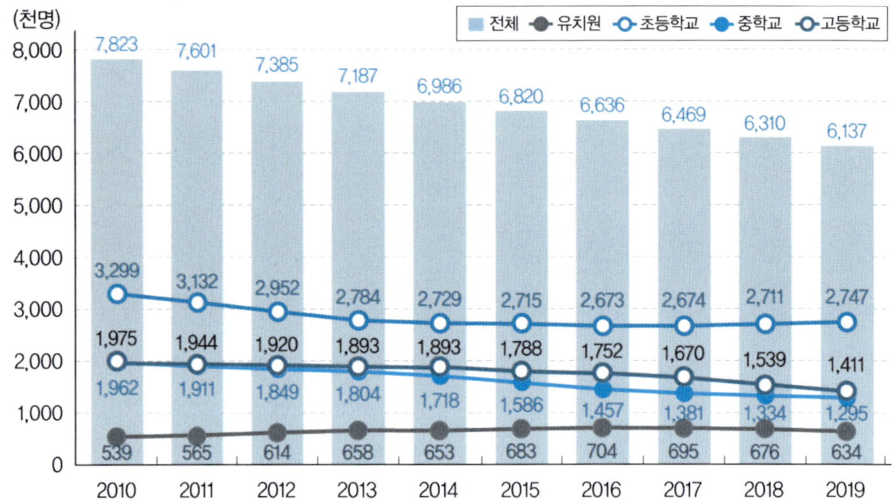

그림 7-6. 우리나라 유치원, 초 · 중 · 고 학생 인구 감소

출처: 교육부(2019). 교육기본통계.

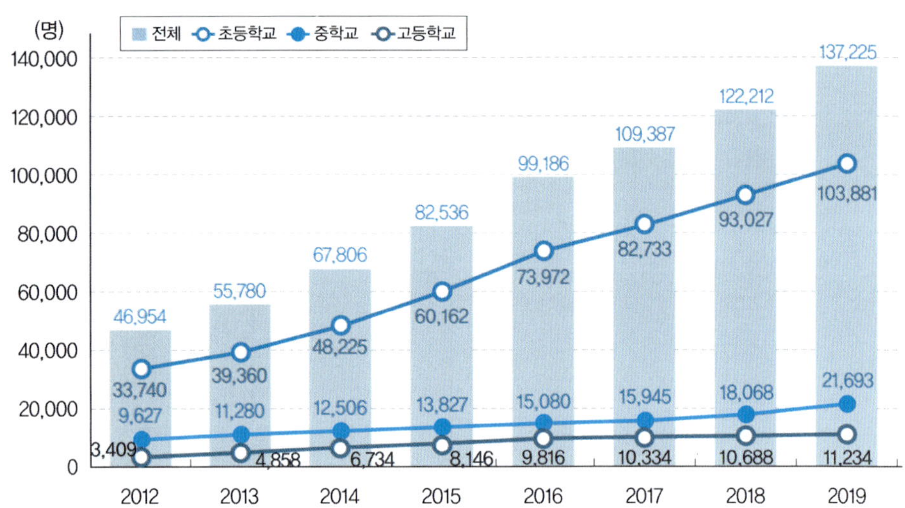

그림 7-7. 초 · 중 · 고 다문화학생의 증가 추이

출처: 교육부(2019). 교육기본통계.

자녀교육기에 정부에서 지원하고 있는 사업의 예는 〈표 7-27〉, 〈표 7-28〉, 〈표 7-29〉와 같다.

표 7-27. 다재다능 프로그램

사업명	"다(多)재다능" 프로그램
사업대상	다문화가족 학령기 자녀 및 부모, 중도입국청소년 등
사업목적	다문화가족 자녀에 대한 정체성 회복, 사회성·리더십 개발을 위한 프로그램 제공으로 다문화가족 자녀의 건강한 성장 지원 및 부모·자녀관계 향상에 기여
사업내용	**프로그램** / **프로그램 내용** 부모·자녀관계 향상 프로그램: 자아정체성 확립, 가족상담, 부모교육, 가족통합캠프 운영 등 사회성발달 프로그램: 사회성 진단, 청소년 동아리활동, 봉사활동, 리더십캠프 체험활동 프로그램 등 미래설계 프로그램(진로코칭): 동기부여, 적성검사, 진로소양교육, 진로설계, 직업체험활동 등 지원 위기사례 지원 프로그램: 심층상담, 미술, 음악, 놀이치료 등
추진체계	

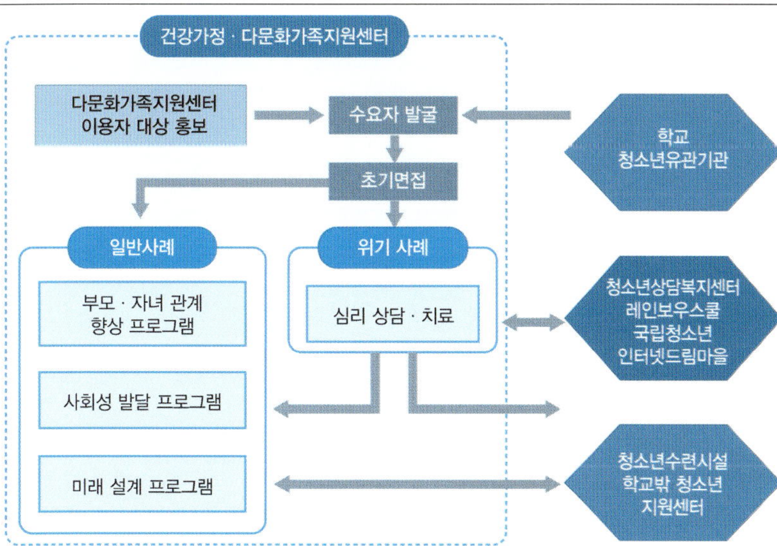

출처: 여성가족부(2020). 2020년 가족사업안내(Ⅰ).

표 7-28. **자녀 발달주기별 부모교육**

사업명	자녀 발달주기별 부모교육 및 정보제공 강화
사업목적	• 한국의 학제, 교육과정, 학교생활 등에 어두워 자녀의 학업생활지도에 어려움을 겪고 있는 다문화가족 학부모를 위해 학교생활 및 진로 · 진학정보 등을 온라인 콘텐츠로 제공
사업내용	• 다문화가족 학부모 대상 온라인 교육정보 콘텐츠를 개발하거나, 이미 개발된 외부 콘텐츠를 연계하여 다누리포털(www.liveinkorea.kr)에 탑재

출처: 여성가족부(2020). 제3차 다문화가족정책 기본계획 2020년도 이행계획.

표 7-29. **위기 다문화 청소년 맞춤형 서비스 지원**

사업명	지역사회 청소년통합지원체계(청소년안전망)를 통해 위기 다문화 청소년에 대한 맞춤형 서비스 지원
사업목적	• 지역사회의 청소년 관련 자원을 연계하여 위기청소년에게 상담 · 보호 · 연계지원 등 맞춤형서비스 제공을 통해 청소년의 건전한 성장 도모
사업내용	• 청소년안전망 확대를 통해 촘촘한 사회안전망 구축: 청소년안전망, 위기청소년 통합지원 및 연계 협력, 상담 · 활동지원, 청소년전화 1388운영, 긴급구조, 일시보호, 교육 및 자립 등 맞춤형 서비스 제공 – 사업대상: 9~24세 청소년 등 – 지원내용: 지자체 청소년안전망팀 및 전국 청소년상담복지센터를 통해 다문화청소년 등에게 맞춤형 서비스 제공 – 추진기간: 2005년~계속 – 규모: 전국 청소년안전망 231개소 운영(2019년 기준)

출처: 여성가족부(2020). 제3차 다문화가족정책 기본계획 2020년도 이행계획.

5) 가족 역량 강화기: 결혼이민자 경제 · 자립 역량강화

결혼이민자 취업 · 창업 지원을 위하여 지역 및 인적 자원 특성을 고려한 결혼이민자 적합 직종을 개발하고 직업훈련을 강화하며, 지역별 다문화가족지원센터와 취업 전담 지원 기관 및 정부 기관 · 지방자치단체 간 일자리 연계 협력 체계를 구축한다. 또한 다문화가족을 정책 참여와 정책의 현실 적합성 제고를 위해 중앙 및 지방자체단체 차원의 다문화정책 모니터링단 운영을 활성화 · 확대하고 중앙 차원에 다문화가족 생활불편 해소 창구를 개설하고, 결혼이민자의 자원봉사 활동 등 지역사회 참여를 활성화시킨다.

가족 역량 강화기에 대해 정부가 지원하고 있는 사업의 예는 〈표 7-30〉, 〈표 7-31〉과 같다.

표 7-30. **결혼이민자의 정책수립과정 참여**

사업명	결혼이민자의 정책수립과정 참여 확대
사업목적	• 다문화가족이 다문화가족 정책 수립 및 추진과정에 주체적으로 참여할 수 있도록 제도화하여 정책의 실효성 제고 및 권익 증진 도모
사업내용	• 구성: 국가 · 지역을 고려하여 20인 이내로 구성 • 역할: 정책과제 발굴과정에 직접 참여하여 수요자 맞춤형 정책 추진, 다문화가족 정책 및 사업에 대한 모니터링을 통한 의견제시 및 자문 등
추진절차	• 추진주체: 여성가족부 • 추진절차: 대표성 확보를 위해 17개 시 · 도 등에서 추천받아 국가 및 지역을 고려하여 지역별로 위촉(추천자를 대상으로 외부 전문가 의견수렴)

출처: 여성가족부(2020). 제3차 다문화가족정책 기본계획 2020년도 이행계획.

표 7-31. **지역사회 자원봉사**

사업명	지역사회 자원봉사 활동 다양화
사업목적	• 서비스 수혜자에서 지역사회 발전을 위한 기여자로서의 전환을 통해 자긍심 향상 및 지역사회 내 다문화인식 개선 도모 • 자원봉사활동을 통한 지역사회 내 소통 및 정서교류의 활성화로 사회통합 도모
사업내용	• 대상: 지역사회 발전을 위하여 봉사활동을 하고자 하는 결혼이민자, 결혼이민자 등과 자원봉사단에 참여하고 싶은 국민 등 • 내용: 결혼이민자의 모국어 능력 등 재능 발휘와 개발을 위한 봉사활동 실시 독려(연간 15시간 이상, 봉사자 소양교육 필수 4시간 포함)

<table>
<tr><td></td><td>사례 1) 해외여행 전 해당 국가 관광지 및 문화 등에 대한 정보 습득을 위한 비다문화가족 대상 멘토링 실시
사례 2) 외국어 회화를 공부하고 싶은 비다문화가족 대상 강의 또는 멘토링 실시</td></tr>
<tr><td>추진절차</td><td><table>
<tr><th>추진 단계</th><th>추진 내용</th></tr>
<tr><td>대상자 모집 및 홍보</td><td>센터 회원 대상 홍보 및 자원봉사 전문기관 등 외부 기관 연계를 통한 자원봉사자 모집</td></tr>
<tr><td>봉사자 소양 교육</td><td>자원봉사자로서의 자질 향상을 위한 기초소양교육 실시</td></tr>
<tr><td>봉사 수요처 연계</td><td>시·군·구 및 다양한 기관 발굴을 통한 수요처 연계</td></tr>
<tr><td>사후 관리</td><td>봉사활동이 지속적으로 이루어질 수 있도록 자원봉사자 독려</td></tr>
</table></td></tr>
</table>

출처: 여성가족부(2020). 제3차 다문화가족정책 기본계획 2020년도 이행계획.

6) 가족 해체 시: 해체 다문화가족 자녀 및 한부모가족 보호·지원

다문화가족 실태 조사를 통하여 이혼 및 이혼 후 문제의 실태를 파악하고 무연고 방치 아동·청소년의 보호를 위하여 지역사회 청소년 통합지원 체계(Community Youth Safety-Net: CYS-Net)를 활용하여 신속히 발견하고 다문화아동·청소년 전담 동반자를 육성해 전담 보호한다.

가족 해체 시에 정부에서 지원하고 있는 사업의 예는 〈표 7-32〉, 〈표 7-33〉, 〈표 7-34〉와 같다.

표 7-32. **폭력에 대한 초기 대응체계**

사업명	폭력상황에 대한 초기 대응체계
사업목적	• 다누리콜센터를 통해 폭력피해 이주여성 대상 긴급상담 지원, 긴급피난처 제공 및 쉼터 연계, 해피콜 등 사후관리 강화 • 다누리콜센터(1577-1366) 운영을 통하여 365일, 24시간(중앙) 13개 언어로 긴급 및 위기지원 상담, 한국생활정보 제공, 갈등해결 상담 및 통역, 3자 통화 지원 등

	• 상담가능 언어(13개): 베트남어, 중국어, 타갈로그어, 몽골어, 러시아어, 태국어, 캄보디아어, 일본어, 우즈베키스탄어, 라오스어, 네팔어, 영어, 한국어
사업내용	• 13개 언어로 한국생활정보 제공, 폭력피해 이주여성 긴급지원 및 상담 등을 위한 다누리콜센터 1577-1366 운영 • 폭력피해 이주여성에 대한 긴급피난처 제공, 보호시설 연계(경찰청 등 협업), 의사소통이 어려운 결혼이민자에 대한 통·번역서비스 제공 등

출처: 여성가족부(2020). 제3차 다문화가족정책 기본계획 2020년도 이행계획.

표 7-33. 귀환여성 및 자녀지원

사업명	귀환여성 및 자녀지원
추진배경	한국남성과 결혼 후 이혼·사별 등의 사유로 본국으로 귀환한 여성 및 한국국적 자녀의 안정적인 체류, 의료·교육 등 각종 기본권 보장 필요
사업목적	다문화가족구성원이었던 결혼이주여성이 본국으로 돌아간 경우 인권보호 차원에서 적응·자립할 수 있도록 지원하고, 베트남 귀환여성 자녀를 한·베 관계의 가교 역할을 할 글로벌 인재이자, 한·베 다문화사회를 이끌어 갈 적극적인 주체로 양성
사업대상	베트남 하이퐁 등 북부지역 거주 귀환여성 및 자녀
사업내용	사업운영 시스템 구축, 실태조사, 상담시스템 구축, 다문화 도서관 및 공부방 운영, 커뮤니티(자조모임), 언어교실 운영 등

출처: 여성가족부(2020). 제3차 다문화가족정책 기본계획 2020년도 이행계획.

표 7-34. 한부모가족의 자녀 양육 지원

사업명	한부모가족의 자녀 양육 지원
사업목적	• 미성년 자녀의 양육비 청구와 이행 확보 지원을 통해 한부모가족 자녀의 안정적 성장환경 조성 • 저소득 한부모가족(기준 중위소득 52% 이하) 아동양육비 등의 지원을 통해 자녀 양육 부담경감 및 가정 생활안정 도모
사업대상	「양육비 이행확보 및 지원에 관한 법률」 또는 「한부모가족지원법」 상 이혼·미혼 한부모가족

	구분	지원조건	지원내용
사업내용	아동양육비	저소득 한부모가족 만 18세 미만 아동 (생계급여 중복지급 제한)	자녀 1인당 월 20만원
	추가 아동양육비	저소득 조손가족 및 만 25세 이상 미혼 한부모가족의 만 5세 이하 아동 (생계급여 중복지급 제한)	만 5세 이하 자녀 1인당 월 5만원
	중 · 고생 학용품비	저소득 한부모가족 중 · 고생 자녀 (교육급여 중복지급 제한)	자녀 1인당 연 5.41만원
	생계비 (생활보조금)	한부모가족복지시설에 입소한 저소득 한부모가구 (생계급여 중복지급 제한)	가구당 월 5만원

출처: 여성가족부(2020). 제3차 다문화가족정책 기본계획 2020년도 이행계획.

PART 3

다문화사회와 건강

CHAPTER

08

다문화사회의 건강적 접근

08 Chapter 다문화사회의 건강적 접근

배울내용
1. 다문화사회의 건강 개념
2. 생의 주기별 건강적 접근
3. 문화적 역량과 건강

학습목표
1. 다문화사회의 건강 개념을 파악한다.
2. 생의 주기별 건강적 접근을 숙지한다.
3. 문화적 역량과 건강을 이해하고 전문가로서의 역할을 숙지한다.

1 다문화사회의 건강 개념

문화는 자율적인 체계나 독자적인 영역을 가지고 있는 정치, 경제, 종교와는 달리 한 민족의 생활양식에 대한 총체적인 표현이며, 공통된 생활 양식으로 인하여 타 민족과는 구분되어 변화하고 발전하는 것을 의미한다. 다문화는 인종, 민족, 언어, 종교, 성, 장애 등을 포괄하는 말이다. 즉, 여러 유형의 이질적인 문화가 하나의 제도권 안에서 상호 교류를 통하여 형성되는 것을 의미한다. 다문화사회의 형성은 미국과 캐나다처럼 태생부터 다양한 민족과 문화를 공유하며 국가를 이루거나 영국이나 프랑스, 독일과 같이 근대화와 세계화로 인하여 부족해진 노동력을 외국인근로자로 대치하여 유입되면서 이루어진 경우이다(서종남, 2011).

우리나라의 경우는 서구 유럽과 비슷한 형태로 외국 노동력의 유입으로 인한 이주근로자와 1990년대 이후 결혼이주자의 증가와 더불어, 2000년 이후 북한이탈주민도 계속 증가 추세에 있으며, 해외로부터 외국 유학생의 꾸준한 증가 등으로 인하여 단일민족 사회에서 다문화사회의 양상으로 바뀌고 있는 실정이다(김성혁 외, 2019).

외국인주민은 어떠한 형태로든 새로운 사회에서의 이주 생활에서 생소한 문화에 적응해야 하고, 의사소통의 어려움, 신분상의 불안정성, 경제적 어려움 등 새로운 사회에의 적응을 방해하는 다양한 요소에 직면하며, 이는 그들의 건강에 부정적인 영향을 미치게 된다.

이처럼 다문화사회에서 발생할 수 있는 건강영역 부분을 다문화사회의 건강이라고 한다. 즉, 다문화사회의 건강이란 다문화사회 구성원에 대한 인간 존엄성의 존중 차원에서 기본적으로 건강권을 보호해 주는 것이다. 이를 위해 인종적, 문화적 다양성에 의해 발생할 수 있는 갈등을 조화롭게 극복하여 형성되는 총체적 결과이며, 다문화건강 수준은 건강과 질병의 연속선 상에 영향을 미치는 주요 요인에 따라 결정될 수 있다. 우리나라의 사회적 구조가 다문화사회로 전환되면서 인간의 기본권에 속하는 건강권의 보호에 대한 다각적인 차원의 대비책이 요구되고 있다(김성혁 외, 2019).

우리사회의 중요한 일원이며 다문화사회의 주요 구성원인 외국인근로자, 결혼이주자, 북한이탈주민, 외국인 유학생 등은 건강하고 행복한 삶을 살 권리가 있다. 이들의 다양한 인종, 종교, 문화를 존중하고 서로 공존의식을 형성하는 등 우리가 사회적 시각을 확대하는 것이 필요하다. 또한 이들이 성공적인 심리적, 사회문화적 적응을 통하여 인간의 전체적인 측면의 신체적, 정신적, 사회적, 영적 건강의 안녕상태를 확립하여, 심리적, 경제적, 문화적 차이를 잘 극복하여 건강하고 행복한 삶을 살 수 있도록 사회적, 제도적 정책과 건강한 사회적 환경이 마련되어야 한다.

1) 가족건강성의 의미

가족건강성은 다문화가족뿐만 아니라 일반가정에서도 매우 중요한 개념으로, 최근 가족건강성 개념이 중요하게 부각되고 있다. 가족건강성이란 인간다운 삶이 보장되고 가족구성원 모두의 욕구가 충족되는 것을 의미한다. 즉, 가족구성원 상호 간에 적절한 상호작용을 수행하고 규칙적인 것을 의미한다. 또한 가족의 도덕(가치)적 · 정서적 · 공동체적 관계를 유지하고 향상을 도모함으로써 사회적 · 정신적 · 신체적으로 안정된 상태를 유지 · 향상하는 가족을 말한다.

가족건강성에 관한 정의는 연구자마다 다르게 정의하고 있다. 외국의 경우, 1960년대 초 오토(Otto)는 가족건강성이란 일반적인 가족을 대상으로 가족의 강점을 조사함으로써 가족건강성의 강점을 가족 간에 활발한 상호작용을 하며 긍정적인 가족정체감을 형성하고 가족구성원들의 잠재력을 키우는 사회심리적 특성이며 관계유형이라고 정의하였다. 올슨(Olson, 1983)은 건강한 가족을 가족의 스트레스와 가족의 문제에 대해 효율적으로 대처할 수 있고 효과적으로 극복함으로써 만족도와 적응성, 응집성을 유지할 수 있는 가족이라고 하였고, 데프레인(Defrain, 2003)은 가족건강성을 가족구성원의 개개인이 상호작용을 통해 심리적 안정에 기여하는 것이 가족이라고 정의하였다.

국내의 경우 허봉렬(1996)은 가족건강성은 가족구성원 간의 규칙적이고 서로 상호작용을 통해 가족의 도덕적 관계향상, 정서적, 공동체적인 것으로 정의하였으며, 유영주(2004)는 가족건강성을 가족구성원 간 상호작용을 통해 스트레스 대처, 의사결정, 의사소통을 원만하게 잘 유지하는 가족이라고 정의하였다. 유계숙(2004)은 가족건강성을 가족구성원이 가족관계에 있어 만족도가 높고, 가족구성원 간의 욕구를 충족시키는 가족이라고 정의하고 있다.

이상의 가족건강성에 대한 정의를 종합해 보면, 건강한 가족을 "가족구성원 간의 끈끈한 유대감, 긍정적인 대화가 필요하며, 가족의 문제나 위기를 서로 잘 보완하고 해결하며, 가족구성원 간의 공통적인 가치관과 규칙이 있는 가족"이라고 정의할 수 있다. 가족건강성의 개념에서 중요한 요인들은 〈표 8-1〉과 같다(유계숙, 2004: 유영주, 2004; 이경은, 2003; 장성화, 2010).

표 8-1. **가족건강성의 요인**

구분	내용
가족구성원 간의 유대	건강한 가족은 가족구성원 간 서로 유대가 강한 것을 의미하며, 가족구성원 간 유대가 강하다는 것은 서로의 목표를 달성하도록 격려해 주는 것을 의미한다. 즉, 서로를 격려해 주며 자율성을 인정하면서 애정적 반응, 친밀감, 일하기, 함께 즐기기 등을 포함한다. 가족구성원 간의 유대는 안정적인 정서를 바탕으로 가족구성원들이 서로에게 갖게 되는 정서적인 유대관계인 결속력 및 응집성과 비슷한 것으로 현대가정의 중요 기능이자 기대이기도 하다.
가족구성원 간의 의사소통	가족구성원 간의 의사소통은 건강한 가족에 있어서 가장 핵심적으로 다룬다. 가족구성원 간은 의사소통에 의해 발전, 유지되는 집단으로써 의사소통을 가장 핵심적이고 중요한 상호작용 매체로 인식하고 있다. 건강한 가족은 의사소통에 있어서 명확하게 전달하며, 경청에 대한 중요성도 잘 인식하고 있어 잘 이루어지고 있다. 또한 건강한 가족은 다툼에 있어서도 효과적으로 이루어진다. 화가 날 경우에는 그 갈등을 밖으로 표출함으로써 문제를 해결하려고 하고, 모든 가족원들이 함께 최적의 문제해결방법에 대해 대화한다. 즉, 가족구성원 간의 의사소통은 서로 다른 가족과 더불어서 사는 가족을 말하며 긍정적인 의사소통을 통해 서로의 감정을 공유하고 직접적이고 개방적인 대화를 나누는 것을 의미한다. 가족구성원 서로가 만족스러운 상호작용을 통해 스트레스와 위기, 갈등을 효과적으로 극복하며 서로에게 도움을 줄 수 있는 것을 의미한다.
가족구성원의 문제해결수행능력	가족구성원의 문제해결수행능력은 가족이 스트레스를 받거나 위기상황에서 조차 긍정적인 요소에 초점을 맞추며, 위기로 인해 와해되기보다는 위기를 다루면서 단합될 수 있는 능력이다. 가족구성원 간 효과적으로 문제해결을 하기 위해서는 문제를 명확하게 규명할 수 있어야 하고, 논의할 수 있어야 한다. 건강한 가족은 가족에 문제가 발생하기 이전에 그것을 예방하는 방법과 불가피한 위기에 직면하여 가족원들이 위기를 함께 대처하는 방법을 알고 있다.
가족구성원 간의 가치체계 공유	가족구성원 간의 가치체계 공유는 가족구성원 간의 목표, 중요한 것에 대한 결정을 공유하며, 급격하게 변하는 사회 생활패턴으로 개인주의적 삶에서 벗어나 심리적 안정과 편안한 휴식을 느낄 수 있는 일차원적인 집단을 추구하기 때문에 가족건강성의 특성 중 가족의 관계적, 사회 심리적 특성이 중요시된다.

2) 결혼이주여성의 건강생활

한국사회에 다문화 결혼이주여성이 증가하면서 이들의 건강에 대한 관심이 증가되고 있다. 이주는 생활환경을 총체적으로 변화시키므로 건강에 미치는 영향이 매우 크며, 이들 대부분은 한국에 이주해 오자마자 임신·출산을 경험하며 어머니로 역할전환을 이루어야 하고 새로운 사회문화 환경에도 적응해야 하는 이중적 부담을 안고 있기 때문에 신체 및 정신적 건강 위험에 노출되어 있다. 즉, 결혼이주여성은 상대적으로 보건의료 환경이 열악한 국가 출신이 많아 건강수준이 낮은 상태로 이주해 오는 경우가 많고 삶의 적응과정에서 스트레스와 우울 등 많은 심리적 어려움을 겪고 있다. 심리적 어려움은 신체적 측면에도 영향을 미쳐 건강의 손상요인으로 작용할 가능성이 매우 높기 때문에 결혼이주여성의 건강을 도모하기 위한 국가적 차원의 체계적인 관리가 필요하다.

결혼이주여성의 건강관리를 위한 사회적 차원의 노력은 다문화건강지원센터를 중심으로 이루어지고 있다. 다문화가족지원센터에서는 임신·출산·육아 등 모성적응을 높이기 위한 교육을 제공하고 있으며, 보건소와 연계하여 이주여성을 위한 무료건강검진을 실시하고 최근에는 여성가족부 주관으로 다문화가정 무료검진 서비스 및 치료비 지원사업을 진행하고 있다. 그러나 저소득 다문화가정을 대상으로 적용되고 있어 이용이 제한적이며 무료건강검진 서비스도 매우 기본적인 수준에서 이루어져 다양한 건강문제를 파악하기에는 한계가 있다. 따라서 건강관리를 위해서는 이러한 2차 예방 수준의 접근도 필요하지만 이들의 입장에서 바라본 건강에 대한 심층적 이해가 선행되어야 하며 건강을 총체적 시각에서 바라보는 접근방식이 요구된다.

결혼이주여성의 건강은 질병이나 질환의 객관적 측정으로만 파악될 수 없으며, 적응과정에서 경험하는 수많은 사회문화적 요인들이 복잡하게 상호작용하는 결과로 이해해야 한다. 따라서 결혼이주여성의 건강생활의 양상과 그 의미를 파악하기 위해 대상자의 문화적 요소들을 주의 깊게 사정하고 건강의 통합적 관점에서의 심층적인 이해가 필요하다.

2 생애주기별 건강적 접근

우리나라 국가 건강검진은 1980년 공교 가입자를 시작으로 협의의 건강검진을 시작하였으며, 1988년 직장가입자 · 직장피부양자의 건강검진이 시작되었다. 1995년 지역가입자에 대한 건강검진을 실시하여 의료급여대상자를 제외한 건강보험 가입자에 대하여 건강검진을 실시하였다. 의료급여대상자는 1999년부터 위암, 자궁경부암, 유방암에 대한 암 검진을 실시하였으며, 만 40세, 만 66세에 생애전환기 검진만 시행하였으나 2012년부터 2년에 한 번씩 일반검진을 실시하고 있다.

생애전환기 건강진단은 2007년부터 2017년까지 실시되었으나, 2018년부터 의료급여대상자를 제외하고 일반검진으로 통합되었고, 2019년부터는 20~39세 피부양자 및 세대원(의료급여 포함)에 대해 일반 건강검진을 실시해 오고 있다. 암 검진의 경우 2001년 「암관리법」 제11조, 시행령 제8조 제1항, 제2항에 따라 암의 종류별 검진주기와 연령기준 등에 해당하는 사람에게 암 검진을 실시하였으며, 현재 위암, 간암, 대장암, 유방암, 자궁경부암, 폐암 등 6개 암검진을 실시하고 있다. 학동기(취학아동) 아동은 1951년 교육부 주관으로 건강검진을 시작하였으며 2016년부터 비취학 아동의 건강검진으로 확대되었다. 생애주기별, 즉 영유아, 학동기, 성인기 및 노년기로 구분하여 건강검진 관리체계를 살펴보면 〈표 8-2〉와 같다.

표 8-2. 생애주기별 건강검진 실시 시기

<table>
<tr><th colspan="2" rowspan="2">구분</th><th rowspan="2">영유아</th><th colspan="2">학동기</th><th colspan="2">성인기</th><th rowspan="2">노년기
(65세 이상)</th></tr>
<tr><th>취학
아동기</th><th>비취학
아동기</th><th>일반검진</th><th>암 검진</th></tr>
<tr><td rowspan="2">공교</td><td>가입자</td><td rowspan="6">2007. 11. 15</td><td rowspan="8">1951
(교육부
주관)</td><td rowspan="8">2016
(여성가족부
수탁)

*2007. 4월부터 2015까지 복지부 시범사업으로 실시</td><td>1980</td><td>1990</td><td rowspan="6">'07. 4월~
'17년까지
생애전환기
건강진단
실시 후
2018년
일반검진으로
통합</td></tr>
<tr><td>피부양자</td><td>1993</td><td>2001</td></tr>
<tr><td rowspan="2">직장</td><td>가입자</td><td>1988
(노동부 주관)
1995
(복지부 이관)</td><td>1996</td></tr>
<tr><td>피부양자</td><td>1988</td><td>2001</td></tr>
<tr><td rowspan="2">지역</td><td>세대주</td><td rowspan="2">1995</td><td>2000</td></tr>
<tr><td>세대원</td><td>2001</td></tr>
<tr><td rowspan="2">의료급여</td><td>세대주</td><td rowspan="2">2008. 1. 1</td><td rowspan="2">2012</td><td rowspan="2">1999</td><td rowspan="2">'07. 4월~
'17년까지
건보가입자와
동일하게
실시,
'18년부터
의료급여생애
전환기검진
실시</td></tr>
<tr><td>세대원</td></tr>
</table>

* 피부양자 및 세대원(의료급여 포함) 중 20~39세인 자는 2019부터 검진실시.

「다문화가족지원법」에 따르면 다문화가족이란 결혼이민자와 한국인으로 이루어진 가족, 귀화자와 한국인으로 이루어진 가족을 의미하기 때문에 결혼이민자나 귀화자가 가족 내에 존재한다면, 그 가족을 다문화가족이라고 할 수 있다. 2018년 우리나라 다문화 가구는 33만 5천 가구, 가구원은 100만 9천명으로 총 인구(5천 136만명)의 2%를 차지하고 있으며, 다문화 가구 내 만 18세 자녀는 2008년 58천명에서 2017년 222천명으로 282%로 증가하였다(통계청, 2018).

이와 같이 다문화가정의 증가로 인해 부부문제, 건강문제, 자녀양육문제, 자녀의 학교적응 문제, 문화적 갈등, 가족 관계 부적응 등 학문적, 사회적 이해를 필요로 하는 중요한 문제가 생애주기에 따라 여러 가족 문제로 나타날 수 있다. 이 중에서도 건강문제는 다른 모든 문제에 우선하여 사람들의 신체적, 정신적 안녕을 위협하는 요인으로써 가족 및 사회 구성원으로의 적응을 어렵게 만드는 요인 중의 하나로 인식하고 있다. 다문화가족의 건강 문제를 생애주기별로 구분하여 살펴보면 다음과 같다.

1) 임신과 출산

결혼이주자는 20대(35.2%), 30대(29.4%)가 전체의 대부분(76.3%)을 차지하고 혼인귀화자는 40대(28.9%)가 가장 많은 것으로 보고되고 있다. 이처럼 결혼이주자 중 대부분이 가임기 여성임을 고려하면 결혼이주자 가정의 자녀 증가는 일반 가정보다 훨씬 더 많아질 가능성이 크다.

모국의 떠난 여성에게 임신과 출산은 더 큰 어려움이 될 수 있으며, 그들은 이주사회의 문화 적응으로 인한 스트레스, 경제적 문제, 취업 및 진로, 지역사회 정보 부재와 가족 문제 등 건강에 부정적인 영향을 미치는 요인으로 작용한다. 이주 여성은 결혼 후 적응을 거쳐 임신을 하는 경우보다 적응 전에 먼저 임신을 하는 경우가 많아서 임신, 분만, 산욕 기간을 거치면서 문화적인 차이로 인한 다양한 건강 문제가 발생하여 건강 관리 서비스 및 보건 교육에 대한 요구가 높다(김혜자, 2008). 따라서 '생명사랑 서포터즈' 등을 통한 생명 존중 분위기를 조성하고 피임, 성교육, 임신, 출산 전문 상담 등 사전 예방 정책을 강화해야 하며, 신생아 집중 치료실, 어린이 병원, 권역별 전문질환 센터(시설 · 장비) 등 국가의 공급 · 육성이 필요한 전문 진료 분야를 지원하려고 노력하고 있다.

최근 다문화가족이 지속적으로 증가함에 따라 다문화가족의 초기 적응 중심에서 장기 정착화를 위한 맞춤형 서비스 제공을 확대 시행하고 있다(제3차 다문화가족 정책 기본계획, 2018). 다문화가족의 건강실태 관련 연구에서 보건 · 의료기관 이용에 의사소통의 어려움, 자녀 양육 시 아동의 건강관리의 어려움이 가장 큰 것으로 나타났으며, 또한 자녀 건강과 육아에 대한 정보 요구도가 높았다(김혜련 외, 2012). 따라서 다문화아동의 건강관리에 대한 어려움으로 인한 인적자원 손실은 사회적 위기일 수 있으며, 발달선별 검사를 통한 발달장애 아동에 대한 조기 치료 등 적극적인 개입은 사회경제적 손실을 막을 수 있다. 영유아 건강검진은 영유아 질병의 조기 선별, 건강증진을 위해 꼭 필요하다(임동선 외, 2018).

2) 영유아 건강증진

영유아 시기는 일생 중 성장 · 발달에 잠재력이 가장 큰 시기이며 영유아기의 발달과 성장은 영유아의 안녕과 평생 건강에 영향을 미치는 기반이 되고, 성인으로 성장하여 건강한 사회구성원으로 역할을 하는 데 필요한 기본적 근간을 이루어 준다는 점에서 매우 중요하다(Andersonet al., 2003; Hertzman & Wiens, 2006). 특히 영유아 건강검진을 통한 발달장애를 조기에 발견하여 조기치료(교육, 재활치료)를 시작하면 경과를 개선시키고 장애의 수준을 감소시킬 수 있다. 또한 발달검사의 결과에 맞추어 발달을 촉진하고 장애를 예방할 수 있으며, 영유아의 교육 및 삶의 질 향상에 크게 이바지하고 궁극적으로 사회적 비용을 절감할 수 있다(대한소아과학회, 2017).

(1) 영유아 건강검진 대상 및 항목

영유아 건강검진은 정상적인 발달 및 성장을 확인하고 질병의 조기발견과 치료를 위하여 2007년 최초 실시된 후 2차례(2010, 2012)에 걸쳐 검진 대상이 추가되었다. 2010년 기존 4차와 5차 사이인 4세(생후 42~48개월)가 추가되었으며, 2012년 만 6세인 생후 66개월~71개월이 추가되어 현재 7차례의 건강검진을 받을 수 있게 되었다.

표 8-3. 영유아 건강검진 대상

연도	1차 (개월)	2차 (개월)	3차 (개월)	4차 (개월)	5차 (개월)	6차 (개월)	7차 (개월)
2007~2008	4~6	9~12	18~24	30~36	54~60		
2009~2011	4~6	9~12	18~24	30~36	42~48	54~60	
2012~현재	4~6	9~12	18~24	30~36	42~48	54~60	66~71

영유아 건강검진 항목은 〈표 8-4〉와 같이 문진 및 진찰(신체진찰, 시각 및 청각문진, 신체계측, 시력검사), 발달평가 및 상담, 건강교육으로 이루어져 있다.

표 8-4. 영유아 건강검진 항목(2012~현재)

검진 항목		1차 (4~6개월)	2차 (9~12개월)	3차 (18~24개월)	4차 (30~36개월)	5차 (42~48개월)	6차 (54~60개월)	7차 (66~71개월)
문진 및 진찰	시각 문진	○	○	○	○	○	○	○
	손전등검사	○	○	○				
	청각 문진	○	○	○	○	○	○	○
	감염 문진							○
시력검사						○	○	○
신체계측	키	○	○	○	○	○	○	○
	몸무게	○	○	○	○	○	○	○
	머리둘레	○	○	○	○	○	○	○
	체질량				○	○	○	○
발달평가 및 상담	대근육		○	○	○	○	○	○
	소근육		○	○	○	○	○	○
	인지		○	○	○	○	○	○
	언어		○	○	○	○	○	○
	사회성		○	○	○	○	○	○
	자조			○	○	○	○	○
건강교육 및 상담	안전사고 예방	○	○	○	○	○	○	○
	영양	○	○	○	○	○	○	○
	영아돌연사증후군 예방	○						
	전자미디어 노출				○			
	대소변 가리기			○				
	정서/사회					○		
	개인위생						○	
	구강		○					
	취학 전 준비							○
구강검진			○			○	○	

출처: 국민건강보험공단(2018).

(2) 영유아 건강검진 현황

2007년 보건복지부는 영유아 건강증진을 위해 6세 미만 영유아에 대한 건강 검진실시 등이 포함된 보장성 강화정책을 발표하였다. 2007년 11월 15일부터 「국민건강보험법」 제52조에 따른 6세 미만의 가입자와 피부양자, 2008년 1월 1일부터 「의료급여법」 제14조(건강검진)에 따라 6세 미만 의료급여수급권자에게 정상적인 성장과 발달을 확인하고 조기에 질병을 발견하고 치료를 위하여 영유아 건강검진을 시행하였다.

영유아 건강검진 수검률은 최초 영유아 건강검진이 시작된 2008년에는 36.7%였으며, 이후 2010년 50.1%, 2013년 63.7%, 2018년 74.5%로 증가하였다. 이는 영유아 건강검진 실시 10년 만에 36.7%에서 74.5%로 37.8% 증가되는 거의 2배 이상의 양적인 성장을 거두었다.

표 8-5. 영유아 건강검진 현황(2012~현재) (단위: 명, %)

연도	대상자	수검자	수검률
2012	3,200,486	1,773,480	55.4
2013	3,245,983	2,068,795	63.7
2014	3,162,268	2,206,304	69.8
2015	3,134,526	2,178,441	69.5
2016	3,128,947	2,249,928	71.9
2017	3,024,934	2,181,934	72.1
2018	2,889,140	2,152,240	74.5

출처: 국민건강보험공단(2019). 건강검진 통계연보.

(3) 영유아 발달선별검사

영유아 발달선별검사(K-DST)는 대근육운동영역, 소근육운동영역, 인지영역, 언어영역, 사회성영역, 자조영역 등 총 6개의 영역을 평가하며 기본적 움직임과 관련된 영역부터 인지발달과 그 외의 적응기능을 포괄적으로 평가한다(K-DST, 2017). 평가는 응답한 문항을 합산, 각 영역별 총점을 산출하고 이를 절단점과 비교하여 4개의 수준으로 분류한다〈표 8-6〉.

표 8-6. 발달평가 절단점에 따른 평가 기준

범위	−2SD	−2SD 이상, −1SD 미만	−1SD 이상, 1SD 미만	1SD 이상
평가	심화평가 권고	추적검사 요망	또래 수준	빠른 수준

SD = 표준편차.

발달선별검사 결과 아이의 발달수준과 동일한 월령집단 내 비교하여, 양호, 추적검사 요망, 심화평가 권고로 나누어진다. 양호는 빠른 수준과 또래수준으로 나뉘며, 추적검사 요망에 해당하는 경우 발달기술을 충분히 습득하지 못하고 있을 가능성이 있어, 보호자에게 다음 검진시기 이전에 해당 영역의 발달과정을 촉진하고 면밀히 관찰한 후 재검사를 실시하도록 권유할 수 있으며, 때로는 심화평가를 권고할 수 있다(K-DST, 2017).

(4) 외국의 영유아 건강검진

외국의 영유아 건강검진에 대해 일본, 대만, 미국 및 독일을 중심으로 살펴보면 〈표 8-7〉과 같다.

표 8-7. **외국의 영유아 건강검진의 예**

구분	내용
일본	영유아 대상 건강검진을 「모자보건법」에 의해 시정촌(市町村)이 실시하고 있다. 「모자보건법」에 따라 실시하는 1년 6개월 영아 건강검진과 3세 유아의 건강검진은 필수 건강검진으로 검사비를 시정촌이 비용을 부담하여 수검자는 무료이다. 임의 건강검진은 시정촌의 예산에 따라서 일부 또는 전액 유료이며, 법정 건강검진 시기 이외 시정촌은 지역에 따라 약간의 차이가 있지만 생후 1개월(신생아) 검진, 6~7개월 검진, 9~10개월 검진, 12개월 검진, 만 2세 검진을 실시하고 있다.
대만	중앙건강보험국이 1995년부터 아동의 건강 강화를 목적으로 아동 예방보건서비스를 처음 시행하였으며, 2006년부터는 국가 예산으로 7세 이하 아동들에게 9차례 서비스를 무료로 제공하고 있다. 1세 이하 영아에게 매 2~3개월의 간격으로 총 4회 건강검진을 제공하고, 1세 이상 만 2세 미만은 2회, 2세 이상 만 3세 미만은 1회, 3세 이상 만 4세 미만은 1회, 4세 이상 만 7세 미만은 1회 각각 건강검진을 제공하고 있으며, 접수비만 본인이 부담하면 된다.
미국	전 국민 의료보장 시스템이 없고 민간의료보험 위주인 미국은 모든 영유아 대상 건강검진 프로그램이 없다. 일부 공공의료보험 중 메디케이드(Medicaid)와 CHIP가 영유아 대상 건강보험으로 예방 목적의 건강검진 프로그램을 제공하고 있다. 주정부는 메디케이드 대상인 21세 이하 아동에 대해 정기적 검진(Screening), 시력, 청력 및 치과 서비스를 포함하는 EPSDT(Early and Periodic Screening, Diagnostic, and Treatment) 서비스를 필수적으로 제공해야 한다. CHIP 프로그램에서는 저소득층 가정 19세 미만 아동에 대해 전반적인 보건의료서비스인 규칙적인 건강 진단, 예방접종, 약물처방, 임상 검사, X-rays, 병원 방문 등을 제공한다.
독일	영유아 건강검진은 국가 차원의 공공기관을 통해 진행되지 않고, 강제성이 없으며, 민간차원의 보험회사가 진행하고 있다. 독일 3개 주(바이에른, 헤센, 바덴 뷔텐베르크)에서만 2009년 이후 영유아 검진을 의무 검진으로 제도화하였다. 독일의 보험시스템은 공공보험과 사보험으로 나누어진다. 유아에 대한 보험은 사보험으로 각 가정의 보험에 속해 국가에서 따로 무료로 제공하지 않는다. 독일의 신생아기부터 만 6세까지 모든 신생아, 영유아와 학령기 아동을 대상으로 한 표준검진은 총 10단계로 실시되며. 의사의 검진을 통해 아동의 신체적 · 정신적 장애를 조기 발견하고 정기 예방접종을 실시하고 있다.

(5) 다문화가족의 영유아 건강검진 현황

아시아계 개발도상권 외국인 산모로부터 태어난 신생아는 내국인 산모 출생아에 비해, 신생아 체중이 유의하게 작았으며(박희옥 외, 2009), 농촌지역 여성결혼이주자 자녀는 내국인에 비해 신체성장이 비정상으로 판단되는 3백분위수 미만에 해당되는 아동이 체중 10.8%, 신장 13.0%, 머리둘레 5.4%였으며, 발달수준이 의심스러운 신생아는 18.5%로 나타났다(김태임 외, 2010). 이처럼 외국인 어머니를 둔 영유아는 내국인 어머니의 영유아보다 건강수준이 저하되어 있음을 알 수 있다.

다문화가정 어머니들은 문화와 건강관리방식의 차이, 부족한 한국어능력으로 지식습득이 어렵고, 다문화가정의 낮은 경제상황, 언어적 · 경제적 · 지리적 요인에 따른 보건의료 이용의 한계로 인해 영유아 건강관리의 어려움을 호소하고 있다(김지현 외, 2009; 보건복지부, 2005). 따라서 선천적 · 후천적 요인 등으로 인해 정상적인 발달에 어려움을 가진 장애 위험 영유아를 조기에 선별하여, 적절한 지원을 제공하지 못한다면 발달지체 상태가 가속화되어 장애아동으로 성장할 수 있는 가능성이 높다(장혜성 외, 2010; 정현미, 2015). 즉, 환경변화에 대한 가변성이 높고 후기 발달의 기초가 되는 영유아 시기에 적절한 대처가 이루어지지 않을 경우, 이 결핍은 추후에 보충될 수 없고 초기의 결함은 지속적인 손상을 가져오게 되므로 발달 초기에 적극 대처함으로써 장애를 최소화하고 이차적 장애를 예방할 수 있다(조금희, 2007).

영유아 정신건강 문제 중 발달지연은 임상 장면에서 의뢰되는 영유아의 가장 높은 비율을 차지하는 주 호소 문제이며, 영유아기에 가장 많이 진단되고 있다(이경숙 외, 2016). 영유아 건강검진 목적은 영유아 검진 발달평가(K-DST) 결과, 심화평가 권고를 받은 영유아에 대해 발달장애 정밀검사 실시 등 조기 · 적기치료를 유도하여 발달장애로 인한 후유증을 최소화하고, 영유아 건강수준 및 삶의 질과 사회적 지지체계를 향상하기 위해서이다. 하지만 결혼이주여성의 영유아에 대한 건강관리 교육 현황을 살펴보면, 영유아 건강관리 교육에 대해 받은 적이 없었다는 대상자가 56.7%였으며, 결혼이주여성 대상으로 운영되고 있는 건강교실의 내용은 어머니의 임신 · 출산 등 어머니의 건강관리가 주를 이루는 것으로 나타났다(이내영, 2018).

3) 다문화가정의 유아의 정신건강수준

유아의 정신건강은 유아의 정서적, 신체적, 사회적 발달뿐만 아니라 일상생활의 많은 부분에 영향을 미치며, 정신건강에 지속적인 문제가 발생한다면 부정적 정서와 서투른 또래관계, 성인기의 정서적 결핍과 같은 문제를 지속적으로 나타내기 때문에 유아의 정신건강은 매우 중요하다고 할 수 있다(Atkinson & Hornby, 2002).

유아의 정신건강은 주로 내재화 문제(internalizing problem)와 외현화 문제(externalizing problem)의 유형으로 구분되며, 내재화 행동은 부정적 감정과 정서를 과하게 억누르거나 자신의 내부로 잠재시키면서 심리적으로 안정되지 못하여 나타나는 위축과 불안·우울 등의 행동을 말한다(Achenbach & Edelbrock, 1983). 내재화 행동은 타인에 대해 두려움 때문에 정서적으로 위축이 되거나, 자신의 실수를 인정하지 않고 신경이 날카로워 긴장과 불안을 느끼며 상처를 받고, 스스로를 비판하거나 슬퍼하며 우울해하는 행동으로 구분하고 있다. 그동안 정신건강의 유형 중 공격적인 행동인 외현화 행동에 대한 연구는 많이 이루어졌지만, 내재화 문제인 위축 및 불안·우울에 대한 중요성은 상대적으로 간과되어 왔다. 위축 및 불안·우울에 노출된 유아는 조용하여 주위의 시선을 덜 받게 되고 또래와 상호작용에 어려움을 보이고, 사회적 참여를 위한 행동이나 기술에 문제가 있다는 연구결과가 보고되고 있다. 다문화유아의 유형별 문제행동에 대한 구체적인 내용은 〈표 8-8〉과 같다(강경미, 2005; 한국교육심리학회, 2000; 권정윤, 2012; 최성희, 2016; 최주희, 2017; Campbell, 1989).

표 8-8. **다문화유아의 유형별 문제행동**

구분	정의	다문화유아
위축	위축은 또래에게 거부당하거나 스스로 움츠러드는 아동에게 나타나는 사회적 부적응 행동의 일부로 한발 물러서고, 움츠러들고, 도망가는 행동을 말하며, 또래와의 상호작용이 적거나 또래와의 관계 수용이 적은 상태를 의미한다.	다문화 유아는 또래 유아들과 다른 외모와 피부색의 차이로 유아 스스로가 위축되거나, 외국인 어머니나 아버지의 서투른 한국어로 인하여 언어발달이 지연되면서 또래에게 따돌림을 당하는 등 부정적인 경험을 통해 위축이 증가된다.
불안 및 우울	불안·우울이란 긴장, 날카롭게 곤두선 기분, 스스로의 감정이나 행동에 대해서 지나치게 의식하거나 전반적으로 슬퍼 보이면서, 부정적인 감정과 연관된 문제를 의미한다.	다문화 유아는 불안하거나 우울감을 느끼는 것보다 위축되어 있는 정도가 더 높다. 위축 행동이 나타나는 유아는 일상생활에서 실패, 욕구좌절이 쌓여서 불행감을 느끼며 자신에 대한 개념을 부정적으로 발전시키면서 심리적 갈등을 극대화시킨 후 정서적, 사회적으로 문제를 일으킬 가능성이 높다.
문제 행동	문제행동은 다루기 힘든 행동, 역기능적인 행동, 행동문제, 부적절한 행동, 잘못된 행동 등의 용어와 함께 사용되고 있다. 문제행동에 대한 개념은 각 분야에 따라 표현하는 용어가 다르며, 정신의학이나 심리학에서는 부적응 행동, 이상행동으로 표현하고, 사회병리학에서는 반사회적 행동과 비행으로, 교육학에서는 문제행동, 선도행동, 비행으로 표현된다. 넓은 의미에서의 문제행동이란 사회적 규범에서 벗어난 행동이나 타인이 아닌 자신을 괴롭히는 행동을 의미한다.	문제행동의 하위요인으로 인한 문제나 갈등, 비판이 잠재적으로 해결되지 않는 상태가 지속되면서 스스로가 표현하지 못하고 지나치게 억제하는 과정에서 위축, 불안·우울과 같은 내재적 문제행동이 나타난다. 그리고 유아기 정신건강 문제는 현재의 시간에 특이한 문제가 나타나지 않을 수 있으나 장기적으로는 유아에게 커다란 문제행동으로 발현될 가능성이 높다. 이러한 연구결과는 다문화 유아 정신건강의 하위요인인 위축과 불안·우울 요인이 문제행동을 유발하는 주요 변인으로서 관계가 있다는 것을 시사하며, 다문화 유아의 정신건강 상태에 관심을 가져야 할 필요성을 제기해 준다.

4) 다문화가정 청소년의 건강수준

청소년기 건강행동은 성인기의 건강을 지속할 수 있는 중요한 시기이다. 청소기에는 그들의 신체적, 정서적 불안감으로 흡연, 음주, 약물 등 비행행동을 저지르기 쉬우며, 이런 행동들은 결국은 성인기의 건강행태습관을 형성시키게 된다.

김효주(2015)의 연구에 따르면, 일반가정 청소년의 평생흡연경험은 23.8%, 다문화가정 청소년은 24.8%로 유의한 차이가 없었으나 현재흡연율은 일반가정 청소년이 11.3%, 다문화가정 청소년이 13.5%로 다문화가정 청소년이 더 높은 것으로 나타났다. 평생음주경험은 다문화가정 청소년이 37.9%, 일반가정 청소년 46.6%로 일반가정 청소년이 높게 나타났으며, 현재 음주율도 일반가정 청소년이 19%, 다문화가정 청소년이 17.2%로 일반가정 청소년이 높았다. 문제음주를 하는 집단은 다문화가정 청소년이 9.2%로 일반가정 청소년 7.4%에 비해 높게 나타났다. 평생약물사용 경험은 다문화가정 청소년이 4.6%로 일반가정 청소년 0.4%에 비해 높게 나타났다.

이혜림(2015)의 연구에서는 현재 흡연여부는 일반가정 청소년이 42.5%, 다문화가정 청소년이 50%로 나타났으며, 음주에서는 일반가정 청소년의 58.3%가 다문화가정 청소년의 65.6%가 음주경험이 있으며, 음주경험이 있다고 답한 청소년 중 현재 음주자는 일반가정 청소년이 57.1%, 다문화가정 청소년이 42.7%로 나타났다.

따라서 청소년기의 음주, 흡연, 약물의 건강하지 않은 행동들은 해결해야 할 과제이며, 특히 사회경제적으로 소외계층인 다문화가정 청소년들의 불건강행태는 일반청소년들에 비해 높게 나와 이들 계층의 구체적이고 차별화된 정책지원이 필요하다고 할 수 있다.

그리고 청소년기의 비만은 성인기와 마찬가지로 고혈압, 고지혈증, 저콜로스테롤혈증 및 호흡기질활, 당뇨 등 다양한 합병증을 유발할 수 있으며, 특히 청소년기의 비만은 현재 빠른 속도로 증가하고 있으며, 전세계적으로 아동의 10%가 비만으로 추정되고 있다. 따라서 청소년의 건강행태를 알아보는 지표 중 비만도를 측정하는 일은 매우 중요한 일이다.

BMI 지수는 성인의 신장과 몸무게를 이용하여 지방의 양을 추정하는 공식으로 체지방률 및 건강 위험도를 반영하는 지표로 사용된다. BMI 지수는 몸무게를 키의 제곱으로 나누어 계산한다. 그 수치가 20 미만일 때를 저체중, 20~24일 때를 정상체중, 25~30일 때를 경도비만, 30 이상인 경우에는 비만으로 본다. 이러한 기준은 16세 이상의 모든 남성과 여성에게 적용된다. 이 지수를 통하여 어떠한 질병에 걸릴 확률이 높은지 예측할 수도 있다. 그러나 두 사람이 같은 체질량 지수를 가져도 체지방률은 다를 수 있다. 체질량 지수는 몸무게와 키만으로 산출하기 때문이다. 이처럼 체질량 지수는 한 사람의 건강 상태를 나타내는 하나의 지표에 불과하므로 허리둘레, 운동 여부, 생활환경 등을 종합적으로 고려하여 위험 인자를 파악하는 것이 중요하다. 최근에는 전문가들 사이에서도 BMI 관련 논란들이 많다. 즉, 비만을 결정짓는 요소가 키와 몸무게뿐 아니라 다른 요소들도 무수히 많은데, 그 많은 것들을 무시하기 때문이다. 거울로 보기에 본인이 말랐다고 해서 너무 안심하면 안된다. 마른 사람들 중에서도 비만을 가지는 경우가 많기 때문이다. 이를 마른 비만이라고 부르는데, 마른비만이란 체질량 지수는 낮거나 정상인데 비해 체지방율이 높은 경우에 해당한다. 보통 체지방율이 남성의 경우는 25% 이상일 때 여성의 경우는 30% 이상일 때 마른 비만으로 분류하고 있다. 또한 허리 둘레에 대한 비만의 기준은 남성은 90cm 이상 여성은 85cm 이상일 때 복부비만으로 분류한다.

김효주(2015)의 연구에 따르면, 일반가정 청소년의 비만도는 9.6%, 다문화가정 청소년의 비만도는 8.4%로 일반가정 청소년이 높게 나타났다. 이는 사회경제적 위치가 비교적 낮고 이로 인해 맞벌이 부부의 청소년들은 균형 있는 식단이 아닌 영양이 부족한 식단으로 나타나는 현상으로 보여진다. 또한 아침결식률은 일반청소년이 26.8%, 다문화가정 청소년이 27.9%로 다문화가정 청소년의 아침결식률이 일반가정 청소년보다 높게 나타났다. 패스트푸드 섭취율은 일반가정 청소년이 11.8%, 다문화가정 청소년이 12.7%로 일반가정 청소년들보다 패스트푸드 섭취율이 높았다. 아침결식율과 패스트푸드 섭취율을 살펴보면, 다문화가정 청소년의 건강행태가 일반가정 청소년의 건강행태보다 더 낮게 나타났다.

이혜림(2015)의 연구에서는 일반가정 청소년과 다문화가정 청소년의 과체중은 각각 11.0%, 11.6%, 비만 역시 각각 10%, 9.3%로 비슷한 양상을 보였지만 저체중에서는 일반가정 청소년 24.4%보다 다문화가정 청소년 30.4%의 저체중에서 유의한 차이를 보였다. 다문화가정 청소년의 식습관은 불규칙적이고 영양섭취를 골고루 하지 못할 확률이 높다. 다문화가정 청소년의 사회경제적 위치는 비교적 낮으며 이로 인해 부모의 과중한 근무시간은 청소년들의 규칙적이고 영양적인 식단에 영향을 미치게 된다. 또한 다른 나라의 문화에 익숙한 아버지 혹은 어머니는 한국적인 음식과 다른 음식을 제공할 확률이 있으며, 가정식단과 사회의 식단의 차이로 인해 저체중을 불러일으킬 수 있다.

다문화가정 청소년과 일반가정 청소년의 건강행태를 살펴볼 수 있는 또 다른 항목은 정신건강이다. 다문화가정 자녀들은 부모의 낮은 사회적, 경제적 지위와 낮은 수준의 언어 구사력, 그들이 살았던 문화, 생활양식의 차이 등과 학습부진 및 자아존중감의 불안전한 상태 등으로 우울, 불안감 등의 정신건강 측면에서 문제를 야기한다. 한국 청소년들의 정신건강은 매우 심각한 상황이며, 극심한 스트레스와 우울, 불안감 등은 청소년들을 좋지 않은 결과로 내몰아 간다. 특히 다문화가정 청소년의 14.3%가 우울이나 무력감을 느끼고 27%가 인터넷과 게임 등 컴퓨터 사용을 지나치게 하는 것으로 나타났다. 이처럼 청소년의 정신건강 상태는 매우 심각하다. 이런 정신건강은 사회적으로 소외받는 계층일수록 더욱 현저하게 나타난다. 외국인 결혼이주자가 늘어나고 다문화가정의 자녀가 증가하는 가운데 그들이 받는 사회적 소외감과 정신적 스트레스는 심각하다고 할 수 있다.

청소년기는 신체와 정서적인 다양한 변화로 인해 정서적, 심리적 불안함을 느끼며 이러한 건강하지 못한 시기는 청소년들의 비행으로 이끈다. 특히 다문화가정 청소년들이 받는 사회적 차별은 그들이 단지 외모가 다르다는 이유만으로 사회부적응을 경험하고 친구들에게 따돌림을 당하거나 폭력의 대상이 되기도 한다. 또한 부모의 서툰 언어 실력이 자녀의 언어발달 지체로 이어지고 이로 인해 학교성적이 부진한 다양한 문제들을 야기시키고 있다.

우리나라 청소년에서 나타날 수 있는 문제 중의 하나는 청소년의 자살이라고 할 수 있다. 청소년 사망원인 1위는 고의적 자해인 자살〈그림 8-1〉로 나타났으며, 청소년의 자살에 대한 충동여부와 이유〈표 8-9, 그림 8-2〉에서는 청소년의 33.8%가 자살을 생각해 본 경험이 있었으며, 자살에 대한 이유에서는 학업문제가 37.2%로 가장 높았으며, 미래불안 21.9%, 가족갈등 17.9% 순으로 나타났다.

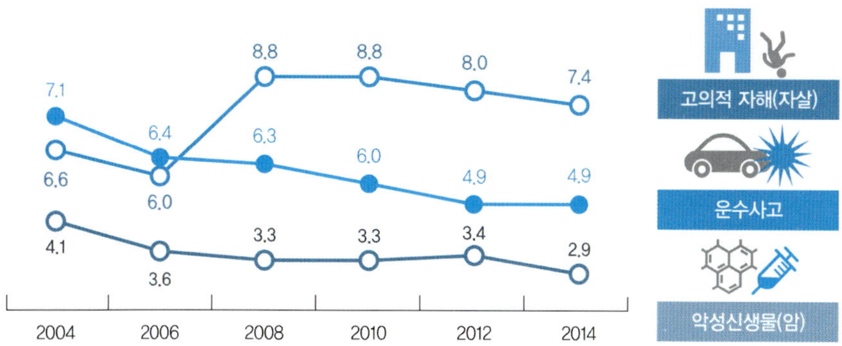

그림 8-1. **청소년 사망원인 1위(고의적 자해: 자살)**

표 8-9. **청소년의 자살에 대한 충동여부와 이유**

구분	항목	여부			이유					
		생각해 본 적이 없다	가끔 생각한다	자주 생각한다	학업문제 (학업부담, 성적 등)	가족 간의 갈등	선후배나 또래와의 갈등	경제적인 어려움	미래 (진로)에 대한 불안	기타
전체	소계	66.2	28.6	5.2	37.2	17.9	7.2	1.4	21.9	14.4
성별	남자	76.3	21.0	2.8	38.4	19.8	4.7	2.1	21.7	13.3
	여자	55.3	36.8	7.9	36.5	16.7	8.6	1.1	22.0	15.1
학교급	중학교	68.1	26.9	5.1	34.0	24.8	11.1	1.4	14.9	13.8
	고등학교	64.7	30.0	5.3	39.7	12.7	4.2	1.4	27.2	14.9
가족 유형	양부모가정	67.0	28.0	5.0	38.9	16.9	7.4	0.9	22.2	13.7
	한부모가정	58.2	36.0	5.8	22.1	25.9	3.8	7.0	20.8	20.4
	조손가정	64.7	13.7	21.6	32.7	36.9	15.2	0.0	15.1	0.0
	기타	55.1	39.0	5.9	25.6	18.1	8.0	4.1	15.9	28.4
학업 성적	상	71.6	24.7	3.7	37.3	17.7	8.6	0.8	22.9	12.8
	중	68.0	27.7	4.3	41.2	15.9	7.2	1.4	19.4	14.8
	하	59.1	33.0	7.9	32.5	20.2	6.3	1.9	24.1	15.0
경제적 수준	상	71.3	25.0	3.6	42.0	16.5	7.9	0.2	20.6	12.9
	중	65.4	28.6	6.0	35.4	17.9	7.6	1.0	23.7	14.4
	하	48.5	42.4	9.1	29.9	21.1	4.9	5.2	21.0	17.9

출처: 통계청(2019). 아동청소년인권실태조사: 죽고싶다는 생각 여부 및 이유.

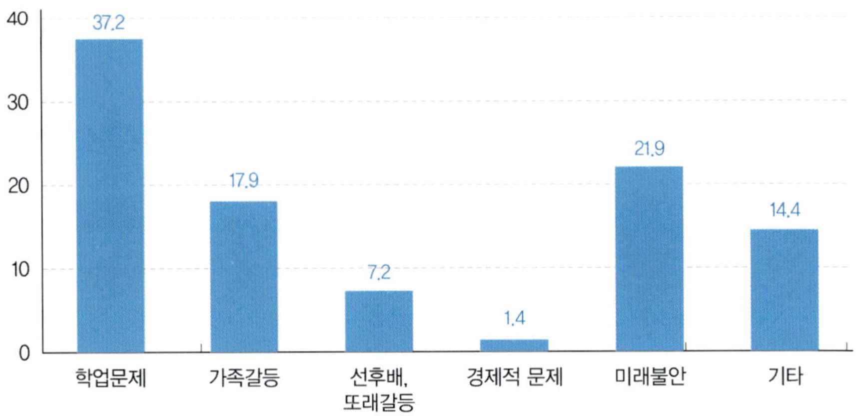

그림 8-2. 청소년 자살에 대한 이유

출처: 통계청(2019). 아동청소년인권실태조사: 죽고싶다는 생각 여부 및 이유.

한국청소년상담원이 다문화가정 청소년 70명을 대상으로 인터뷰한 결과, 다문화가정 청소년들은 65.2%가 현재 생활에 대해 만족한다고 보고하였으며〈표 8-10〉, 일반적 문제로는 학업문제가 11.6%로 가장 높았으며, 심리 · 정신적 문제로는 컴퓨터의 과다사용이 81.4%, 우울이나 무기력에 대한 경험이 45.7%, 자살충동 경험이 17.1%, 술이나 담배 경험이 12.9%로 나타났다.

표 8-10. 다문화가정 청소년의 일반적인 문제와 심리 · 정신적 문제

일반적인 문제	심리 · 정신적 문제
학업문제(11.6%) 경제적 어려움 (5.8%) 외모문제 (2.9%) 사회적 냉대와 차별 (1.4%)	컴퓨터의 과다사용(81.4%) 우울이나 무기력에 대한 경험(45.7%) 자살충동 경험(17.1%) 술이나 담배 경험(12.9%)

다문화가정 청소년들이 경험하고 있는 문제에 대한 구체적인 내용은 〈표 8-11〉, 정책적 대안에 대한 내용은 〈표 8-12〉와 같다.

표 8-11. **다문화가정 청소년들이 경험하고 있는 문제**

구분	내용
자아정체감의 혼란을 경험하고 있다.	다문화가정 청소년들은 성장과정에서 외국인 부모와의 관계에서 정체성의 혼란을 경험하며, 집단 따돌림 등으로 정서적 충격을 받은 경험이 있는 것으로 보고되고 있다. 특히 결혼이민자 부모의 문화적 정체성과 한국사회의 문화적 정체성이 서로 다를 때, 국제결혼 가정 자녀들은 정체성의 혼란을 동시에 경험한다.
언어능력의 부진으로 학습부진의 정도가 심각하다.	초등학생들의 경우, 언어능력의 부족으로 심각한 학습부진을 경험하고 있으며, 외국인 어머니의 한국어능력 부족 또는 경제적 여력의 부족으로 유치원 또는 사교육을 받지 못하는 경우가 많고, 한국가정의 또래들보다 선행학습에서 뒤처지게 된다. 다문화가정 자녀들의 상당수가 일상적인 언어소통에는 큰 문제가 없다고 할지라도 독해와 어휘력, 쓰기와 작문 능력이 현저히 떨어지는 것으로 나타났다.
한국사회의 편견이나 집단 따돌림 등으로 건강하지 못한 정서적 충격을 경험하고 있다.	우리나라 학생들의 경우 '잘난 척해서(29.4%)' 등이 집단 따돌림의 주요한 요인으로 제시되고 있지만, 국제결혼 가정 자녀의 경우 그들의 성격 상의 특성과는 무관하게 단지 부모가 외국인이라는, 예를 들어 '국제결혼 가정의 자녀라는 이유 때문에(34.1%)'에 집단 따돌림을 당하는 것으로 나타났다. 이와 같이 다문화가정에 대한 편견이나 차별, 그리고 집단 따돌림은 다문화가정 자녀들에게 정서적인 충격이 되고 있다.
결손 가정적 요소나 경제적 어려움이 있다.	실제로 다문화가정 학생 문제는 다문화 측면보다는 결손가정적 요소나 경제적 어려움으로 인해 나타나는 문제가 더 많다. 예를 들어, 소외, 놀림, 차별 등 친구나 교사와의 관계에서 오는 어려움보다는 학교공부나 숙제 및 준비물 챙기기 등 개인적이고 실질적인 문제에 더 많이 직면하여 일반학생들보다 학교공부를 따라가기 힘든 상태라고 보고되고 있다.
불법체류자의 아이들이 방치되고 있다.	교육인적자원부의 내부 조사 자료를 참고해 보면, 대략 8,000명의 불법체류자들이 학교 밖에서 방치되고 있다고 추정된다.

표 8-12. 다문화가정 청소년에 대한 정책적 대안

구분	내용	정책적 대안
다문화가정 청소년에 대한 정책적 개입	다양하고 구체적인 실태 파악이 필요하다.	현재 전국적인 현황조사가 부족한 실정이며, 국제결혼 가정 자녀, 탈북자가정 청소년 집단에 대한 정보 또한 부족한 실정이다.
	3세대 다문화가정 청소년의 문제에 대한 연구가 필요하다.	다문화가정 청소년들이 국가 소속감과 관련하여 정체감 혼란을 가질 수 있는데, 이중적인 자기규정이 혼란을 야기할지 또는 다문화를 수용하는 긍정적인 정체감으로 해석될지에 대해서는 보다 연구가 필요하다. 또한 이들이 소극적인 대처를 하는 경향이 있는 것으로 보이므로, 다양한 개인적인 문제 경험에 대해 보다 적극적인 해결을 위한 상담 및 위기지원 시스템의 개입이 필요하다.
일반 청소년의 다문화가정 청소년에 대한 긍정적인 태도 형성	다문화가정 청소년에 대한 정보 교육 및 직접 경험의 확대가 필요하다.	다문화가정 청소년에 대한 수용과 개방성, 고정관념과 관련 등은 접촉 경험과 시간이 길수록 보다 친밀감을 형성하는 것으로 나타나 이러한 직·간접적 정보 제공 및 경험을 할 수 있는 대중매체 및 학교내 프로그램이 요구된다.
	부모교육을 통한 태도 개선 프로그램이 필요하다.	부모의 학력은 다문화가정 청소년에 대한 개방성에 영향을 주는 것으로 나타나, 부모의 인식에 대한 교육을 통해 국제화 시대의 다양한 문화의 공존성을 이해하고 대처할 수 있는 개입적 조치가 필요하다.

3 문화적 역량과 건강

문화는 인간사회 집단에서 발생하는 사회적 행동을 사회집단의 특성에 따라 다양하게 나타나는 특성을 의미하고, 이는 여러 민족을 경계로 형성된 집단적 특성으로 다른 사람과 상호작용 속에서 개인의 사고, 정서, 행동, 가치체계를 포함하는 인간의 통합된 능력을 의미한다(Champinha-Bacote, 2002). 이러한 의미에서 문화적 역량(Cultural Competence)이란 다문화 대상자의 문화적 신념, 행위, 요구에 대해 개인과 조직이 효과적으로 기능할 수 있는 능력을 의미한다. 즉, 다른 문화적 배경을 가진 사람들을 접했을 때 자신의 언어, 경험, 현재 인식 등과 연관되어 있는지를 이해하여 문화적으로 다른 사람들의 문화적 경험이나 인식의 방법 등과 비교해서 파악할 수 있는 능력이다. 또한 문화적 맥락 안에서 효과적으로 대상자를 돕는 일련의 전문적 행동과 특성을 지칭하는 것이며, 보건서비스 분야에서는 다문화적 상황에서 서비스 제공자가 효과적이고 효율적으로 서비스를 제공할 수 있도록 하는 조직, 기관, 개인의 행동, 태도 및 기술 정책 등의 총체로 사용되고 있다. 그리고 문화적 역량은 문화적 민감성, 문화적 인식, 비교문화 기술, 문화 지능, 횡문화 간호, 범문화 간호, 문화적으로 적절한 간호, 문화 간호, 문화 역량 등과 통상적으로 혼용되어 사용되고 있는 개념이다.

다문화 대상자에게 직접 서비스를 제공하는 간호사는 다문화 대상자의 문화적 전통과 특성, 태도와 행동에 대해 지식을 갖추고 그들의 건강에 대한 다양한 관점, 행동에 따른 요구에 적절히 반응하면서 간호를 제공하는 문화적 역량이 필요하다(이인숙, 조주연, 2014).

우리나라에서는 2000년대에 들어오면서 문화적 역량의 개념이 사회학, 교육학, 심리학, 의료, 간호학 등에서 그 중요성을 인식하기 시작하였고, 국내 간호사의 문화적 역량증진 교육은 2012년도 2주기 간호교육 인증평가에서 학습성과로 다룬 국제 보건 학생 역량의 필요성이 대두되면서 중요성을 인지하고 국내 대학 교과과정에 다문화 관련한 교과과정이 소수 대학에서부터 개설되기 시작하였다(이현경 외, 2015). 하지만 우리나라는 간호사를 포함한 의료진들이 다문화 환자 경험이 부족하고, 종합병원에 근무하는 간호사의 94%가 문화적 역량 관련 교육을 받은 적이 없다고 보고하고 있어(김미종 외, 2014), 국내 의료진들의 문화적 역량은 외국보다 점수가 낮은 편이다(이정임, 2012).

문화적 역량에 대한 속성은 간호사의 문화적 인식, 문화적 민감성, 문화적 지식, 문화적 기술 및 문화적 경험의 5가지로 분류할 수 있는데(김선화 외, 2010; 박혜숙, 원미순, 2010; 이미자, 2016; 이병준 외, 2010; 장미미, 2020; 정지원, 김영환, 2012; 채덕희, 2013; 한석영, 2016), 구체적인 내용은 〈표 8-13〉과 같다.

표 8-13. **문화적 역량에 대한 속성**

구분	내용
문화적 인식	문화적 인식은 자신과 다른 문화적 배경을 가진 대상자를 인식하고 그들을 이해하며 그들의 문화를 공유하고 차이를 아는 것으로, 더 나아가 그것의 가치를 인정하고 편견 없이 긍정적으로 수용할 수 있는 개인의 능력이다. 즉, 문화적 인식은 개인의 편견과 신념을 점검하기 시작하면서 다양한 방법으로 얻어지는 문화적 지식을 통해 다문화 대상자와 의미 있는 접촉으로 그들이 직면한 문제를 이해하고, 건강신념 및 행위에 대한 지식을 향상시킬 수 있는 것을 의미한다.
문화적 지식	문화적 지식은 간호사가 다문화 대상자를 돌보면서 그들의 불편감, 민감도의 차이, 의사결정의 주체, 신체 접촉의 의미, 종교적 신념 등에 대한 문화적, 인종적으로 다른 점에 대해 관심을 가지고 근거에 준한 교육적 기반을 다진 후에 간호 업무를 수행하는 것을 의미한다.
문화적 민감성	문화적 민감성은 집단 간에 존재하는 문화적 다양성에 대해 공통점과 유사성을 인지하고 다문화 집단에 대한 개방적 태도와 유연한 사고를 갖게 되는 상태를 의미한다. 문화적 민감성은 다문화 대상자에게 서비스 제공 시 성공적인 의사소통을 위해 개인이 반드시 갖추어야 할 요소이며, 문화 간 차이를 이해하고 인정하고 받아들이고자 하는 적극적인 욕구를 의미한다.
문화적 기술	문화적 기술은 환자의 문화적 배경에 따라 언어적, 비언어적 의사소통기술, 치료적 신뢰관계 형성 등의 기술을 이용하여 다문화 대상자의 신체 사정을 정확하게 수행하고 대상자의 문제와 관련된 문화적 배경을 수집하는 능력을 의미한다. 여기에는 다문화 대상자와 효과적으로 의사소통할 수 있는 능력으로 시작하여 추가적으로 간호사의 돌봄의 계획과 제공에 대상자의 신념, 가치, 관습을 통합하는 능력이 포함된다. 즉, 문화적 기술은 건강과 관련된 문화의 체계적인 사정, 문화적으로 적합한 신체사정, 문화 간 의사소통기술을 포함한다.
문화적 경험	문화적 경험은 간호사가 타문화에 대한 기존의 신념을 수정하고 고정관념을 없애기 위하여 대상자와 직접적으로 대면하는 접촉 및 다른 형태의 접촉을 격려하는 과정이다. 문화적 경험은 문화적 역량과 관련된 환경적 요인으로서 다문화 대상자와의 접촉 기회, 다문화와 관련된 학습 경험, 해외 자원봉사, 국제교류 활동, 여행 등을 통한 다문화 경험 및 다문화 관련 교육 참여 등을 통해 문화적 역량에 영향을 미치는 요소들을 의미한다.

다문화가정을 긍정적으로 수용하기 위해서는 자문화와 타문화를 동시에 인정하는 문화적 역량이 필요하며, 자기 민족에 내재된 문화에 대한 올바른 인식과 함께 다른 사람, 인종, 지역의 문화적 차이를 인식하고 이해하고자 하는 능력을 더욱 함양해야 한다. 특히 간호사가 다문화가정을 어떻게 인지하는가에 따라 의료 현장에서 다문화가정 대상자를 간호하는 데 영향을 미칠 수 있다. 그러므로 간호사는 의료인으로서의 의료 서비스의 대상이 다양한 문화권의 사람들로 확대되는 상황에서 다문화가정에 대한 이해를 높이고 대상자 중심의 서비스를 제공할 수 있도록 다문화사회에 대한 인식 개선을 위하여 노력해야 한다(안옥희 외, 2012).

CHAPTER 09

다문화사회의 건강 문제

09 Chapter 다문화사회의 건강 문제

배울내용
1. 결혼이주자여성
2. 외국인근로자
3. 북한이탈주민

학습목표
1. 결혼이주자여성의 건강 문제를 설명할 수 있다.
2. 외국인근로자의 건강 문제를 설명할 수 있다.
3. 북한이탈주민의 건강 문제를 설명할 수 있다.

1 결혼이주자여성

우리나라에서 국제결혼은 1990년 중반부터 증가하기 시작하여 2005년을 기점으로 감소되고 있지만, 연간 3만 건 내외로 총 결혼 건수 대비 10% 내로 꾸준히 유지되고 있으며, 그중에 외국인 여성과 한국 남성의 혼인이 73%를 차지한다(통계청, 2012). 여성결혼이민자는 한국사회에서 문화적응 스트레스, 언어 문제, 가족원 간의 갈등, 자녀양육 등과 같이 신체적·정신적·사회적 문제를 경험하게 되며, 특히 이민 적응과정에서의 경험은 여성결혼이민자의 건강수준에 영향을 미치고(서인주, 박정숙, 2013), 자신의 가족 및 이전에 갖고 있던 사회적 네트워크로부터 단절됨으로써 발생하는 심리적 고립

감은 정신적 · 신체적 건강에 부정적인 영향을 미칠 수 있다(이상림, 2011). 다만 여성결혼이민자는 대부분 젊은 연령층이거나 건강이 좋은 상황에서 이민을 하는 경우가 많아(김혜련, 2010), 이민 자체가 건강의 위험인자라 할 수는 없다. 그러나 이민 과정을 둘러싼 정책적, 환경적 여건이 건강에 영향을 미칠 수 있음을 고려할 때(김혜련 외, 2012), 이들이 놓인 사회 · 환경적 요인은 여성결혼이민자의 건강상태에 중요하게 작용할 수 있다.

현재 우리나라 국제결혼의 대부분을 차지하는 저소득국 출신 여성과의 결혼은 결혼중개업체를 통해 짧은 시간에 이주 및 성혼이 이루어지는데, 이 과정에서 그들은 자신이 살게 될 환경과 배우자에 대한 정보를 충분히 알지 못한 채 이주함과 동시에 비교적 단시간 내에 결혼, 임신과 출산, 자녀 양육과 같은 일련의 과정을 경험하게 된다(이상림, 2011). 실제 한국생활에 적응하기도 전에 이미 임신과 출산의 경험을 한다고 볼 수 있다. 또한 사회적 환경의 어려움, 가치관의 차이, 문화적 갈등, 의사소통의 어려움 등의 원인으로 인해 다문화여성들은 새로운 사회에 적응하는 과정에서 건강을 잃을 수 있는 상황이다. 즉, 여성결혼이민자는 기존에 자신이 가지고 있던 건강 상의 문제가 아닌, 이민 적응 과정에서 발생되는 여러 원인으로 인해 신체적 · 정신적 건강에 위협을 받고 있다.

1) 결혼이주자여성의 건강문제

결혼이주자 대부분이 가임기 여성임을 고려하여 국내 가임기 여성과 비교해 보면 빈혈 유병률과 기생충 감염, 그리고 B형 간염보균률이 높아 저체중아 출생이나 B형 간염 모자수직감염 등 모성 및 출생아 건강에 부정적인 영향을 미칠 가능성이 높다(장인순 외, 2010). 또한 일반적인 질병에 대해서는 결혼이민자여성이 한국에 와서 의사로부터 진단받은 적이 있는 질병이 빈혈 14.9%, 알레르기 질환 8.1%, 위·십이지장궤양 7.7%, 고혈압 6.4%, 자궁근종 5.7% 순이었고(한국보건사회연구원, 2008), 8개의 행정구역에서 465명의 여성결혼이민자를 대상으로 조사한 연구결과에서는 한국 입국 후 질병 유병률에 대하여 빈혈 21.2%, 위장질환 13.6%, 부인과 질환 11.6%, 우울 6.4%, 근골격계 질환 4.7% 순으로 이환되었다(양숙자, 2010).

특히 결혼이주자의 건강과 관련된 국가차원의 실태조사는 2000년대 중반 본격적으로 추진된 한국의 다문화가족정책의 일환으로 「다문화가족지원법」에 의한 전국다문화가족실태조사 연구가 있다. 2018년 전국다문화가족실태조사에서 '주관적 건강상태'와 '우울감 경험'을 통해 결혼이주자여성의 건강문제를 자세히 살펴보면 다음과 같다.

(1) 주관적 건강상태

2018년 '전국다문화가족실태조사'에서 주관적 건강상태 영역에서의 분석 결과를 살펴보면, 결혼이민자·귀화자의 주관적 건강상태는 5점 기준에 3.80점으로 국민 전체(3.37점)의 주관적 건강상태와 비교해 월등히 높은 수준이다. 그런데, 연령대별로 보면 40대 이하 연령층에서는 결혼이민자·귀화자가 일반 국민에 비해 자신의 건강상태를 긍정적으로 평가하지만, 50대 연령층에서는 집단 간 차이가 거의 없으며 60세 이상층에서는 결혼이민자·귀화자의 건강상태가 일반 국민보다 오히려 좋지 않은 것으로 나타나 일반 국민에 비해 결혼이민자·귀화자가 연령대별 건강상태 차이가 크며 60대에 들어서면 급속히 건강상태가 나빠지는 것으로 나타났다〈그림 9-1〉.

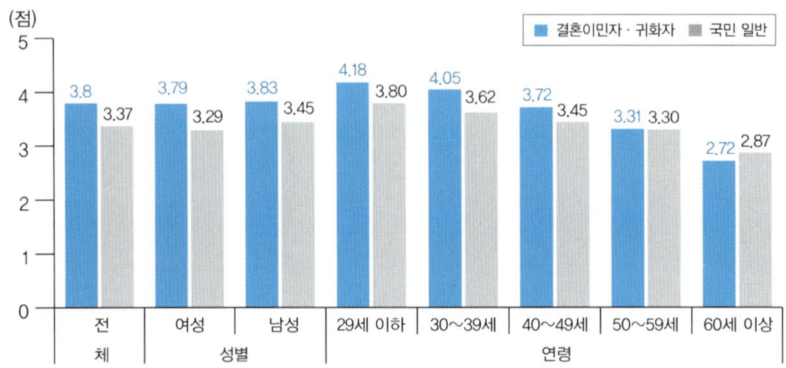

주: 평균 – 1점 매우 나쁘다 ~ 5점 매우 좋다

그림 9-1. 결혼이민자 · 귀화자와 18세 이상 국민의 주관적 건강상태 비교

출처: 여성가족부(2019). 2018년 전국다문화가족실태조사 연구.

결혼이민자 · 귀화자의 주관적 건강상태를 2015년과 비교하면〈그림 9-2〉, 5점 기준에 0.07점 상승해 건강상태가 다소 개선되었다. 그런데, 연령층별로 보면 40대 이하 연령층은 2015년보다 건강상태가 개선된 반면, 50대 이상은 약간 저하되어 연령대별 격차는 더 커진 것으로 나타났다.

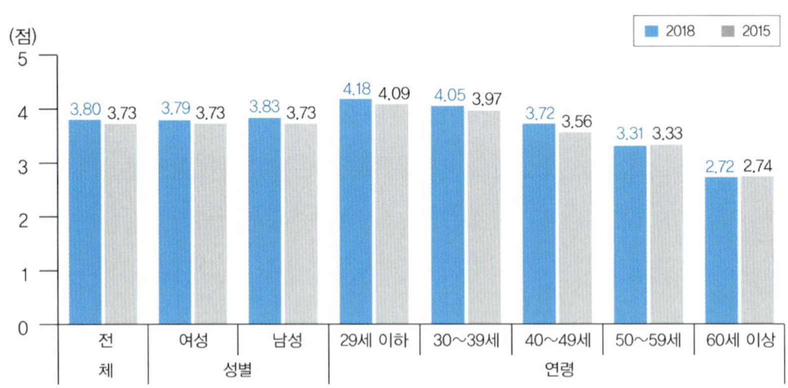

주: 매우 나쁘다=1점, 나쁜 편이다=2점, 보통이다=3점, 좋은 편이다=4점, 매우 좋다=5점

그림 9-2. 결혼이민자 · 귀화자의 주관적 건강상태(2015, 2018)

출처: 여성가족부(2019). 2018년 전국다문화가족실태조사 연구.

세부집단별〈표 9-1〉로는 결혼이민자(3.81점)가 기타귀화자(3.73점)보다, 남성(3.83점)이 여성(3.79점)보다 자신의 건강상태를 긍정적으로 보고 있으며 연령이 낮을수록, 교육수준이 높을수록 건강상태가 좋은 편이다. 소득수준별로는 100만원 미만층(2.85점)의 건강상태가 좋지 않은 반면, 500만원 이상층(4.13점)의 건강상태가 가장 좋다. 혼인상태별로는 미혼(4.10점)이나 배우자가 있는 이들(3.95점)이 사별(2.98점), 이혼 · 별거(3.27점) 상태에 있는 이들보다 건강상태가 현저히 좋다. 출신국적별로는 미주 · 유럽 · 대양주(4.20점), 그 외 동남아시아(4.15점), 캄보디아(4.08점), 기타 국가(4.08점), 베트남(4.05점) 출신의 건강상태가 좋은 편인 반면, 한국계 중국(3.42점) 출신의 건강상태는 상대적으로 좋지 않은 편이다.

표 9-1. 결혼이민자 · 귀화자의 주관적 건강상태 (단위: %, 명, 점)

		매우 나쁘다	나쁜 편이다	보통이다	좋은 편이다	매우 좋다	합계	평균
전체(2015)		1.7	9.8	26.4	37.5	24.6	100.0	3.73
전체(2018)		1.8 (5,104)	9.5 (26,482)	20.9 (58,527)	42.6 (119,370)	25.2 (70,536)	100.0 (280,020)	3.80
다문화 가구유형	결혼이민자	1.7	9.1	20.8	43.4	25.1	100.0	3.81
	기타귀하자	2.8	11.5	21.5	38.5	25.8	100.0	3.73
성별	여성	1.9	9.5	20.9	43.1	24.7	100.0	3.79
	남성	1.6	9.5	20.7	40.6	27.6	100.0	3.83
연령	29세 이하	0.1	2.7	14.9	44.1	38.3	100.0	4.18
	30~39세	0.4	3.6	17.2	48.3	30.6	100.0	4.05
	40~49세	1.2	10.8	23.0	45.1	20.0	100.0	3.72
	50~59세	3.7	20.2	30.6	32.6	12.9	100.0	3.31
	60세 이상	12.7	32.2	29.3	22.0	3.7	100.0	2.72

		매우 나쁘다	나쁜 편이다	보통 이다	좋은 편이다	매우 좋다	합계	평균
교육 수준	초등학교 졸업 이하 (무학포함)	3.5	14.5	20.9	41.0	20.1	100.0	3.60
	중학교 졸업	2.6	11.6	24.2	41.1	20.6	100.0	3.65
	고등학교 졸업	1.3	8.7	20.5	42.9	26.6	100.0	3.85
	대학졸업 이상	0.5	3.6	16.2	45.9	33.8	100.0	4.09
혼인 상태	미혼	1.0	5.1	13.8	43.3	36.9	100.0	4.10
	배우자 있음 (사실혼포함)	0.7	5.7	19.5	45.8	28.2	100.0	3.95
	배우자 사망	9.2	27.9	25.4	30.5	7.1	100.0	2.98
	이혼 별거	4.7	22.1	28.0	31.7	13.4	100.0	3.27
국내 거주 기간	5년 미만	0.1	2.7	13.9	45.2	38.1	100.0	4.18
	5~10년 미만	0.3	5.0	16.9	47.0	30.7	100.0	4.03
	10~15년 미만	2.0	11.2	22.5	42.5	21.8	100.0	3.71
	15년 이상	3.8	14.8	25.9	37.3	18.3	100.0	3.51
출신 국적	중국	1.2	9.3	20.5	44.9	24.1	100.0	3.81
	중국(한국계)	4.4	18.2	25.6	34.7	17.1	100.0	3.42
	일본	0.8	5.7	21.8	44.0	27.7	100.0	3.92
	대만 · 홍콩	1.7	5.1	19.3	39.0	34.9	100.0	4.00
	베트남	0.1	3.2	19.0	46.6	30.9	100.0	4.05
	필리핀	0.9	5.3	15.3	51.8	26.7	100.0	3.98
	태국	0.4	3.7	18.2	47.0	30.7	100.0	4.04
	캄보디아	0.0	2.7	17.9	48.3	31.1	100.0	4.08
	그 외 동남아시아	0.3	1.6	13.6	51.9	32.6	100.0	4.15
	남부아시아	0.4	6.1	19.2	42.2	32.1	100.0	4.00
	몽골	0.0	10.5	25.0	39.7	24.8	100.0	3.79
	러시아 · 중앙아시아	2.5	7.0	18.7	46.4	25.4	100.0	3.85
	미주 · 유럽 · 대양주	0.3	2.1	13.0	46.6	38.0	100.0	4.20
	기타	0.3	6.0	12.3	48.7	32.7	100.0	4.08

		매우 나쁘다	나쁜 편이다	보통 이다	좋은 편이다	매우 좋다	합계	평균
취업 여부	취업	0.5	8.2	22.3	44.6	24.5	100.0	3.84
	비취업	4.5	12.0	18.2	38.8	26.6	100.0	3.71
거주 지역	동부	2.2	10.4	21.1	41.1	25.3	100.0	3.77
	읍면부	0.7	6.5	20.3	47.7	24.8	100.0	3.90
가구 소득	100만원 미만	12.6	31.5	24.4	21.1	10.5	100.0	2.85
	100~200만원 미만	2.2	12.5	26.2	40.9	18.2	100.0	3.60
	200~300만원 미만	0.4	8.2	19.9	45.4	26.0	100.0	3.88
	300~400만원 미만	0.3	5.4	18.3	46.2	29.8	100.0	4.00
	400~500만원 미만	0.5	4.1	20.5	46.3	28.6	100.0	3.98
	500만원 이상	0.2	2.8	16.2	45.5	35.4	100.0	4.13

주: 매우 나쁘다=1점, 나쁜 편이다=2점, 보통이다=3점, 좋은 편이다=4점, 매우 좋다=5점.
출처: 여성가족부(2019). 2018년 전국다문화가족실태조사 연구.

(2) 우울감 경험

2018년 '전국다문화가족실태조사'에서 우울감 경험을 분석한 결과〈그림 9-3〉를 살펴보면, 결혼이민자 · 귀화자 가운데 지난 1년간 우울감을 느낀 적이 있는 이들은 31.2%로 2015년보다 4.8% 감소해 심리적 상태는 다소 개선되었다. 그런데, 연령대별로 보면 40대 이하 연령층에서는 우울감 경험이 감소한 반면, 50대 이상 특히 60세 이상 연령층에서는 우울감 경험이 2015년보다 오히려 증가하였다.

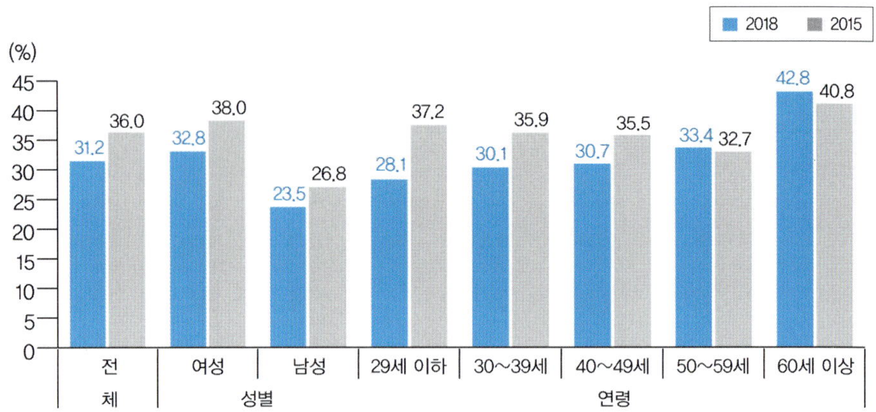

그림 9-3. 결혼이민자 · 귀화자 성별, 연령대별 우울감 경험(가끔 있다+자주 있다+매우 자주 있다).

출처: 여성가족부(2019). 2018년 전국다문화가족실태조사 연구.

이렇듯 결혼이주자여성의 주관적 건강상태와 우울감 경험의 연구결과는 내국인에 비해 이민초기 건강은 양호한 양상을 보이지만, 거주기간이 증가하고 환경에 적응함에 따라 내국인과 유사하거나 낮아지는 양상을 보이는 것으로 나타났다. 결혼이주자여성의 건강상태가 내국인에 비해 좋지 않게 나타나는 이유를 살펴보면 다음과 같다.

첫째, 이민 후 새로운 문화적 · 사회적 환경에 적응하는 힘든 과정을 거치면서 기존의 건강증진행위가 단절 혹은 변경되었다.

둘째, 여성결혼이민자가 병원접근과 의료비에 대한 부담이 있다.

셋째, 의사소통의 장애 등으로 인해 적시에 적절한 의료서비스를 받지 못하고 있다.

넷째, 국민건강보험의 임의가입 대상자임에도 불구하고 이러한 제도를 잘 알지 못한 탓에 국민건강보험에 가입하지 않는 등 의료보장의 사각지대에 놓여 있다.

2) 결혼이주자여성의 건강영향 요인

결혼이주자여성은 한국 사회의 적응 과정에서 건강 상의 많은 변화를 겪게 되어 적극적인 건강관리가 중요하지만 실제 건강수준은 취약한 실정이다(조주은, 조금준, 2014). 이는 건강에 대한 주요 결정요인인 사회경제적 지위, 건강행위, 의료접근성, 스트레스, 사회적 연결망과 사회적 지지, 건강에 위험한 환경 노출 등이 불리한 여건에 놓일 가능성이 크기 때문이다(WHO, 2010). 현실적으로 많은 이주자들이 사회경제적으로 열악한 상황에 있고, 의료서비스 접근에서 언어적 · 문화적 장벽을 느끼며, 새로운 환경 적응에 대한 스트레스, 사회적 고립과 차별을 경험하고, 정보접근성의 제약이 있어 언제라도 신체적 · 정신적 건강상태에 부정적인 영향을 미칠 수 있다(이상림, 2011). 결혼이주자여성의 건강상태에 영향을 미치는 요인을 살펴보면 다음과 같다(김욱진, 2014; 은경훈, 2012; 조주은, 조금순, 2014).

첫째, 인구사회학적 요인은 연령, 학력, 출신국, 거주기간, 거주지역으로 거주기간은 대부분의 거주기간이 길수록 건강상태가 좋지 않았다.

둘째, 사회경제적 요인은 월평균 가구소득, 경제활동, 의료보호 정부지원을 의미하는 것으로 건강상태와 관련이 있으며, 특히 경제활동에 참여하는 여성결혼이민자의 경우가 건강상태가 좋았다. 그리고 국민기초생활 정부지원(「국민기초생활보장법」, 2012)은 생활이 어려운 자에게 필요한 급여를 행하여 이들의 최저생활을 보장하고 자활을 조성하는 것으로 사회경제적 지위에 따라 건강차이를 보일 수 있다.

셋째, 사회지지적 요인은 부부갈등, 배우자 관계만족도, 배우자 부모 관계만족도, 자신이나 집안 어려움 논의자, 모국인 친구 모임, 지역주민 모임 등이다. 특히 배우자와 배우자 부모 관계만족도가 높을수록, 자신이나 집안의 어려움 논의자와 모국인 친구 모임이 있을수록 건강상태가 좋았다.

넷째, 이민관련 요인은 생활만족도가 높을수록, 사회차별 경험이 없을수록 건강상태가 좋았다.

3) 결혼이주자여성의 건강증진 전략

지역사회 다문화가족 문제를 전방위적으로 해결할 수 있는 다문화가족지원센터는 2020년 현재 전국 227개소로 시 · 도 및 시 · 군 · 구 중심으로 설치 · 운영되고 있고, 서비스 대상은 점차 확대되고 있다. 결혼이주자여성은 외국인근로자와 달리 지역사회로 흡수되어 일반시민이 될 수 있어 다양한 사회복지서비스를 쉽게 이용할 수 있다. 특히 다문화가족서비스 중 건강관리 프로그램은 결혼이주여성의 건강증진에 중요한 수단이 되고 있다. 건강을 위해서 올바른 생활양식의 변화와 건강을 위한 개인, 지역사회 및 국가의 책임이 필요하며 질병의 조기발견 및 예방을 통해 궁극적으로 삶의 질을 향상시킬 수 있다.

건강증진이란 일반적으로 '건강을 더 나은 상태로 향상시키는 것'으로 인간은 건강 잠재력을 가지고 있으며, 이러한 건강 잠재력을 충분히 발휘하기 위해서는 질병의 예방과 치료를 위한 적절한 의료서비스의 이용만으로는 부족하며, 개인 자신의 건강에 대한 올바른 행동과 건강에 좋은 환경 여건의 조성이 절대적으로 요구된다.

건강증진은 보건교육적 수단, 건강보호적 수단, 예방의학적 수단 등을 통하여 건강 잠재력을 기르고, 불건강의 위험요인을 감소함으로써 건강을 유지 · 증진하려는 적극적인 개념이다. 이와 유사하게 사용하고 있는 개념으로는 건강보호와 질병예방이 있다. 먼저 건강보호는 사람들이 환경의 위해요인에 대한 접촉 기회와 건강에 해로운 행동을 줄이도록 할 뿐만 아니라, 건강한 환경 속에서 살 기회를 확대하고 적극적인 건강증진을 위한 생활양식을 갖도록 유도하는 생활환경을 조성하기 위한 것이다. 그리

시기	인력 정책 주요 변화
2006년	취업관리제 허용업종 확대
2007년 1월	산업연수제도 고용허가제로 통합, 해외투자연수생제도 유지
2007년 3월	'방문취업제'(H-2 비자) 도입
2009년 5월	'건설업 취업등록제' 시행

출처: 김용규(2010), 하갑래(2011).

1992년만 해도 한국체류 외국 인력은 74,000명이었으나, 2003년부터 한국 체류외국인 수는 꾸준히 증가하여, 2007년에는 100만명을 넘어 10년 뒤인 2017년 200만명, 2019년 최대치인 2,524,656명이었다. 2020년 6월 현재 한국 체류 외국인은 2,135,689명이며, 등록외국인 자격별 현황은 〈표 9-3〉과 같다.

표 9-3. 등록외국인 자격별 현황 (2020.6.30. 현재, 단위: 명)

계	문화예술 (D-1)	유학 (D-2)	일반연수 (D-4)	취재 (D-5)	종교 (D-6)	상사주재 (D-7)	기업투자 (D-8)	무역경영 (D-9)
1,220,228	28	100,588	51,832	90	1,437	1,184	5,639	1,998
	교수 (E-1)	회화지도 (E-2)	연구 (E-3)	기술지도 (E-4)	전문직업 (E-5)	예술흥행 (E-6)	특정활동 (E-7)	비전문취업 (E-9)
	2,130	13,271	2,985	209	564	3,196	20,080	255,433
	선원취업 (E-10)	방문동거 (F-1)	거주 (F-2)	동반 (F-3)	영주 (F-5)	결혼이민 (F-6)	방문취업 (H-2)	기타
	16,553	115,141	43,807	21,275	156,159	131,274	205,569	69,786

출처: 출입국외국인정책본부(출입국외국인정책 통계월보 6월호, 2020).

이처럼 체류 외국인이 지속적으로 증가하고 있는 현 시점에서 이들의 건강은 개인의 차원을 넘어서 사회 · 국가적 차원에서의 관리가 필요하게 되었다. 이주노동자들은 장시간 근무로 인한 과로, 낯설고 열악한 주거 및 작업환경으로 인해 발생하는 직업병, 언어적 장벽, 지리적 소외, 작업장, 음식, 사회 문화적인 차이 등으로부터 오는 신체적 · 정신적 · 심리적 스트레스 등의 여러 가지 건강문제를 겪는다. 무엇보다 의사소통의 어려움, 한국의 의료서비스에 대한 무지, 얕은 지식, 정보 부족, 값비싼 의료비용, 건강보험의 혜택을 받지 못하는 등의 이유로 치료시기를 놓쳐 방치하여 병을 더 키우거나, 건강을 더 악화시켜 귀국할 때 하나쯤은 질병을 안고 돌아가는 경우가 많다. 그 밖에도 작업환경, 근로조건의 부당한 대우, 안전지식이 없음으로 인해 작업 중 사고를 당하고, 장애를 얻거나 결국은 사망에 이르게 되는 경우가 많다.

이주노동자들은 외국인근로자라는 사실 자체만으로도 '건강에 악영향을 미치는 노동환경과 주거조건'에 쉽게 노출된다. 한국에 체류 중인 이주노동자의 상황은 이들의 체류지위, 체류기간, 직업 혹은 직종, 국적 등에 따라 매우 다양하다. 특히 이 중 불법체류 신분일 경우 기본적인 권익을 누리지 못한다. 2020년 2,135,689명 체류 외국인 중에서 18.7%가 불법체류자이다. 이들에게 현실적인 가장 큰 문제는 의료혜택의 문제로 건강보험, 산재보험 적용받지 못하고 자칫 잡히면 바로 추방될 수 있어서 자유롭게 의료기관 혹은 무료진료소 등의 이용을 꺼려하거나 이용하는 데 어려움이 있다.

1) 외국인근로자의 건강문제

한국정부는 1981년에 「산업안전보건법」을 제정하고 근로자에 대한 건강진단을 실시하고, 사업장 보건관리 업무와 보건관계자의 지정 및 근로자를 산업재해로부터 보호하기 위한 교육과 보건사의 배치를 하도록 규정(김은주, 박정숙, 2009)하였으나 이주노동자들은 실질적으로 정기적인 건강진단은 물론 질병을 앓아도 쉽게 의료기관을 방문하여 전문가로부터 진단을 받거나 치료를 받지 않거나 못하고 있는 것이 현실이다. 이주노동자가 한국 입국 전에 본국에서 신체적인 건강검진을 받은 후 건강 상으로 아무 질병이나 합병증이 없는 건강한 노동인력으로 분류되어 들어온다. 그러나 한국 입국 후부터 사후 건강관리가 제대로 되지 않거나 적절한 건강관리가 미흡하고, 건강보험의 혜택이 있어도 건강보험에 대해 무지하거나 값비싼 진료비 때문에 의료기관 이용을 꺼려하거나, 제때 치료를 받지 않거나, 건강보험의 혜택이 없는 외국인근로자들의 경우 건강 문제를 간과하거나, 의료비용이나 안정 상의 문제로 치료를 받지 못해 질병을 키우거나 악화시키기도 한다.

선행연구에서 외국인근로자의 건강상태를 살펴보면, 국내에 입국한 후 심하게 아파본 경험이 있는 외국인근로자는 55% 정도라고 하였으며, 외국인근로자들의 질환종류를 살펴보면 소화기계가 80명으로 26.5%, 근골격계(관절염, 디스크 등) 79명으로 26.2%, 순환기계가 70명으로 23.3%, 호흡기계와 치과계통이 각 40명으로 14.3%를 차지하였으며, 만성질환(당뇨, 심장질환 등)이 29명으로 9.6%를 차지하였고, 전염병(결핵, 말라리아, 콜레라 등)이 5명으로 1.7%였으며, 기타가 72명으로 23.9%를 차지하고 있다고 보고하였다(원영희, 최선희, 2011). 또한 외국인 결핵 신환자 수는 2011년 이후 꾸준히 증가하였지만 외국인 결핵관리정책이 도입된 2016년에 2,123명으로 최고치를 보인 후 2017년 1,632명, 2018년 1,398명으로 2년 연속 감소하고 있다. 2016년에 가장 많은 외국인 결핵환자 수가 집계된 것은 결핵 고위험국가 외국인을 대상으로 국내에서 비자 변경 또는 연장 시 결핵검진을 의무적으로 실시함으로써 검진 활성화로 인해 외국인 결핵환자가 많이 발견된 결과로 볼 수 있다. 이는 외국인뿐만 아니라 한국인도 쉽게 노출될 수 있어서 외국인의 건강관리는 곧 한국인의 건강 혹은 건강안정과도 연관이 있어 더욱 중요하다.

2) 외국인근로자의 건강영향 요인

외국인근로자는 건강에 대해 관심이 높지만 실제로 건강증진 행위를 하기는 어려운 상황에 있으며 일상생활과 직장생활에서 스트레스를 받고 있다. 산업안전보건연구원의 2차 자료를 이용한 외국인근로자의 건강수준을 결정하는 요인은 다음과 같다(이복임, 2014).

첫째, 외국인근로자의 경우 내국인근로자에 비하여 교육수준이 낮고, 평균 임금이 적었으며, 현 직장에서의 근무경력 또한 짧았다. 외국인근로자의 교육수준이 상대적으로 낮은 것은, 우리나라의 외국인 모집 정책이 주로 단순인력 부족에 시달리는 중소기업 위주로 시행하기 때문으로 볼 수 있다.

둘째, 외국인근로자는 내국인근로자에 비하여 주 평균 근무일수가 짧았지만, 유해작업환경 노출은 더 많은 것으로 나타났다. 열악한 작업환경에 노출되는 것은, 외국인근로자를 고용하는 대부분의 사업이 국내 근로자가 기피하는 3D 업종 작업장이기 때문이다.

셋째, 외국인근로자의 건강수준과 내국인근로자의 건강수준은 통계적으로 유의한 차이가 없었다. 외국인근로자가 가장 빈번하게 호소하는 건강문제는 상지근육통이었다.

넷째, 외국인근로자와 내국인근로자 사이의 건강수준 결정인자는 큰 차이를 보였다. 즉, 외국인근로자의 경우 유해환경 노출, 동료 지지, 상사 지지가 건강수준을 결정하는 유의한 인자였으나, 내국인근로자의 경우 월 평균 임금과 비만여부가 유의한 건강수준 결정인자로 나타났다.

외국인근로자는 건강문제의 발생에도 불구하고 언어소통의 어려움, 진료비 부담, 병원 갈 시간 부족 등의 이유로 의료서비스를 적기에 받지 못하는 경우가 있으며, 특히 이들은 소득과 교육수준이 낮은 경우가 많고 자신이 살던 나라에서의 의료이용 행동양식과 차이가 있기 때문에 의료서비스 이용에 있어서 어려움을 경험하고 있다.

3) 외국인근로자의 건강증진 전략

외국인근로자의 건강과 삶의 질은 개인의 차원을 넘어서 사회 · 국가적 차원에서의 관리가 필요하다. 특히 외국인근로자 중 상당수가 불법체류자의 신분으로 치료시기를 놓쳐 사망에 이르게 되는 경우까지 있어 외국인근로자의 의료서비스에서 대한 우리 사회의 적절한 대책이 강구되어야 할 것이다. 의료서비스 이용은 외국인근로자의 건강을 지킬 수 있는 기본적인 요소로서, 이들이 적절한 의료서비스를 이용하여 스스로 건강을 관리할 수 있도록 도와주는 것과 함께 실현 가능한 개선 방안을 개발하는 것이 필요하다. 외국인근로자의 건강증진과 관련하여 '건강검진'과 '산업안전교육'에 대하여 살펴보면 다음과 같다(김현식 외, 2015).

(1) 낮은 건강검진 수검률

건강검진을 받는 외국인근로자의 수가 많지 않은 원인은 건강검진시스템과 관련이 있다. 먼저, 건강보험의 미가입이 가장 큰 요인이다. 건강검진이 건강보험을 소지한 사람을 대상으로 이루어지기 때문에, 외국인근로자의 대다수가 건강보험에 가입하지 않은 상황에서 건강검진 수검률은 낮을 수밖에 없다. 사실상 건강검진이 건강보험과 연계되어 있기 때문에 건강보험에 가입하지 않는 경우 국가가 별도로 무료 건강검진을 시행하지 않는 이상 이들의 건강검진을 통한 질병 관리 및 예방은 매우 어렵다.

둘째, 한국과 다른 의료환경에서 살아왔던 외국인근로자에게 한국의 건강검진 시스템 자체가 매우 낯설고, 또한 그렇기 때문에 2차 건강검진의 필요성에 대해 잘 이해하지 못할 수 있다. 따라서 외국인근로자의 2차 건강검진 수검률을 높이기 위해서는 한국의 건강검진 시스템에 대해 쉽게 접근하고 이해할 수 있도록 다양한 전달 방법이 모색되어야 한다.

셋째, 건강검진이 질병의 관리 및 예방 차원에서 이루어지는 제도임에도 불구하고, 적어도 외국인근로자에게는 건강검진이 이들의 입국 금지나 출국 조치를 위한 차원에서 악용되는 사례가 발생함으로써, 외국인근로자 스스로 건강검진을 회피할 수도 있다. 예를 들어, 고용허가제로 들어오는 외국인근로자들은 입국 후 취업교육 기간 내 건강검진을 받고 있지만, 이때 이루어지는 건강검진은 외국인근로자의 건강관리와 보호를 위해서가 아닌 감염병을 가진 외국인근로자의 국내 활동 방지를 위해 이루어지고 있는 것이 현실이다.

넷째, 외국인근로자의 건강검진이 제대로 이루어지지 않음에 따라 최근 무료건강검진을 실시하는 사업이 점차 증가하고 있다. 질병의 관리 및 예방이라는 차원에서 정부가 나서서 국민은 물론이고 외국인에게 무료진료 및 무료검진의 기회를 확대하는 것은 바람직하나, 의료의 문제가 궁극적으로 국민의 세금에서 각출된다는 점을 볼 때 외국인근로자에게 무료의료의 기회를 넓히는 것은 자칫 외국인근로자 본인 스스로도 한국의 의료시스템에 들어갈 필요성을 덜 느끼게 하며, 나아가 국민적 저항을 불러일으킬 소지도 있다. 따라서 무상의료의 기회는 최소화하고 외국인근로자가 한국의 의료시스템에 들어갈 수 있도록 하는 방안을 마련하는 것이 필요하다.

(2) 낮은 산업안전보건교육 참여율

「산업안전보건법」 제31조에 의하면, 근로자가 유해, 위험작업 수행과정에서 당할 수 있는 재해를 사전에 예방하기 위하여, 사업주가 채용 시, 작업내용 변경 시 등 유형별로 근로자에게 산업안전보건교육을 실시하도록 하고 있다.

위의 「산업안전보건법」의 목적에 따라 현재 우리나라에서는 외국인근로자를 채용할 경우 산업안전보건교육을 실시하도록 하고 있다. 이에 따라 고용허가제로 입국하는 외국인근로자의 경우 입국 전 사전교육 기간 중에 그리고 입국 후 취업교육기간 중에 산업안전보건교육을 받게 된다. 또한 방문취업으로 국내에 입국하는 동포들도 취업 시 산업안전보건교육을 받게 되는데, 고용허가제로 입국하는 외국인근로자와 달리 입국 전 사전교육은 없으며 입국 후 취업교육이 전부이다. 방문취업제로 입국하는 동포는 취업을 목적으로 입국한 것이 아니라 친척방문의 목적으로 들어왔기 때문이며, 따라서 취업을 원하는 동포에 한해서만 취업교육이 실시되기 때문이다. 그리고 이때 이루어지는 취업교육은 고용허가제로 들어오는 외국인근로자와 동일하다.

한편 산업안전보건교육의 실태조사를 살펴보면, 실제 산업안전보건교육 이수율은 2002년에만 하더라도 약 27%에 불과했으나, 2005년에는 약 40%, 2010년에는 약 60%로 2배 이상 증가하였다. 외국인근로자의 산업현장에서의 산업재해율이 해마다 높아짐에 따라 외국인근로자지원단체에서 산업재해 예방을 위한 산업안전보건교육을 지속적으로 요구해 왔고, 정부에서도 외국인 노동자의 산업재해예방을 위한 교육을 강화해 왔기 때문이다.

하지만 이러한 노력에도 불구하고 현장에서의 산업재해율은 오히려 증가하여, 산업안전보건교육 증가와는 반대의 현상이 나타나고 있다. 외국인근로자의 산업재해율은 2005년 전체 외국인노동자 중 0.34%에서 2009년에는 0.45%로 약 0.11% 증가하였다. 게다가 미등록 외국인근로자의 경우 산업재해 신청율이 낮다는 점을 감안할 때, 실제 외국인근로자의 산업재해율은 이것보다 훨씬 높을 것으로 예상된다. 산업안전보건교육은 근로자의 산업재해예방뿐만 아니라 일상적으로 근로자의 건강을 관리할 수 있다는 측면에서 매우 중요하다. 산업안전보건교육 이수율이 증가한 것과 반대로 산업재해율이 증가하는 것은 교육 시간이 짧거나, 교육이 형식적으로 이루어지거나, 외국인근로자가 교육의 내용을 잘 이해하지 못하기 때문이다. 산업안전보건교육에서 가장 소외된 사람들은 고용허가제도 혹은 방문취업제도에 의해 취업한 경우가 아니면서 국내에서 취업하는 미등록 노동자들이라고 할 수 있는데, 이들의 대다수는 단기체류 비자를 받고 들어와서 취업을 하는 경우가 많으며, 또한 이들은 정시 취업자격을 가지고 취업을 한 것이 아니기 때문에 취업 전·후에도 공식적인 취업교육을 받기 어렵기 때문에 산업안전보건교육의 사각지대라 할 수 있다.

(3) 건강검진 수검률과 산업안전교육 참여율 강화 방안

외국인근로자의 건강문제는 생소하고 다양하기 때문에 체류 과정 전반에 걸쳐 건강관리가 체계적으로 이루어져야 할 필요가 있다. 체류 과정에서 외국인근로자가 내국인과 동등한 건강권을 누리고, 체류자격과 상관없이 건강관리가 이루어지기 위해서는 외국인근로자를 포함한 국내 거주 이주민에 대한 통합적이고 포괄적인 건강정책이 수립되어야 한다.

- 건강검진의 강화 및 서비스 개선에서는 모든 외국인근로자들이 정기적으로 건강검진을 받을 수 있도록 「산업안전보건법」 제43조에 따라 외국인노동자를 고용한 사업주가 연 1회 주기적으로 건강검진을 받도록 한 규정을 강화할 필요가 있다. 또한 정기 건강진단 시 피부질환, 심장질환, 폐질환 등 외국인노동자에 잘 나타나는 질환에 유의하여 관찰할 필요가 있다. 질병치료 여부를 위해 2차 건강검진이 중요함을 재인식시키고 「산업안전보건법」 제43조에 별도의 조항을 마련하여 사업장에서도 2차 검진이 필요한 외국인노동자에 대해서 이를 준수하도록 하는 방안과 건강보험에 가입하지 않은 외국인근로자들도 건강검진을 받을 수 있도록 재원마련을 통해 무료건강검진사업을 안정화할 필요가 있다.
- 출신국, 작업환경, 이해능력을 고려한 산업안전보건교육을 강화해야 한다. 외국인근로자를 대상으로 한 산업안전보건교육은 산업 전반에 대한 이해가 다를 수 있으므로 현재 취업 시 이루어지는 산업안전보건교육은 외국인근로자의 이해 능력을 고려하여 보다 체계적이고, 구체적인 접근이 이루어져야 한다. 특히 산업안전보건

교육에 있어서 의사소통의 제한점을 인정하여 해당 국적의 언어로 안전보건교육이 이루어질 필요가 있다. 더불어 산업안전보건교육에 대한 자료는 알기 쉽게 표현하고, 이해를 돕기 위해 시각적 도구 등 다양한 방법을 강구할 필요가 있다.

3 북한이탈주민

북한이탈주민이란 북한에 주소, 직계가족, 배우자, 직장 등을 두고 있는 사람으로서 북한을 벗어난 후 외국 국적을 취득하지 아니한 사람(「북한이탈주민의 보호 및 정착지원에 관한 법률 '북한이탈주민법'」 제2조)으로 규정하고 있다. 2019년말 기준 총 33,227명 중 남자 9,297명, 여자 23,950명으로 약 72%가 여성으로 분포하고 있다(통일부, 2019). 특히 이러한 입국은 1990년대 중반 이후 큰 폭으로 증가하여 2010년 이후 연간 약 3,000명 정도 입국하였다가 최근에는 1,000여명 수준으로 감소하였다. 한편 탈북민을 대상으로 한 통일부의 조사에 의하면 탈북민 73,6%가 남한생활에 만족함이라고 답변하였고, 이는 이전보다 6.6%가 높아진 추세인 것으로 나타났다. 또한 탈북민들의 남한생활에서의 활동현황을 분석한 결과, 경제활동 참가율이 61.2%, 고용률이 56.9%, 생계급여 수급률이 24.4% 수준으로 나타났으며 근로자의 월평균 임금이 약 179만원 수준인 것으로 나타났다(통일부, 2019). 거주기간, 성별, 거주지역을 중심으로 북한이탈주민의 현황을 살펴보면 〈표 9-4〉와 같다.

표 9-4. 북한이탈주민 현황(2019년 5월자료) (단위: 명)

거주기간	성별	거주지역	합계	연령대				
				10대 미만	20대	30대	40대	50대 이상
합계			28,652	805	4,310	7,217	8,610	7,710
5년 미만	남성	수도권	803	66	254	206	142	135
		비수도권	329	25	94	75	60	75
	여성	수도권	3,214	99	929	912	754	520
		비수도권	1,777	33	333	535	487	389
5년 이상	남성	수도권	3,997	196	825	1,043	870	1,063
		비수도권	1,919	84	299	439	425	672
	여성	수도권	10,348	207	1,134	2,594	3,478	2,935
		비수도권	6,265	95	442	1,413	2,394	1,921

※ 사망자, 거주불명자, 이민자, 특별보호대상자, 보호취소, 보호중지, 보호종료, 비보호자 등은 제외됨.

※ 거주지역에서 수도권은 전국 17개 시도 기준 3개 광역시도(서울, 경기, 인천)이며, 비수도권은 14개(부산, 광주, 대전, 울산, 대구, 강원, 충북, 충남, 세종, 전북, 전남, 경북, 경남, 제주)임.

※ 거주기간은 남한에서의 거주기간을 의미함.

출처: 남북하나재단(2020). 2019 북한이탈주민 사회통합조사.

1) 북한이탈주민의 건강문제

국내입국 당시 건강검진을 받게 되고, 건강검진 결과를 바탕으로 응급 및 중환자 관리, 감염병 관리와 같이 개인별 건강상담 및 2차 검진을 비롯한 유소견자에 대해 건강관리를 제공하고 있는데, 이들 대부분은 국내 입국 후 대부분 건강상태가 좋지 못해 병원치료를 받는 대상이 많다(전정희, 2010).

북한이탈주민의 질병특성은 북한과 제3국 생활에서의 경제난을 통한 전형적인 후진국형 질병구조를 가지고 있다. 북한이탈주민의 응답자 83.1%는 남한에서 최소한 1개 이상의 질환을 가지고 있으며, 평균 질병이환 횟수가 2, 3 종류로 북한이탈주민의 건강 문제가 심각하며 건강관리가 꾸준하게 진행되어야 한다. 그러나 건강과 관련한 잘못된 지식과 민간요법에 대한 믿음, 고착화된 습관에 따른 부적절한 건강행위를 지속함으로써 건강상태를 더 악화시키는 것으로 나타났다(최명애 외, 2012).

북한이탈주민과 남한주민 간 질병 및 의료이용현황 비교 연구(이수정, 2020)에서 연차별 질병 보유현황은 입국 1~5년 차는 1인당 7.8~7.9개의 질병을 보유하는 것으로 나타났으며, 6년 차부터 서서히 감소하기 시작하여 11년 차 6.53개, 12년 차 5.03개로 나타났다. 이는 정부에서 제공하는 건강증진사업, 의료혜택 등을 통하여 북한이탈주민의 건강상태가 개선되고 있다고 볼 수 있다.

표 9-5. **북한이탈주민의 거주시기에 따른 질병 구분**

<table>
<tr><th>구분</th><th>1~4년 차</th><th>5~8년 차</th><th>9~12년 차</th></tr>
<tr><td>만성
(상위)</td><td colspan="3">호흡기계통(▲), 소화기계통(▼), 비뇨생식기계통(▼), 근육골격계통(▲),
손상 등에 의한 결과(▼), 달리 분류되지 않는 증상(▼),
감염병 및 기생충성(▼)</td></tr>
<tr><td>초중기
(증가)</td><td colspan="2">임신, 출산 및 산후기</td><td></td></tr>
<tr><td>중장기
(증가)</td><td></td><td colspan="2">눈 및 눈 부속기관의 질환,
정신 및 행동장애, 내분비계통, 순환기계통</td></tr>
</table>

출처: 이수정(2020). 북한이탈주민과 남한주민 간 질병 및 의료이용현황 비교.

우선 북한이탈주민의 거주시기에 따라 만성, 초중기, 중장기 그룹으로 질병을 구분하여 살펴보면 다음과 같다.

(1) 만성 그룹

호흡기계통, 근육골격계통은 지속적으로 증가하는 분포를 보였으며, 비뇨생식기계통과 달리 분류되지 않는 증상, 감염병 및 기생충성 질환은 남한 거주 기간이 길어질수록 감소하는 추세를 보였으나, 여전히 남한 주민에 비해 높은 질병 분포를 보이는 것으로 나타났다. 질환별 다빈도 질환을 남한 주민과 비교해 보면 다음과 같다.

- 근육골격계통은 등통증, 척추 장애, 무릎관절증 등 남한 주민도 같이 높은 비율을 차지하는 것으로 나타났다. 이는 북한 및 제3국에서 중노동과 착취 등의 경험 그리고 남한에서 주로 취업하는 단순 노무나 제조업, 식당 등 분야에서 증상이 반복되어 높은 비율을 차지하는 것으로 추정할 수 있다.
- 소화기계통은 열악한 영양상태와 약물 오·남용 등의 문제가 남한에 정착한 후 약간 호전되었으나 스트레스 등으로 인한 위장 장애가 발생하여 높은 것으로 추정할 수 있다.
- 비뇨생식기계통은 북한이탈주민 여성에서 생식기계통의 염증과 관련된 질환의 분포가 남한 주민에 비해 높게 나타났다. 이는 성적 학대나 제대로 된 치료를 받지 못하여 악화된 경우로 추정할 수 있다.

(2) 초중기 그룹

입국 2~5년 차에 임신, 출산 및 산후기로 질환 분포가 증가하였다가 6년 차부터 다시 감소하는 추세로 나타났다. 해당 대분류의 다빈도 질환으로 유산의 분류인 '기타 비정상적 수태부산물'로 나타났다. 이는 북한이탈주민 여성이 안고 있는 다양한 생식기계통 질환, 정신적 스트레스 등과 연관이 있을 것으로 추정할 수 있다.

(3) 중장기 그룹

눈 질환, 정신 및 행동장애, 내분비계통, 순환기계통의 질환이 점차 증가하였다. 북한이탈주민은 인구의 고령화와 더불어 남한에 거주 시기가 길어질수록 당뇨병, 심혈관 질환 등 주요 성인병에 걸릴 위험성이 높은 것으로 예측된다.

한편 북한이탈주민의 건강과 관련하여 정신적 측면에 건강 문제가 심각한 것으로 알려져 있다. 북한이탈주민은 전체 질환 중 정신 및 행동장애로 인한 입내원일수가 가장 길었고 특히 북한이탈주민의 여성의 경우 우울 에피소드(반응성 우울증의 단일 에피소드)의 질병 분포가 높게 나타났다. 이는 북한이탈주민이 겪은 특수한 상황으로부터 비롯된 것으로 추정된다.

2) 북한이탈주민의 건강증진 전략

북한이탈주민은 남한에서의 생계유지와 정착이 우선으로 건강행동에 관심을 가지지 못하며 이들은 탈북과정으로 인해 주관적 건강상태 및 신체건강이 불안정하다. 건강이 불안정할수록 남한사회로의 정착이 어려우며 취업과 생계유지가 힘들어 늘어가는 북한이탈주민의 지원 역시 정부가 감당하기 어려울 것이다(안옥희 외, 2019). 이러한 관점에서 건강증진행위에 대해서는 1차 보건의료를 담당하는 지역사회의 보건소가 적극적으로 북한이탈주민의 특성에 맞는 보건교육과 건강증진 프로그램(금연, 절주, 신체활동, 영양)을 운영할 필요가 있다.

또한 국가차원의 사회보장지원제도에는 생계가 어려운 북한이탈주민의 경우 「국민기초생활 보장법」에 따라 생계급여와 의료급여를 지원받게 되는데 생계급여의 경우, 하나원을 퇴소한 이후 6개월까지는 생계급여의 조건부과를 면제하고 6개월 경과 후 수급권자로 편성하고 자활사업에 참여하는 것을 조건으로 생계급여를 지급한다.

의료급여는 「의료급여법」에 따라 생활이 어려운 북한이탈주민과 그 가족을 대상으로 소득인정액 기준에 따라 지정되어 진찰과 치료를 비롯한 의료혜택이 주어진다. 이러한 방법으로 건강을 유지할 수 있다.

마지막으로 '북한이탈주민 의료지원'과 '전문상담사제도' 내용을 구체적으로 살펴보면 〈표 9-6〉, 〈표 9-7〉과 같다.

표 9-6. 북한이탈주민 의료지원(북한이탈주민지원재단)

구분	내용
목적	북한이탈주민의 안정적 정착을 위해 의료지원을 통한 건강 회복과 자립자활을 돕고 남한 사회 정착 의지를 고취시키고, 신체적, 정신적 질병 및 경제적으로 생계가 어려운 북한이탈주민에게 의료 생활 안정 지원을 통해 안정적인 정착 유도
지원내용	• 일반 질환: 1인 연 2회 본인 부담금의 50% 200만원 한도 • 만성, 중증질환: 횟수에 관계없이 1인 연 700만원 한도 • 장기이식: 1회에 한하여 본인 부담액의 50%, 최고 1,000만원 한도 내 지급(의료비 지원 별도) • 제출기간: 퇴원일 기준 3개월 이내(당해 연도 신청자)
제외 항목	• 2004년 1월 1일 이전 국내에 입국한 북한이탈주민 • 국가기관, 지방자치단체, 전국 지방의료원 연합회 산하 병원, 기타 민간단체 등에 의해 의료지원 받은 금액만큼 삭감 • 교통사고, 산업재해, 상해, 외래 검사비용(MRI 등) • 비급여 상급병실료, 예방접종료, 기능검사료, 이학요법료, 한방검사료, 한방물리요법료, 한방병원의 첩약/투약비용, 영양제 등 • 약국의 약제비, 산후조리, 치과 및 성형외과 진료비용 등 • 의료보장구 구입비용(휠체어, 목발, 허리보정기구, 보청기 등) • 기타 질병과 상관없는 입원치료(제 증명료, 보호자 식대, 간병인비, 기타 금액 등)

표 9-7. **전문상담사제도 운영**

구분	내용
목적	북한이탈주민에 대한 심층적 이해를 바탕으로 심리, 의료 · 교육 · 복지 · 취업지원 등 전문적이고 종합적인 정착지원 서비스를 제공하기 위해 전국 하나센터에 배치
기능	• 체계적인 사례관리를 통한 북한이탈주민의 애로사항 파악, 자원 연계 및 해결 지원 • 초기전입 북한이탈주민의 하나센터 교육 및 프로그램 지원 • 북한이탈주민의 심리정서적 안정과 회복을 위한 상담 • 북한이탈주민의 구직 수요조사, 취업진로지도, 취업상담 및 의료연계 등 체계적인 서비스를 통한 자립자활 지원 • 지원제도 수혜 대상자 발굴 및 신청조력 • 통일부와 재단에 북한이탈주민의 정착 실태와 특이사항 보고 • 북한이탈주민 실태조사 • 그 밖에 재단에서 북한이탈주민의 지원을 위해 필요하다고 인정하는 사업 등

CHAPTER

10

다문화가족상담

10 Chapter 다문화가족상담

배울내용
1. 다문화가족상담의 개념
2. 다문화가족상담자의 역할과 역량
3. 다문화가족상담의 실제

학습목표
1. 다문화가족상담의 개념을 익힌다.
2. 다문화가족상담자의 역할과 역량을 숙지한다.
3. 다문화가족상담의 실제 기법을 활용할 수 있는 방법을 모색해 본다.

1 다문화가족상담의 개념

1) 다문화상담의 정의

현대 속에 살아가는 우리는 상담(相談)이라는 단어를 쉽게 접하면서 생활한다. 예를 들어, '결혼상담', '법률상담', '보험상담' 등, 이처럼 상담이라는 용어를 쉽게 접할 수는 있지만 상담이 무엇인지에 대해 그 의미를 정확히 표현하기 힘들다. 상담의 사전적인 용어는 "말로 상의하는 것"이다. 즉, 어떤 일정한 일에 관하여 묻고 의논하는 것이다. 이런 의미에서 본다면 위에서 기술한 결혼상담 등도 상담의 한 종류인 것은 사실이다.

문제는 '어떤 목적으로, 어떤 사람에게, 어떤 종류의 도움을 주느냐'에 따라 상담의 의미와 범위가 달라질 수 있는 것이다.

상담이라는 용어는 50여년 전부터 공식화되어 사용되기 시작하였으며, 오늘날 현대인의 문제는 매우 복잡하면서 다양해졌기 때문에 혼자서 또는 주위 사람들과는 간단히 해결할 수 없는 일이 대부분이다. 따라서 오늘날의 상담은 여러 가지로 복잡한 생활과 정상의 문제를 전문적으로 다루게 되었다.

상담에 대한 정의를 살펴보면, 이동렬, 박성희(2001)는 "상담이란 1:1의 개인적이고 전문적인 인간관계를 맺음으로써 내담자가 자신의 문제를 해결한다든지 환경에 보다 유능하게 대처할 수 있는 새로운 행동을 익히는 체계적인 활동"으로 정의하고 있고, 박성희(2001)는 "인격적인 만남을 통해 사람들의 바람직한 변화를 돕는 과정으로 바람직한 변화를 돕는 과정이 때로는 사람들의 갈등과 문제를 예방하고 치료하거나 때로는 인격의 성장을 조력하고 자아실현을 돕는 형태로 나타나면서 상담은 이 모든 상황에 개입하여 도움을 주는 과정임이 분명하다. 따라서 상담의 정체성을 확보하는 일은 바로 이러한 조력과정으로서 상담이 수행하는 역할과 기능에 초점을 맞추어야 한다"고 주장하고 있다. 정원식 등(1999)은 "상담이란 개인적인 문제를 해결하도록 할 뿐만 아니라 다른 문제가 제기될 때 이를 적극적으로 다루며 행복과 성공을 이루어 낼 수 있는 힘을 북돋아 주는 전문적인 봉사활동"으로 보았으며, 이장호(1994)는 "상담이란 도움이 필요한 사람이, 전문적인 훈련을 받은 사람과의 관계에서 자기의 생활과정상의 문제를 해결하고, 생각 · 감정 · 행동 측면의 인간적 성장을 위해 노력하는 학습(學習)과정이다"라고 하였다.

이상의 정의를 종합하면, 다문화가족상담이란 상담자와의 관계에서 촉진적인 의사소통을 통해 다문화가정의 문제를 해결하고, 다문화가족으로 하여금 앞으로 발생할 수 있는 삶의 문제에 대한 조망과 해결능력을 갖게 하여 자기효능감과 자존감을 느끼도록 인도하는 일련의 학습과정으로 볼 수 있다.

2) 다문화상담의 유형

상담은 상담자와 내담자가 어떤 방식으로 만나느냐 그리고 형태가 어떤가에 따라 유형이 달라질 수 있다. 즉, 상담방식에 따라서는 대면상담, 통신상담으로 구분할 수 있으며, 상담형태에 따라서는 개인상담, 집단상담, 가족상담으로 나눌 수 있다.

(1) 상담방식에 따른 분류

① 대면상담

대면상담은 전통적으로 실시해 오는 방식으로 상담자와 내담자와 직접 대면하여 어떤 문제를 다루는 것으로 개인상담, 집단상담, 그리고 가족상담 등을 예로 들 수 있다. 또한 놀이치료, 음악치료, 미술치료 등은 각각 놀이, 음악, 미술을 매개로 하는 대면상담 방법으로 볼 수 있다.

② 통신상담

통신상담은 과학기술이 점차로 발전함에 따라 의사소통과정에 서신, 전화, 그리고 컴퓨터를 활용하게 됨으로써 발전하게 되었다. 최근 컴퓨터를 통한 '사이버상담'도 활발하게 이루어지고 있는데, 사이버상담은 컴퓨터 통신이 단순한 정보교환이나 의사소통의 수준을 넘어서서 인간의 내면세계까지 다루게 된 결과, 내담자의 문제를 해결하고 성장을 촉진하는 것을 돕는 과정까지 가능해졌다. 사이버상담은 전화상담과 마찬가지로 편리성, 경제성, 신속성, 시·공간의 제약 극복 등의 특징을 지닌다. 그러나 실제적인 관계를 통한 상담이 아니라는 것과 단회적인 상담으로 흐르게 되는 점, 그리고 기계라는 한계 등 다양한 문제점을 갖고 있다.

(2) 상담형태에 따른 분류

① 개인상담

개인상담이란 한 명의 상담자와 한 명의 다문화가족의 내담자가 직접 대면하면서 상담관계를 형성하고 내담자가 자기 자신과 환경에 대해 이해를 증진하도록 도움으로써, 내담자의 성장과 발전을 촉진하는 심리적인 조력의 과정을 의미한다. 이때 상담자는 내담자를 존중하고 수용하며, 상담자 자신의 감정에 솔직해야 한다. 이와 같은 상담의 촉진적인 관계 속에서 내담자는 스스로 효율적인 의사결정을 하고 여러 가지 심리적인 특성들을 긍정적인 방향으로 변화시키도록 도움을 받게 된다. 이런 절차들에 의해 결국 내담자의 성장과 발전을 촉진시키게 된다.

② 집단상담

집단상담이란 한 명 혹은 그 이상의 상담자와 여러 명의 다문화가족구성원이 일정 기간 동안 정기적인 만남을 통해 일상생활에서 발생하는 문제에 대한 그들의 태도와 행동을 점검하고 변화시키기 위한 목적으로 현실에 대한 방향, 점검, 감정 정화, 상호 신뢰, 이해, 수용, 지지, 허용 등과 같은 치료적 기능을 포함한 의식적 상황과 행동에 초점을 둔 역동적 인간 상호관계의 과정이다. 집단상담은 개인상담에 비해 몇 가지 장점들을 가진다〈표 10-1〉.

표 10-1. 집단상담의 특징

- 집단상담은 자신의 감정, 경험, 현재의 상황을 아무도 이해하지 못한다는 생각을 타인에게 노출시킴으로써 힘을 얻고, 자신의 관심사를 동료들과 나눔으로써 서로의 의견을 수용하고 이해하는 과정을 통해 자아강도를 높일 수 있다.
- 집단상담은 개인상담에 비해 덜 강력하고 덜 위협적이다. 개인상담의 경우는 상담자의 권위에 별로 좋지 않은 감정을 느껴 내담자들이 상담자에게 불편함과 위협감을 느낀다. 그러나 집단상담의 경우는 집단원들 간의 동질성, 친근감 등을 통해 불신감과 두려움을 감소시켜 줄 수 있다.

- 집단상담을 통해 점차 남의 이야기를 들으려는 태도를 가지게 되고 자신에 대한 지나친 관심, 또는 자기의식에서 해방되는 경험을 하게 된다. 집단상담에서 자기에게만 주의가 집중되기 바라고 다른 사람과 공유하지 않고 독점하려는 동료에게 관심을 보이지 않음으로써, 상황을 차지하려는 내담자의 행동을 수정할 수 있다.

③ 가족상담

가족상담은 한 명 혹은 그 이상의 상담자가 다문화가족 전체를 하나의 단위(가족체계)로 하여 가족 간의 관계에 초점을 맞추고, 조화로운 관계를 유지하기 위해서 현재의 관계를 수정해 나가는 과정이다. 가족구성원 개인이 나타내는 정신적 증상이나 문제행동은 가족을 구하기 위한 구조신호로 간주된다. 가족상담에서는 1차적으로 가족을 하나의 체계로 보고 그 체계 내의 어느 개인이 가족체계나 부부관계 또는 부모-자녀관계를 방해하는 상황을 치유하도록 한다. 그러므로 가족체계가 변화에 저항하는 상황을 다루는 데에는 가족상담이 특히 유용하다. 가족상담과 개인상담의 차이점은 〈표 10-2〉와 같다.

표 10-2. **가족상담과 개인상담의 차이점**

- 병리적인 초점이 서로 다르다. 개인상담에서는 문제의 원인을 개인에게 두고 개인의 내적 심리과정에 보다 많은 관심을 기울인다. 그러나 가족상담에서는 개인을 둘러싼 가족이나 사회체계에 관심을 둔다. 왜냐하면 사회적 맥락 속에서 의미 있는 사람과의 역기능적 관계가 문제를 유발한다고 보기 때문이다.
- 상담의 대상이 서로 다르다. 개인상담에서는 일반적으로 개인이 상담의 대상이다. 따라서 상담의 단위도 개인이다. 그러나 가족상담에서는 가족체계가 상담의 대상이 되고 가족체계 내의 많은 구성원이 상담의 단위가 된다. 따라서 가족 체계 안에 존재하는 대인관계의 양상을 변화시키려고 노력한다. 가족상담은 내담자의 문제를 이해하는 데 있어서 내담자와 가족과의 관계적 형태가 어떻게 만들어졌으며 앞으로 이러한 관계가 어떤 모양으로 발전해 나갈 것인가에 대해서 과학적이고 합리적인 관점을 제공해 준다.

가족상담은 가족을 하나의 체계로 보며, 그 체계 속의 상호 교류양상에 개입함으로써 개인의 증상이나 행동에 새로운 변화가 일어나도록 추구하는 치료적 접근으로, 환경적 요소 중에서도 특히 가족을 치료적 매개로 사용하는 기법이다. 개인의 문제를 내적인 문제로서만이 아니라 그를 둘러싼 전체로서의 가족이라는 맥락 속에서 이해하고, 개인과 가족 전체 사이에 존재하는 고정된 상호작용의 양상을 변화시키려고 노력하는 것으로, 시대에 따라 다양한 접근방법이 시도되어 왔다. 가족의 행동 패턴은 개인에게 영향을 미친다. 따라서 가족은 치료 계획의 일부분이 되어야 한다. 가족상담의 단위는 개인이 아니며, 단 한 사람만 상담에 참석하더라도 치료의 단위는 그 개인이 속한 관계의 망이다.

가족상담은 1909년 미국의 신경과 전문의였던 윌리엄 힐리(William Healy)와 정신과 의사, 심리학자 등으로 구성된 전문가 그룹이 비행청소년 문제를 해결하기 위해 논의하는 과정에서 시작되었다. 이들은 비행청소년의 가정 지도를 위해 어머니들을 교육시켰지만 효과가 없음에 주목하고, 어머니들의 심리 상담을 병행하던 중, 자녀 문제의 해결을 위해서는 부모 모두의 상담이 필요하다는 것을 알게 되었다. 한편 1950년대 미국의 정신과 의사였던 머리 바웬(Murray Bowen)은 입원 중인 조현병 환자가 가족이 방문하는 날에는 증세가 악화되는 것을 발견하고, 원인을 파악한 결과 가족 전체에 심리적인 문제가 있음을 알게 되었다. 그는 환자의 가족을 모두 수용할 수 있는 숙소를 개설하여 가족상담을 실행하면서 조현병 환자가 치료되는 사례를 경험하였다. 이후 가족 내의 구성원에 심리적, 일탈적인 문제가 발생할 경우 가족 전체에 대한 상담으로 이를 치료하는 것이 체계화되기 시작했다.

한국에 가족상담이 본격적으로 소개된 것은 1980년대 중반 이후이다. 전통적인 대가족사회에서는 개인 사이에 이루어지는 다양한 상호작용을 통해 인지발달과 사회적 관계가 바람직하게 형성되었으나, 산업화 시대 이후 도시화와 핵가족화에 따른 가족의 해체와 함께 경쟁 주도의 사회문화 등을 배경으로 이혼, 가정폭력, 아동의 이상행동

등 다양한 가족 문제가 증가하고 있는 상황에서 뒤늦게 도입되었다.

가족상담의 주된 대상은 아이들의 정서적, 행동적 문제 및 학교 부적응, 우울증·불안·감정의 심한 기복, 성적인 문제, 가족원 간의 의사소통문제, 알콜 및 마약중독, 반복되는 경제적 무절제, 몸무게의 급격한 변화 및 고르지 못한 식사 유형, 이유 없는 피로감, 만성적 직장 부적응 문제, 폭력 및 강한 적개심과 화를 처리 못하는 경우, 결혼 및 가정생활에 대한 지속적인 불만족, 배우자에 대한 부정, 죽음·이혼·질병·실직 등의 위기, 자녀의 결혼, 부모의 은퇴 등 가족생활주기변화에 있어 적응상의 어려움이 있을 때, 결혼이나 가정생활을 좀 더 향상시켜 보고자 할 때 등이다.

가족상담을 통한 치료 과정에서 강조되는 것은 가족의 순기능에 대한 이해이다. 가족의 병리적 측면이 아닌 긍정적 측면에 초점을 두어 바람직한 변화를 유도하고, 예외 상황은 해결점을 제시한다. 가족 모두 문제를 해결할 만한 자원과 능력이 있다고 간주하며, 상담자의 의견을 존중하고, 가족 간에 협력과 해결이 가능함을 믿도록 유도한다.

한국 정부에서는 2004년 건강가정지원센터의 시범 사업을 운영한 이후, 2005년 중앙건강가정지원센터(www.familynet.or.kr)를 설립하고, 가족상담 사업을 진행해 왔다. 2014년 상담 분석 결과, 가족갈등이 10,575건, 친척갈등이 1,118건, 가족의 죽음으로 인한 갈등이 770건, 부양과 간병의 갈등이 753건, 역할 분담과 기대 문제가 1,152건, 종교 차이 갈등이 152건 등으로 나타났다.

3) 다문화상담자의 태도

상담을 하는 사람은 다른 사람을 도와주려는 동기가 강한 편이다. 그렇다고 높은 동기만으로 효과적인 상담을 할 수는 없다. 또한 어떤 이는 남의 이야기를 잘 듣고, 남의 마음을 잘 이해한다든지 하는 사람이 상담도 잘할 것으로 착각을 하고 있는 경우도 있다. 그리고 상담자가 되려는 이들은 대체로 인간의 행동이나 생활에 많은 관심을 가지고 있는 경우도 있다. 그러나 이런 자세만으로도 효과적인 상담이 되는 것은 아니다.

그렇다고 남을 도와주려는 동기, 남의 이야기를 잘 듣고, 잘 이해하는 것, 인간에 대해 많은 관심을 가지고 있는 것이 상담에 도움이 되지 않는다는 것은 아니다. 효과적인 상담이 되기 위해서는 이런 태도를 바탕으로 상담자로서 요구되는 태도들을 갖추어야 한다. 상담자로서 갖추어야 할 태도들에 대해 구체적으로 살펴보면 다음과 같다.

(1) 수용, 이해 그리고 진실성

상담자의 태도에 있어 중요한 것은 수용(acceptance), 이해(understanding) 및 진실성(sincerity)이다. 수용이라는 특성은 인간 개인, 특히 상담실에 앉아 있는 내담자의 가치에 대한 기본적 존중과 관련되어 있다. 내담자를 수용하는 상담자는 내담자를 냉소와 경멸을 가지고 대하지 않는다. 만약 초기 면접이 끝나갈 무렵 내담자에 관한 좋은 점을 발견하지 못했다면 그 상담은 관계를 형성하는 데 있어 성공적이지 못했다고 할 수 있다.

감정적으로 이해하는 능력(또는 공감)은 내담자가 전달하고자 하는 바의 의미를 명확하고 철저하게 파악하고자 하는 노력을 요구한다. 내담자에 대한 이해를 하고자 하는 시도는 상담자가 내담자의 입장이라고 가정하고 내담자가 느끼는 그대로의 상황을 보려고 노력하는 것이다.

진실성이라는 특성은 상담자가 말하고 있는 것과 실제로 느끼는 있는 것 사이에 존재해야만 하는 조화를 일컫는다. 당신이 누군가를 수용하거나 이해할 수 있다고 해서, 진실로 그 사람이 될 수는 없다. 상담자는 단지 자신이 진실할 수 있을 뿐이다. 이것은 상담자가 자신의 내면과 부합하는 타당하고 신뢰로운 심상을 어느 정도 전달할 수 있는가 하는 정도를 말한다(이영호, 2001).

(2) 효과적인 경청

효과적인 경청은 상담자가 숙달하고 지속적으로 실습해야 하는 가장 어려운 기술 중의 하나이다. 일반적으로 내담자들은 자신들의 문제를 그들 자신의 말로 충분히 진술할 기회를 갖지 못한다. 상담자들은 그다음 질문을 하기에 앞서 내담자의 말을 끝까지 들어야 한다.

내담자의 말을 경청할 때 피해야 할 것은 주로 머리로 듣고, 감정을 부인하며, 내담자가 말한 것에 관한 이성적 평가에 주로 관심을 두는 태도이다(머리로 듣는 상담자). 이런 상담자는 자신의 말이 타인에게 미치는 영향에 대해 관심이 없으며, 내담자의 말이 자신에게 미치는 영향 역시 파악할 수가 없다. 또한 자신의 머리를 지나치게 적게 쓰고, 거의 전적으로 느낌만을 가지고 듣는 것도 옳지 않은 태도이다(감정으로 듣는 상담자). 이런 상담자는 타인이 말하고 있는 바를 자신이 듣거나 평가할 수 없다는 점에서 불안감을 느낄 수 있다.

효과적인 경청이 되려면 자신의 믿음 중의 일부는 틀릴 수 있다는 사실에 직면하면서 다른 사람들의 생각, 가치 및 행동들에 마음을 여는 것을 말한다. 효과적인 경청을 하는 상담가의 특성은 〈표 10-3〉과 같다.

표 10-3. 경청을 잘하는 상담자의 특성

1. 반응하기에 앞서 내담자가 자신에 관해 말할 충분한 시간을 준다.
2. 비록 대수롭지 않다고 생각될지라도 내담자가 심각하게 말하고 있는 것을 그렇게 받아들인다.
3. 내담자에게 충분한 주의를 기울인다. 즉, 내담자가 이야기하고 있는 동안 간단한 사무처리를 한다든지 책상 위의 물건들을 재정리하지 않는다.
4. 때로는 고개를 끄덕이고, 미소짓고, '음~'이라고 하면서 주의를 기울이고 있다는 것을 보여 준다.
5. 필요하고 관련된 질문을 한다.
6. 내담자를 쳐다보고 자주 눈을 맞추면서, 시계를 보는 것을 삼가한다.
7. 내담자가 문제점을 피력할 때 가로막지 않고, 문제점에 관한 논쟁을 피하지 않는다.
8. 주제를 바꿈으로서 내담자의 문제나 호소를 기피하지 않는다.

9. 내담자가 할 말을 찾고, 고르고 있을 때 바로 받아 잇지 않을 만큼 충분히 인내한다.
10. 말하기 전에 생각하고, '즉각적' 충고를 피한다.

(3) 비밀보장

상담자를 찾아와 상담을 하는 내담자로서는 자신의 이야기가 비밀보장이 되는지에 관심을 가지고 있다. 그러므로 상담자는 내담자가 묻지 않더라도 상담 중에 이야기하는 내용은 철저하게 비밀보장이 된다는 사실을 알려 줄 필요가 있다. 내담자로서는 자신의 인격이 손상되는 내용, 혹은 선생님과 부모님, 친구에 관한 이야기 등 비밀보장에 대한 확신이 없으면 이야기를 하는 데 주저하게 된다.

따라서 상담자는 어떤 종류의 상담을 하든 상담 중에 나온 모든 이야기에 대해 비밀을 지켜야 한다. 일상생활에서의 상담이든 전문 상담이든 상담자의 비밀보장은 상담관계를 유지하는 데 생명선과 같은 것이다.

표 10-4. 상담자의 개별원칙과 일반원칙

개별원칙

카운슬러는 내담자가 자기 및 타인에 대한 이해를 통하여 보다 바람직한 사회생활을 할 수 있도록 돕는다. 이러한 역할을 수행하는 과정에서, 카운슬러는 자기의 도움을 청하는 내담자의 복지를 보호한다. 내담자를 돕는 과정에서 카운슬러는 문의 및 의사소통의 자유를 갖되, 그에 대한 책임을 지며 동료의 관심 및 사회공익을 위하여 최선을 다한다.

일반원칙

1. 사회관계

- 카운슬러는 자기가 속한 기관의 목적 및 방침에 모순되지 않는 활동을 할 책임이 있다. 만일 그의 전문적 활동이 소속 기관의 목적과 모순되고, 윤리적 행동 기준에 관하여 직무수행 과정에서의 갈

등을 해소할 수 없을 경우에는 그 소속 기관과의 관계를 종결해야 한다.

- 카운슬러는 사회윤리 및 자기가 속한 지역사회의 도덕적 기준을 존중하며, 사회공익과 자기가 종사하는 전문직의 바람직한 이익을 위하여 최선을 다한다.
- 카운슬러는 자기가 실제로 갖추고 있는 자격 및 경험의 수준을 벗어나는 인상을 타인에게 주어서는 안되며, 타인이 실제와 다른 인식을 가지고 있을 경우 이를 시정해 줄 책임이 있다.

2. 전문적 태도

- 카운슬러는 카운슬링에 대한 이론적, 경험적 훈련과 지식을 갖추는 것을 전제로 하며, 내담자를 보다 효과적으로 도울 수 있는 방법에 관하여 꾸준히 연구 · 노력하는 것을 의무로 삼는다.
- 카운슬러는 내담자의 성장 촉진 및 문제의 해결 및 예방을 위하여 시간과 노력상의 최선을 다한다.
- 카운슬러는 자기의 능력 및 기법의 한계를 인식하고, 전문적 기준에 위배되는 활동을 하지 않는다. 만일, 자신의 개인 문제 및 능력의 한계 때문에 도움을 주지 못하리라고 판단될 경우에는, 다른 전문직 동료 및 기관에게 의뢰한다.

3. 개인 정보의 보호

- 카운슬러는 내담자 개인 및 사회에 임박한 위험이 있다고 판단될 때, 극히 조심스러운 고려 후에만, 내담자의 사회생활 정보를 적정한 전문인 혹은 사회 당국에 공개한다.
- 카운슬링에서 얻은 임상 및 평가 자료에 관한 토의는 사례 당사자에게 도움이 되는 경우 및 전문적 목적에 한하여 할 수 있다.
- 내담자에 관한 정보를 교육장면이나 연구용으로 사용할 경우에는, 내담자와 합의한 후, 그의 정체가 전혀 노출되지 않도록 해야 한다.

4. 내담자의 복지

- 카운슬러는 카운슬링 활동의 과정에서 소속 기관 및 비전문인과의 갈등이 있을 경우, 내담자의 복지를 우선적으로 고려하고 자신의 전문적 집단의 이익은 부차적인 것으로 간주한다.
- 카운슬러는 내담자가 자기로부터 도움을 받지 못하고 있음이 분명할 경우에는 카운슬링을 종결하려고 노력한다.
- 카운슬러는 카운슬링의 목적에 위배되지 않는 경우에 한하여, 검사를 실시하거나 내담자 이외의 관련 인물을 면접한다.

5. 카운슬링 관계

- 카운슬러는 카운슬링 전에 카운슬링의 절차 및 있을 수 있는 주요 국면에 관하여 내담자에게 설명한다.
- 카운슬러는 자신의 주관적 판단에만 의존하지 않고, 내담자와의 협의하에 카운슬링 관계의 형성, 방법 및 목적을 설정하고 결과를 토의한다.
- 카운슬러는 내담자가 이해수용할 수 있는 한도에서 카운슬링의 기법을 활용한다.

6. 타 전문직과의 관계

- 카운슬러는 상호 합의한 경우를 제외하고는 타 전문인으로부터 도움을 받고 있는 내담자에게 카운슬링을 하지 않는다. 공동으로 도움을 줄 경우에는 타 전문인과의 관계와 조건에 관하여 분명히 할 필요가 있다.
- 카운슬러는 자기가 아는 비전문인의 윤리적 행동에 관하여 중대한 의문을 발견했을 경우, 그러한 상황을 시정하는 노력을 할 책임이 있다.
- 카운슬러는 자신의 전문적 자격이 타 전문분야에서 오용되는 것을 피하며, 자신의 이익을 위해 타 전문직을 손상시키는 언어 및 행동을 삼간다.

2 다문화상담자의 역할과 역량

1) 한국의 다문화사회의 특징

한국의 다문화는 다민족·다문화 국가로 처음부터 출범한 미국, 호주, 캐나다와는 확연히 다르고, 민족국가로 출범하였지만 외국인노동자의 수적 증가로 다문화사회가 된 독일이나 프랑스와도 특징이 다른 것을 발견할 수 있다. 이와 관련하여 김정열 등(2014)은 한국의 다문화사회의 특징을 〈표 10-5〉와 같이 제시하고 있다.

표 10-5. 한국 다문화사회의 특징

- 다문화사회의 주류가 혈연적으로 같은 민족이거나 타 민족 출신의 경우 대부분 아시아계라는 것이다. 2017년 11월을 기준으로 한국 국적미취득자 중에서 아시아계가 91.2%를 차지하고, 이 중 중국출신 조선족을 포함하여 48.9%가 중국 출신임을 알 수 있다. 한국 국적취득자도 마찬가지로 중국출신 조선족이 47.2%, 중국 20.8%, 베트남 17.9%, 필리핀 4.8% 등으로 한국계 중국, 중국, 베트남 출신이 귀화자의 85.8%를 차지한다.

- 외국인근로자들은 돈을 벌어 본국으로 돌아가려고 하는 경우가 많고, 한국의 제도가 외국인근로자의 정착을 쉽게 허용하지 않는다. 이들이 가족형태를 이루어 정착하는 것은 조선족이거나, 한국인과 결혼한 경우로 순수하게 외국인만으로 구성된 가정이 정착하는 경우는 현재까지 드물고 앞으로도 어려울 전망이다.
- 국제결혼으로 이주하게 된 외국인이 많다. 외국의 경우는 이주 후 생활하는 과정에서 점차적으로 기존의 국민 또는 타 인종, 민족출신과 결혼하지만 한국에서는 이주를 목적으로 결혼하거나 결혼과 동시에 이주가 이루어지는 경우가 흔하다.

2) 다문화가족의 현황 및 문제점

한국사회에서 다른 민족의 문화적 배경을 가진 다문화상담의 대상자를 가족의 범주로 분류해 보면, 첫째, 국제결혼 가정으로서 한국인 남성과 외국인 여성 또는 한국인 여성과 외국인 남성의 결혼으로 이루어진 가정이다. 다문화가족이란 「다문화가족지원법」 제2조 제1호에 의거하여 결혼이민자 · 귀화자와 대한민국 국적취득자로 이루어진 가족을 말한다.

행정안전부(2018)에 의하면, 국제결혼으로 이주해 온 결혼이민자가 159,958명이고 이들의 자녀 또한 220,950명으로 보고하고 있다. 다문화가정 자녀의 초 · 중 · 고등학교 재학 현황을 살펴보면, 우리나라의 학령 인구는 줄어들고 있는 반면, 국제 결혼 등의 증가로 다문화 학생 수는 꾸준히 증가하고 있는 것으로 나타났다〈표 10-6〉.

표 10-6. 초 · 중 · 고 재학 다문화가정 자녀 현황

연도	우리나라 총 학생 수			다문화 학생 수			다문화 학생 비율		
	초등학교	중학교	고등학교	초등학교	중학교	고등학교	초등학교	중학교	고등학교
2018	2,711,385	1,334,288	1,538,576	93,027	18,068	10,688	3.4	1.4	0.7
2017	2,674,227	1,381,334	1,669,699	82,733	15,945	10,334	3.1	1.2	0.6
2016	2,672,843	1,457,490	1,752,457	73,972	15,080	9,816	2.8	1.0	0.6
2015	2,714,610	1,585,951	1,788,266	60,162	13,827	8,146	2.2	0.9	0.5
2014	2,728,509	1,717,911	1,839,372	48,225	12,506	6,734	1.8	0.7	0.4
2013	2,784,000	1,804,189	1,893,303	39,360	11,280	4,858	1.4	0.6	0.3
2012	2,951,995	1,849,094	1,920,087	33,740	9,627	3,409	1.1	0.5	0.2

출처: 한국교육개발원(2019). 교육통계서비스자료.

둘째, 외국인근로자 가족으로 외국인 남성과 외국인 여성으로 이루어진 가정 또는 단독이나 동료들과 생활하는 외국인근로자들을 통칭한다. 법무부의 집계에 따르면, 2018년 6월 말 기준으로 취업 비자를 받은 외국인근로자(동포 비자 포함)는 1,018,419명으로 10년 전에 비하면 두 배 가까이 급증한 것으로 나타났다. 여기에 관광 비자를 받아 들어오거나 취업 체류 기간이 지났는데도 본국으로 돌아가지 않은 불법체류자는 33만 5천명으로 이 둘을 합치면 총 외국인근로자 수는 135만명이 넘는 것으로 추정된다.

셋째, 북한 출신으로 탈북하여 남한에서 정착한 사람들로 이들은 북한이탈남성과 북한이탈여성, 북한이탈주민과 한국출신의 배우자, 또는 북한이탈주민이 독신으로 살거나 동료와 동거하는 가족들이다. 북한이탈주민을 다문화가족의 범위에 포함시켜야 하는 것에 대한 논의에 대해 통일부는 북한이탈주민의 경우, 민족공동체의 일원이자 「헌법」이 규정한 대한민국 국민으로 「재한외국인 처우 기본법」에 따라 지원을 받는 결혼이민자 및 귀화자 등 다문화가족과는 근본적으로 구분되어야 한다고 주장하지만(통일부, 2018), 국내 다문화상담을 연구하는 학자들의 경우 북한이탈주민도 이미 다문화

의 범위에 포함시켜서 한국의 다문화상담의 특징을 논하거나, 다문화상담의 연구 대상에 포함시켜 연구를 진행해 오고 있다(오은경 외, 2016). 국내입국 탈북자 수는 1990년대 중반 이후 큰 폭으로 증가하여 2009년에는 연간 3,000여명이 입국하였고, 2018년 6월 통일부 발표에 따르면, 31,827명이 현재 탈북한 상태이고, 향후 국내 입국 탈북자의 증가 추세는 앞으로 상당히 높아질 것으로 전망하고 있다.

위와 같이 다양한 민족적, 문화적 특성을 가진 다문화가족, 외국인근로자 가족, 북한이탈주민 인구의 증가와 함께 사회적 갈등이 점차적으로 증가하고 있는 추세이며, 이러한 갈등을 해결하기 위해 사회적인 노력과 함께 상담 분야에서도 노력이 필요한 시점이다. 다문화가정의 유형별로 겪는 일반적 문제점과 심리적 특징들을 살펴보면 〈표 10-7〉과 같다(김범준, 김준경, 2018; 김주찬, 2016; 심수명, 2010; 이영란, 2019).

표 10-7. **다문화가정의 유형별로 겪는 문제점**

구분	내용
결혼이주여성	• 남편의 경제력 상실이나 부족으로 인한 경제적인 어려움 • 친정에 대한 경제적 지원으로 인한 갈등 • 사회문화적 적응 문제(한국사회의 배타적인 자세로 인한 소외감) • 부부 관계의 어려움과 확대가족과의 관계에서 오는 어려움(시댁의 간섭, 고부갈등, 인권유린 및 가정 내 폭력 등) • 자녀양육의 어려움(자녀의 언어 및 인지발달 지체, 자녀와의 의사소통에서 심리적인 어려움) • 합법적 체류문제 • 심리적인 고통(정체성의 대한 갈등으로 인한 혼돈, 직업선택 및 교육에 있어서의 열등감과 좌절감)
외국인근로자	• 의사소통의 어려움으로 인한 적응 문제 • 한국사회에서의 편견 • 열악한 노동조건 • 직장에서의 불이익 • 의료 상의 문제 • 외로움

구분	내용
북한이탈주민	• 탈북과정에서 두고 온 남은 가족에 대한 그리움과 죄책감 • 탈북과정에서 겪은 인권유린이나 인신매매 등의 경험으로 인한 외상 후 스트레스 장애와 우울과 불안 • 남한의 교육과정과 북한의 상이한 교육내용들로 인한 학업의 어려움 • 편견과 노동관행의 차이로 인해 취업의 어려움 • 언어와 문화의 차이로 인한 대인관계의 부담, 어려운 환경 가운데 더해지는 육아나 자녀교육에서의 어려움
다문화가정의 자녀	• 언어발달의 어려움(언어문제는 사고력, 사회성, 자아개념 등 다른 영역의 발달에 영향) • 일반 가정의 아동보다 낮은 학업성취도와 학습 결손 • 진로 선택의 어려움 • 정체성 혼란 • 대인관계 형성의 어려움(부모-자녀 간 갈등과 또래와의 관계에서 경험하게 되는 차별과 편견) • 낮은 자존감, 자신감 결여, 학업동기 부족으로 인한 학교 부적응

3) 국내 다문화상담 현황

국내 다문화상담 현황을 앞서 제시한 다문화가족 유형별로 구분하여 살펴보면, 한국 정부는 결혼이민자 가족들의 정착과 적응을 지원하기 위해 2006년 여성가족부 주관으로 전국 21개 지역에 결혼이민자 가족지원센터를 설치하였다. 중앙건강가정지원센터를 관리기관으로 위탁하여 운영하였으며, 이후 보건복지가족부가 제정한 「다문화가족지원법」 제12조(다문화가족지원센터의 설치 · 운영 등)를 기준으로 다문화가족지원센터로 명칭을 변경하였다. 전국 다문화가족지원센터(218개소)에서는 통 · 번역 서비스, 한국어 교육, 가족상담, 취업소양 교육 등을 통해 다문화가족의 한국생활 정착 및 사회 참여 확대를 지원하고 있다(여성가족부, 2019).

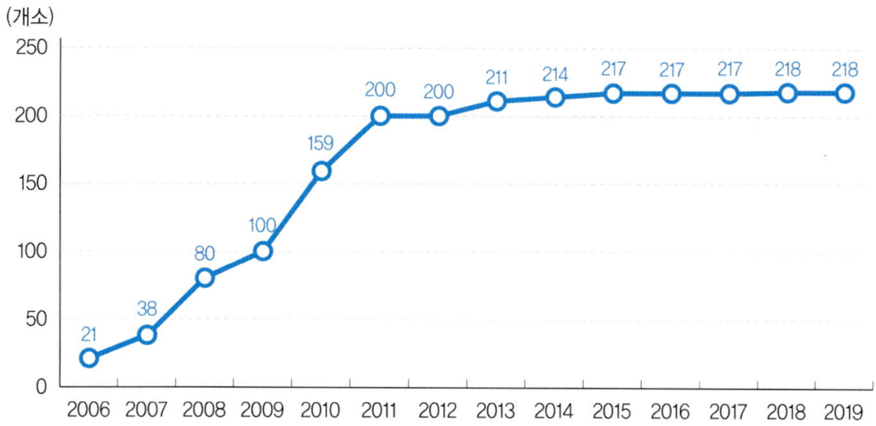

그림 10-1. **연도별 다문화가족지원센터 설립 현황**

특히 상담과 관련해서는 「다문화가족지원법」 제12조 5항을 기준으로 '다문화가족에 대한 교육·상담 등의 업무를 수행하기 위하여 관련분야에 대한 학식과 경험을 가진 전문인력을 두어야 한다'고 명기함에 따라, 2009년 이후 센터의 상담의 전문성을 강화하기 위해 센터 종사자로 전문상담사 자격요건을 갖춘 자를 채용하여 결혼이민자와 그 가족들의 문제를 파악하고 심리정서적 지원 및 정보제공 지원사업을 수행하도록 권고하고 있다. 구체적으로 이루어지는 상담의 내용은 〈표 10-8〉과 같다(여성가족부, 2019).

표 10-8. **다문화가족 상담의 내용**

- 다문화가족 부부·부모·자녀관계 개선 및 가족갈등 등 관련 상담을 통해 다문화가족의 내부 스트레스 완화 및 가족의 건강성 증진
- 상담을 통해 가정해체 예방
- 갈등해소를 통해 이해강조
- 사례관리하기

특히 다문화가정의 자녀들의 경우 우리나라 전체 학력인구가 감소함에도 불구하고 다문화가정 자녀의 학력 인구는 점차 증가하고 있어서 이들에 대한 관심과 지원이 매우 중요한 시점이라고 할 수 있다. 다문화학생의 상담에 대한 사회적 요구와 필요성이 높아지고 다양해지고 있음에도 불구하고 다문화학생을 접하는 다문화 담당교사뿐만 아니라 전문상담교사, Wee센터, 청소년 상담센터, 다문화 관련 지원센터 상담사의 다문화학생 상담에 대한 준비도는 미약한 실정이다(박성옥 외, 2017).

북한이탈주민의 경우 한국에 입국하면 우선 국가정보원에서 조사과정을 마친 뒤 탈북자 정착교육시설인 '하나원'에 입소하여 한국사회적응을 위한 교육을 받고, 이 교육과정을 마친 이후에는 북한이탈주민 지원재단을 통해 상담이 가능하다(김정열 외, 2014). 북한이탈주민 상담과 관련된 구체적인 법령 내용을 살펴보면 〈표 10-9〉와 같다.

표 10-9. 북한이탈주민 상담과 관련된 법령

구분	내용
지역적응센터	「북한이탈주민의 보호 및 정착지원에 관한 법률」 제15조의 2에서는 '통일부장관은 제15조 제2항의 거주지 적응교육과 북한이탈주민의 특성을 고려한 심리 및 진로상담 · 생활정보제공 · 취업서비스 안내 및 사회서비스 안내 등을 종합적으로 실시하도록 전문성 있는 기관 · 단체 · 시설을 보호대상자의 거주지를 관할하는 지방자치단체의 장과 협의하여 지역적응센터로 지정 · 운영할 수 있다'고 제시하고 있다.
전문상담사제도	「북한이탈주민의 보호 및 정착지원에 관한 법률」 제22조의 3에 의하면 '통일부장관은 거주지에 전입한 북한이탈주민에 대한 정신건강 검사 등 전문적 상담서비스를 제공할 수 있는 북한이탈주민 전문상담사제도를 운영할 수 있다'고 근거를 마련하고 동법 시행규칙에서 전문상담사 양성교육과 선발(시험과 면접 등을 거침)에 대한 내용과 배치(지역적응센터에 배치하거나, 북한이탈주민을 직접 방문하여 상담서비스를 제공하도록 함)에 대한 내용을 함께 제시하고 있다.

이 법률에 근거하여 통일부와 북한이탈주민지원재단에서 지역적응센터(하나센터)에 전문상담사를 배치하여 북한이탈주민의 심리, 정서적인 안정과 성장을 지원하고 있다.

2010년 1월부터 배치하기 시작하여 2018년 3월 전문상담사 88명이 전국 16개 시 · 도에서 활동 중이며, 이들 전문상담사의 역할 및 업무는 〈표 10-10〉과 같다(통일부, 북한이탈주민지원재단, 2017).

표 10-10. **지역적응센터 전문상담사의 역할 및 업무**

- 전문상담사는 상담 서비스를 통하여 북한이탈주민의 지역사회 통합과 건강한 사회구성원으로의 편입에 대한 지원
- 북한이탈주민의 심리 · 정서적 안정과 회복을 위한 상담
- 지속적인 상담 등을 통하여 북한이탈주민의 애로사항 파악 및 해결 지원
- 북한이탈주민의 구직 수요조사, 취업 · 진로지도 및 의료 연계 등 체계적인 서비스를 통한 자립 · 자활 지원
- 상담실 운영 및 상담 관련 교육 및 프로그램 운영
- 상담관련 교육지원 및 상담지원
- 통일부와 북한이탈주민지원재단에 북한이탈주민의 정착실태와 특이동향 보고
- 북한이탈주민 실태조사
- 그 밖에 북한이탈주민들의 지원을 위해 필요한 사업

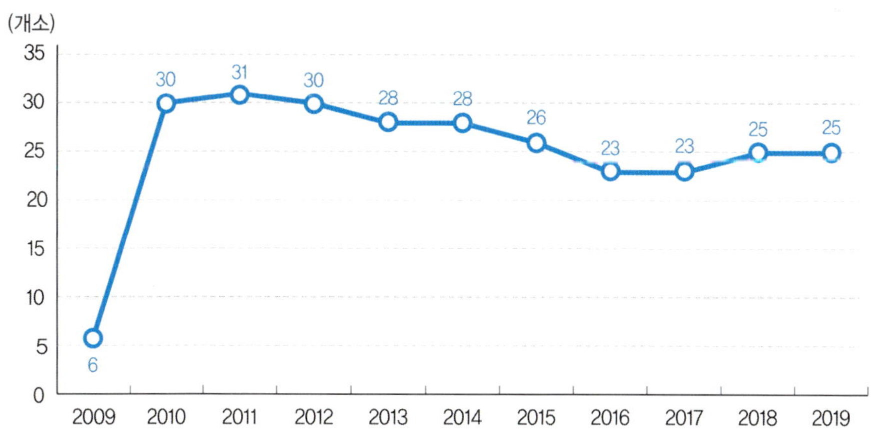

그림 10-2. **연도별 지역적응센터 현황**

외국인근로자 대상 상담의 경우 「외국인근로자의 고용 등에 관한 법률」에 의하여, 외국인근로자의 인권신장과 복지증진을 위해 2004년 12월 고용노동부가 설립하고, 한국산업인력공단이 관리, 감독하며 (사)지구촌사랑나눔이 수탁하여 운영하고 있는 한국외국인노동자 지원센터가 대표적이라 할 수 있으며, 외국인근로자에게 필요한 한국어나 컴퓨터 교육을 실시하거나 상담을 진행하고 있다. 구체적인 상담의 내용은 〈표 10-11〉과 같다.

표 10-11. **한국 외국인노동자 지원센터의 상담내용**

• 임금 체불	• 산업 재해	• 사기/폭행
• 사업장 변경	• 강제노동/착취	• 최저임금/퇴직금
• 근무시간/휴일	• 근로조건/계약	• 「출입국관리법」

〈표 10-11〉에서 보는 것과 같이 외국인근로자를 위한 서비스의 대부분은 심리상담이 아닌 이민이나 체류, 임금체불 등과 관련된 정보제공 차원의 상담을 의미한다. 즉, 대부분 언어소통이 원활하지 않아 발생하는 실질적인 문제를 해결하도록 돕거나, 행정신청 업무 지원, 사업장 변경 등과 관련이 되어 있다. 외국인유학생의 경우도 이와 비슷하게 국립국제교육원에서 운영하는 외국인유학생 상담센터가 있는데, 외국인학생들에게 한국유학 정보, 장학금, 학교, 입학시험, 한국생활 등을 상담함으로써 성공적인 한국유학생활을 할 수 있도록 도움을 주고 있다(김정열 외, 2014). 또한 외국인유학생의 경우 각 대학교에서 운영하는 상담센터를 이용할 수 있으나, 다문화상담을 위한 전담인력이 배치된 곳이 거의 없기 때문에, 일정 수준 이상의 한국어능력을 갖춘 유학생만이 이용 가능한 것이 지금의 현실이다.

4) 다문화상담자의 역할

수와 수(Sue & Sue, 2011)는 다문화상담자를 전통적인 상담자와 동일하게 내담자를 조력하는 역할자라고 규정하는데, 이에 더하여 상담자의 역할을 확장할 필요성이 있다고 주장한다. 아이비 등(Ivey et al. 2015)도 다문화 배경 내담자의 심리적 행복을 증진시키는 것을 목적으로 하지만 지역사회 자원을 활용하고, 활용 가능한 조력 체계를 이용할 것을 제시하고 있다. 한국상담심리학회에 소개된 상담자의 역할〈표 10-12〉과 다문화상담자의 역할에 대한 구체적인 내용은 〈표 10-13〉과 같다(김광수, 정태희, 2010; 김현아, 2007; 성상환 외, 2009; 양미진 외, 2012; 홍지영, 정경자, 2018).

표 10-12. **한국상담심리학회에 소개된 상담자의 역할**

한국상담학회 상담심리사의 기본 업무는
① 개인 또는 집단의 심리적 성숙과 사회적 적응능력 향상을 위한 조력 및 지도
② 심리적 부적응을 겪는 개인 또는 집단에 대한 심리평가 및 상담
③ 지역사회 상담교육, 사회병리적 문제에 대한 예방활동 및 재난후유증에 대한 심리상담
④ 기업체 내의 인간관계 자문 및 심리교육
⑤ 상담 및 심리치료에 관한 연구 등

상담심리사 1급은 위의 업무에 더하여
① 상담실 책임운영
② 상담심리사(1, 2급)의 교육지도와 자문
③ 상담전문가(1, 2급) 수련내용 평가 인준 및 자격추천

상담학회의 1급 전문상담사 업무는
① 다양한 전문영역에서 개인 및 집단의 정신건강 증진을 위한 전문적 조력 및 지도
② 다양한 전문영역에서 심리적 장애를 겪는 개인 및 집단에 대한 진단
③ 평가 및 개입
④ 상담 및 심리치료에 대한 연구와 상담 프로그램의 개발, 보급, 평가
⑤ 상담기관의 설립 및 운영과 전문상담인력의 양성을 위한 교육, 훈련의 역할

2급 전문상담사는 전문적 상담업무를 수행할 수 있는 실무 능력을 보유한 전문가로서
① 개인 및 집단의 정신건강 증진을 위한 조력 및 지도
② 심리적 장애를 겪는 개인 및 집단에 대한 진단, 평가 및 개입
③ 상담 및 심리치료에 대한 연구와 상담 프로그램 운영
④ 상담에 관한 전반적인 업무 수행

표 10-13. **다문화상담자의 역할**

- 다문화상담자의 역할은 상담 및 심리치료를 제공하고 이중문화권을 연계하며 정착지원제도 등의 정보를 제공하는 것이다.
- 상담을 통한 내담자의 변화뿐만 아니라 다른 기관에 연계하여 지원을 받아 경제적인 문제나 법률적인 문제가 해결되는 것까지 상담의 성과 측면으로 보면서 기관 연계 또한 다문화상담자의 역할에 포함된다.
- 다문화가정 자녀들의 문제가 정서적인 문제 외에도 법적, 의료적 문제 등으로 복합적이기 때문에 개인과 가정, 학교, 지역사회 등의 협력적 조력이 필요하다. 따라서 상담자의 역할 역시 개인 상담개입뿐만 아니라 행정가와 자문가의 역할까지 요구된다.
- 다문화청소년을 대상으로 기존 청소년상담자와 동일하게 '적응이나 호소 문제에 대해 조력하는 역할'을 수행해야 하며, 기본 상담자의 역할에 지역사회 연계나 자원 활용을 통해 다문화 배경 청소년을 효율적으로 도울 수 있도록 강구해야 한다.
- 다문화상담자들은 조언자이자 옹호자, 토속적 조력 체계의 촉진자이자 자문가, 그리고 변화 매개체의 역할을 수행해야 한다.

5) 다문화상담자의 역량

다문화적 상담능력은 현장에서의 오랜 기간 활동을 통해 가능하며(Betty, 2006; Ivey et al., 2017), 이때 일반 상담과는 다른 '다문화상담자 역량(multicultural counseling competence)'을 필요로 한다. 다문화상담자 역량은 상담에서 보편적으로 요구하는 기술이나 지식 혹은 전통적 상담훈련뿐 아니라 다문화상담에서 요구하는 핵심적인 차별적 전문성을 의미한다(주은선, 이현정, 2010).

다문화상담자 역량 모형 개발의 대표주자로 손꼽히는 수, 아레돈도와 맥데이비스(Arrendondo & McDavis, 1992)는 수 등(1982)이 제시한 다문화상담역량 모형(Model of Multicultural Counseling Competencies: MCCs)을 발전시켜서 태도와 신념 영역, 지식 영역, 기술 영역을 가정, 가치, 편견에 대한 상담자의 인식, 문화적으로 다양한 내담자의 세계관 이해, 적절한 개입전략 및 기법의 개발 등의 세 가지 특징과 교차시켜 9가지 문화간(Cross-cultural) 상담 역량 영역을 도출하고, 이 9가지 영역을 다시 31개의 역량으로 자세히 구분하여 제시하였다. 이 역량은 곧 미국 다문화상담 및 발달협회(Association for Multicultural Counseling and Development: AMCD)의 '다문화상담 역량' 기준이 되었다.

수(2001)는 상담에서 문화적 유능성에 대한 다차원적 모형(multidimensional model of cultural competence: MDCC)을 제안하였다. 여기서 문화적 유능성이란, 첫째, 인간행동, 가치, 편견, 선입견, 개인적 한계 등에 대한 지신의 가정을 인식하고자 적극적으로 노력하고, 둘째, 문화적으로 다른 내담자의 세계관을 이해하기 위해 적극적으로 노력하고, 셋째, 문화적으로 다른 내담자와 작업할 때 내담자에게 적절하고 밀접하며 민감한 개입 전략과 기술을 적극적으로 개발하고 사용하는 것이다(Sue & Sue, 2011). 문화적 유능성의 다차원적 모형의 1차원은 문화적 유능성의 인종적, 문화특수적 속성(집단-특수적 세계관)을 지니고, 2차원은 문화적 유능성의 요소(인식, 지식, 기술 영역), 3차원은 문화적 유능성(효과적인 치료적 개입)에 초점이 있다.

이영란(2019)의 다문화상담자 역량모형 개발 연구에서는 다문화상담자의 역량을 3개의 군, 즉 이론지식 역량군, 직무수행 역량군 및 태도, 개인자질 역량군으로 구분하고 역량요소를 12가지로 구분하고 있으며, 구체적인 내용은 〈표 10-14〉와 같다.

표 10-14. **다문화상담자의 역량**

역량군	역량요소	역량요소 개념 정의
이론지식 역량군	상담기초지식	주요 상담이론 및 성격과 이상심리, 심리측정, 인간발달에 대한 이론적 지식
	다문화 관련 지식	다양한 문화와 문화적응 및 갈등, 다문화상담 이외의 제반 지식
	상담자 문화 및 개입에 대한 지식	상담자 자신의 문화와 개입기술에 포함된 차별에 대한 지식
직무수행 역량군	다문화상담 수행	다문화상담을 수행하는 과정에서 요구되는 능력
	심리진단 및 평가 수행	성격, 흥미, 진로, 정신건강 관련 검사 등을 실시, 해석하고 효과적으로 전달할 수 있는 능력
	교육 및 프로그램 관련 업무수행	다문화상담과 관련한 교육 및 프로그램을 개발하고 실시, 관리하는 과정에서 요구되는 능력
	지역사회 연계	지역사회의 자원과 연계하고 연계망을 구축하고 유기적으로 관계를 유지하는 능력
	조직 행정	조직을 효율적으로 운영하기 위해 필요한 예산 기획 및 관리, 문서 작성 및 관리 등의 능력
	다문화상담 연구 및 자문	다문화상담에 관련된 연구를 계획하고 올바르게 수행하며, 부모, 교사, 유관기관 관계자 등에 자문하는 능력
태도, 개인 자질 역량군	다문화상담자 특수자질	다문화상담자로서 특히 지녀야 할 성격 및 개인적 자질
	전문가 윤리 및 사회적 책임감	다문화상담과 관련한 직무상황에서 전문가적 윤리와 가치에 기반을 둔 건전하고 책임 있는 판단을 할 수 있는 능력
	성찰 및 자기계발	다문화상담자로서 자신의 업무 수행과 관련 요인들에 대해 지속적으로 반성하고 이를 이후 전문적 수행에 반영하여 전문가로서의 자기계발에 헌신하는 태도

3 다문화가족상담의 실제

1) 다문화가족의 가족관계

사전적 의미로 가족이란 개념적 용어로서 혈연, 인연, 입양으로 연결된 일정 범위의 사람들, 즉 친족원으로 구성된 집단을 말하며, 관계란 여러 대상이 서로 연결되어 얽혀 있는 것을 의미한다. 따라서 가족관계란 가족구성원들 간 영향을 주고받으며 상호 연결된 체계라 볼 수 있다. 이는 가족구성원 간의 정서적 유대감, 가족 간 상호작용 방식, 가족 내 갈등 대처 방식을 포함한다.

이와 같은 맥락으로 볼 때 서로 다른 언어와 문화권에서 성장한 두 사람이 만나 결혼한 다문화가족의 경우 원활한 의사소통, 문화적 차이에 대한 상호존중이 어려운 과제가 될 것으로 예상된다. 특히 서로에 대한 충분한 이해와 애정이 전제되지 않은 중매혼의 경우 그 어려움은 더욱 클 수 있으며, 갈등은 보다 심각해질 수 있다. 다문화가족을 대상으로 실시한 연구를 살펴보면(이창식 외, 2012), 다문화가족 부부의 결혼만족이나 부부관계만족에 가족 간 소통방식, 배려, 이해와 같은 가족관계요인이 주요한 영향을 미치고 결혼만족이 높을 때 이혼의사가 낮은 것으로 나타났다. 또한 결혼이민자뿐만 아니라 한국인 배우자 또한 문화적응 스트레스가 높으며, 이 또한 기능적인 가족관계를 통해 중재될 수 있음 알 수 있다. 다문화가족 자녀의 학교적응은 가족의 문제해결능력이 높고 직접적이고 명확한 의사소통을 할수록 높은 것으로 나타났으며, 다문화가족의 부모-자녀 갈등은 자녀의 자아존중감과 삶의 만족도에 영향을 미치는 것으로 나타났다. 이외에도 다문화가족 대상 연구에서 부모-자녀 간 의사소통이 자녀의 정서지능에 영향을 미치며 다문화가정 자녀의 심리사회적 적응에 있어 가족 지지가 공격성, 학교적응, 우울, 불안 등에 영향을 미치는 것으로 나타났다. 또한 다문화가족은 비다문화가족보다 시부모와 동거하는 경우가 많은데, 많은 다문화가족 며느리들이 유교적이고 가부장적 가족 관념이 남아 있는 한국사회에서 며느리로서의 전통적 의무를 강요받고 있는 경우가 많고, 고령화가 심화되어 가는 한국사회에서 시어머니와의 관계는 과거 보다 더 오래 지속된다. 이로 인하여 고부관계는 며느리의 삶의 질 측면뿐만 아니라 시어머니의 부양 측면에서도 중요해지고 있다.

따라서 다문화가족이 기능적으로 건강한 가족관계를 유지하기 위해서는 가족구성원 간 상호이해와 이를 위한 원활한 의사소통이 이루어져야 하며, 이에 대해 적극적 지원과 개입이 필요하다고 할 수 있다.

2) 다문화가족 가족관계 증진 프로그램

2008년 「다문화가족지원법」 개정 이후 국내의 다양한 기관에서 다문화가족지원 프로그램들이 시행되고 있다. 그중 대표적으로 다문화가족지원센터에서는 2019년 현재 〈표 10-15〉와 같이, 가족, 성평등 · 인권, 사회통합, 홍보 및 자원연계, 상담의 다섯 개 영역에서 프로그램을 진행하고 있다(여성가족부, 2019).

표 10-15. 다문화가족지원센터에서 실시하고 있는 프로그램

구분	내용
가족영역	가족 간 소통 및 부모역할에 대한 이해 증진, 가족 내 이중언어 활성화를 통한 소통 증진을 위한 프로그램
성평등 · 인권 영역	부부 및 가족 간 성평등과 이해, 인권의식 함양
사회통합영역	사회구성원으로서 권리와 의무, 책임
상담영역	다문화가족의 가족건강성 증진을 위한 가족관계 개선, 가족갈등 해소를 위한 가족상담을 진행
홍보 및 자원연계 영역	지역사회 홍보 및 네트워크와 관련된 프로그램을 진행

다문화가족을 대상으로 한 프로그램들은 대부분 이 다섯 개 영역 안에 포함되며, 이 중 다문화가족을 대상으로 한 프로그램들은 가정 내 차이를 극복하고 갈등을 해소하는 가족관계 증진 프로그램에 집중되어 있다. 다문화가족의 가족관계 증진 프로그램은 부부관계, 부모자녀 관계 그리고 고부관계와 같은 기타 가족관계를 대상으로 한 프로그램으로 크게 나누어 볼 수 있다. 부부관계 프로그램은 대체로 부부간의 갈등을 예방하고 해소를 위한 치료적 접근이 많으며, 부모–자녀 간의 관계는 부모교육을 통해 자녀에 대한 이해의 폭을 넓히고 부모역량을 강화하는 데 중점을 두고 있다. 기타 가족관계에서는 국내 다문화가족이 남성보다 여성결혼이민자가 차지하는 비중이 높으며 한국사회의 유교사상으로 인해 벌어지는 잦은 고부갈등을 해결하기 위한 고부관계 증진 프로그램이 개발되었다(곽서정, 2019). 다문화가족을 대상으로 실시되고 있는 외국의 구체적인 프로그램과 국내의 구체적인 프로그램의 내용은 〈표 10-16〉, 〈표 10-17〉과 같다.

표 10-16. **외국의 부부관계 프로그램**

프로그램명	접근방법	주요활동 내용
메리지 앤카운터 (Calvo, 1975)	부부갈등을 해소하기 위한 부부대화 일치운동, 부부의 경험을 나누기, 부부집단 과정중시 등(2박3일) 프로그램	• 발표자의 경험을 통해 부부의 과거 회상하기 • 부부대화 편지쓰기 • 느낌표현으로 편지를 쓴 후 교환하여 느낌 나누기 • 부부의 대화를 전체 앞에서 발표하기 • 친밀한 부부관계를 위한 시간 보내기 등
부부집단 상담 프로그램 (Bowen, 1978)	Bowen 원가족 이해 다루기, 대상관계 이론, 다세대 가족 치료 이론	• 자아분화를 통해 가족에 대해 자신을 유지하고 가족구성원의 정서적 감정과 사고를 중요시하기 위한 활동
부부관계 향상 집단프로그램 (Satir, 1991)	Satir 성장모델의 특징, Satir의 부부관계에 대한 이해	• Satir 성장모델을 적용하여 의사소통의 회유, 비난, 초이성적, 혼란유형(말, 행동, 몸짓) 등을 파악하고 일치성 유형으로 가기 위한 활동

프로그램명	접근방법	주요활동 내용
부부세미나 (Gottman, 1999)	8개의 내용(5문제 구성, 예, 아니오) • 배우자 내면세계 파악(사랑의 지도) • 배우자에 대한 호감, 존중정도 • 다가가기 또는 멀어지기 • 부부간의 의사소통방식 • 부부간 정서적 거리감과 고독 • 의사소통방식 중 논쟁, 부부 싸움이 어떻게 시작되는지(거친 시작) • 지속적인 부부갈등 문제(교착상태와 영속하는 쟁점) • 영향력을 받아들이기(부부간에 서로의 영향력을 받아들이는정도)	• 경청하기, 부부간 호감, 존중의 표현 나누기, 부부관계를 악화시키는 대화 영상보기, 갈등주제를 다루고 경험 나누기, 부부대화방법을 실천하고 집단원과 경험 나누기
이마고 부부 대화법 (Hendrix, 1999)	자신의 경험을 통해 그 의미를 전달하는 메타이론 접근방법	• 개인의 역할보다 부부관계에 초점을 두어 부부가 상호작용을 하는 방법인 반영, 인정, 공감을 바탕으로 한 부부대화법 실행
부부관계 증진 프로그램 (Knudson, Sommers, & Golding, 1980)	부부간의 대화기술과 문제해결능력을 증진	• 부부의 관계강점, 성장필요영역을 찾고 사랑을 되살리기 위한 과정 • 적극적인 자기표현, 경청기술 익히기 • 세 가지 희망 작성 후 교환하기 • 갈등해결 10단계 연습하기 • 재정관리 기술 익히기와 여가활동으로 친밀감 증진하기 등

출처: 김금희(2016). 다문화가정 부부를 위한 관계중심 부부소통 프로그램 개발 및 효과. 인하대학교 대학원 박사학위논문. pp. 58-59.

표 10-17. **국내의 다문화가족 프로그램**

연구 초점	연구자	프로그램	내용
부부 관계	김숙경 (2008)	부부관계 향상 프로그램	대상: 농촌의 국제결혼부부 8쌍 목적: 국제결혼이주 가정의 부부관계 향상 내용: 가족문화 알기, 내마음 바로보기, 부부갈등, 갈등해결방법(수용과 타협), 부부싸움 후 감정정리 방법: 총 8회기, 참여 학습, 게임, 역할극, 시청각자료
부모 역할	김연수 (2008)	탄력적 부모되기 프로그램	대상: 다문화가정의 여성결혼이민자 18명 목적: 부모역할만족감과 효능감 증진, 부모의 리더십과 역량강화 내용: 부모역할에 대한 신념체계와 자녀양육의 문화적 차이점검, 가족과 자녀의 강점 찾기, 자녀의 강점 칭찬하기, 가족 내 역할 분담하기, 부부관계 향상방법 찾기, 대화기술 증진, 협력적 문제 해결하기, 부모로서의 자기관리 방법: 총 6회기, 토의, 검토, 과제
자녀 건강	김지현 (2009)	영유아 건강관리 교육 프로그램	대상: 베트남 출신 다문화가정 어머니 4명 목적: 다문화가정 영유아의 건강 유지 및 증진 내용: 증상관리(발열, 설사), 질병관리(호흡기 질환, 전염성 발진, 질환), 건강증진(예방접종, 지역사회 의료지원) 방법: 강의, 시청각 자료, 인쇄물, 아기모형을 이용한 실습
부부 관계	소병숙 (2009)	부부관계 향상 프로그램	대상: 결혼이민여성 부부(한국인 남성과 결혼한 베트남 여성) 8쌍 목적: 결혼이민여성의 부부관계 향상 내용: 부부의 잠재력 발견 및 활용, 부부의 변화 방법: 총 6회기, 강의, 활동, 소감나누기, 과제
어머니 역할	이진희 (2009)	이주여성 어머니 교육 프로그램	대상: 이주여성(출산 후 3일~퇴원 후 4주)과 그들의 신생아 30쌍(실험집단 15쌍, 통제집단 15쌍) 목적: 이주여성의 모성역할자신감 갖기, 양육스트레스 줄이기, 신생아의 성장 촉진 내용: 신생아돌보기, 신생아 건강 문제, 신생아 마사지 프로그램을 통한 모성역할 익히기, 양육스트레스 줄이기 방법: 출산 후 3일부터 퇴원 후 4주까지 교육과 시범, 전화상담
언어 교육	엄경희 (2010)	다독 프로그램	대상: 여성결혼 이민자 17명 목적: 여성결혼이민자의 읽기능력 향상 내용: 읽을 책 고르기, 개인적 묵독, 독서 리스트 및 일지작성, 빌려갈 책 고르기

연구 초점	연구자	프로그램	내용
			방법: 총 10회기, 매주 금요일 책 읽는 날로 교실 안과 밖에서 실시 (독서, 독서 리스트 및 일지작성)
부모 역할	국희영 (2011)	결혼이주 여성 PET프로그램	대상: 결혼이주여성 14명의 실험집단과 15명의 통제집단 목적: PET 프로그램을 활용한 부모의 양육태도와 양육효능감의 증진 내용: 수용선 파악하기, 문제의 소유자 파악하기, 문제를 소유한 자녀를 돕는 기술 반영적 경청, 부모의 욕구충족을 위한 나-전달법, 부모와 자녀 간의 요구 갈등을 위한 기술 제3의 방법, 부모와 자녀 간의 가치관 충돌에 대처하는 방법 방법: 총 8회기, 강의, 동영상, 역할극, 실습, 경험나누기
부모 자녀 관계	민성혜 · 김경은 · 김리진 (2011)	부모자녀 관계 증진 부모교육 프로그램	대상: 다문화가족 어머니 12명 목적: 부모자녀 간의 긍정적인 관계 증진 내용: 부모의 자신감 신장, 아동발달 이해와 발달촉진기술 습득, 부모역할 습득 방법: 모의실습, 소집단 토론, 영상자료
부모 역할	오정선 (2011)	적극적 부모역할 훈련 프로그램	대상: 다문화가정 결혼이민자여성 12명 목적: 적극적 부모역할 훈련프로그램을 활용한 다문화가정 어머니의 자아존중감, 양육태도, 의사소통능력 향상 내용: 자아존중감, 양육태도, 의사소통 방법: 총 8회기, 강의, 비디오 시청, 토론과 소감나누기, 역할극, 실습
언어 교육	현은애 (2011)	어머니 그림책 읽기 프로그램	대상: 여성결혼이민자 어머니 10명 목적: 여성결혼이민자 어머니와 유아의 언어능력 향상, 언어적 상호작용 증진 내용: 자녀의 언어발달과 그림책 일기의 중요성, 좋은 그림책 고르는 방법, 대화식 그림책 읽기활동 방법과 발음(조음 · 음운) 방법: 총 8회기, 강의, 그림책 소개, 그림책 읽기연습, 발음연습

출처: 한서연(2012). 다문화가정 자녀양육을 위한 부모교육 프로그램 개발. 중앙대학교 대학원 박사학위논문. pp. 43-44.

참고문헌

K-DST(2017). 한국 영유아 발달 선별검사 사용지침서.

감사원(2018). 다문화가족정책 추진실태 감사보고서.

강경미(2005). 아동행동수정. 서울: 학지사.

강승민(2015). 국내 거주 외국인의 문화적응 전략과 관람 스포츠 관여도의 관계. 서울대학교 대학원 석사학위논문.

강현(2012). 여성결혼이민자의 삶의 만족도 영향요인 분석연구: 사회자본을 중심으로. 고려대학교 사회복지학과 석사학위논문.

강혜영(2018). 다문화와 건강: 문화다양성과 문화역량. 서울: 현문사.

강휘원(2010). 독일 이주정책의 변화와 사회통합 거버넌스. 한국정책과학학회보, 14(4), 302-303.

강휘원(2010). 미국의 소수인종 통합정책 탐색: 교육, 복지, 언어정책을 중심으로. 한국정책연구, 10(1), 53.

곽서정(2019). 다문화가족을 위한 가족관계 증진 프로그램의 효과에 대한 메타분석. 동아대학교 대학원 석사학위논문.

교육부(2017). 다문화 교육의 필요성. 교육부자료.

교육부(2019). 교육기본통계.

교육부(2020). 교육통계.

국가인권위원회(2017). 결혼이주민의 안정적 체류보장을 위한 실태조사.

국민건강보험공단(2018). 영유아 건강검진 항목(2012~현재).

국민건강보험공단(2019). 건강검진 통계연보.

권명희(1999). 자기주장 훈련이 위축아동의 위축행동 및 또래 수용도에 미치는 효과. 계명대학교 교육대학원 석사학위논문.

권정윤(2012). 문제행동의 개념적 이해와 실천. 한국영유아보육학회지, 53-73.

김경원, 김선희, 김영희, 김현경, 박혜숙, 이선희, 정금희(2019). 간호사의 문화간호역량 측정도구의 개발. 지역사회간호학회지, 30(3), 281-294.

김광수, 정태희(2010). 다문화가정 학생지도를 위한 학교상담의 방향과 과제. 한국초등교육,

20(2), 197-213.

김금희(2016). 다문화가정 부부를 위한 관계중심 부부소통 프로그램 개발 및 효과. 인하대학교 일반대학원 박사학위논문.

김남국(2010). 다문화의 도전과 사회통합: 영국, 프랑스, 미국 비교 연구. **유럽연구**, 28(3), 133-174.

김두섭, 권태환(2002). **인구의 이해**. 서울: 서울대학교 출판부.

김미종, 김태임, 권윤정(2014). 일 지역 종합병원 간호사의 문화적 민감성과 결혼이주여성에 대한 고정관념. **한국산학기술학회 논문지**, 15(3), 1334.

김민지(2014). 여성 결혼이민자의 보건교육 요구도에 관한 연구: 경기도 안성시를 중심으로. 이화여자대학교 대학원 석사학위논문.

김범준, 김준경(2018). 외국인근로자의 문화적응스트레스와 삶의 질에 관한 연구. **한국케어 매니지먼트연구**, 28, 57-90.

김보현, 최화식(2004). 수도권 자치단체 간 주거지 이동의 영향요인: 지방공공서비스를 중심으로. **지방행정연구**, 18(1), 137-164.

김선화, 박신혜, 조상미(2010). 한국대학생의 세계시민의식과 문화다양성 태도 영향요인. **청소년학연구**, 17(4), 183-210.

김선희, 김경원, 배경의(2014). 간호사의 다문화 여성 출산간호 경험. **한국보건간호학회지**, 28(1), 87-101.

김성혁, 안옥희, 최혜정, 박연숙, 백선숙, 전미순(2012). **다문화의 이해와 건강**. 서울: 정담미디어.

김성혁, 안옥희, 최혜정, 박연숙, 백선숙, 전미순(2013). **다문화의 이해와 건강**. 서울: 정담미디어.

김성혁, 안옥희, 최혜정, 박연숙, 백선숙, 전미순(2019). **다문화의 이해와 건강**. 서울: 학지사메디컬.

김성호(2015). 한국 내 외국인 이주노동자들의 의료서비스에 대한 인식 및 이용에 영향을 미치는 요인. **다문화콘텐츠연구**, 18, 255-297.

김영희, 박혜숙, 정금희, 김경원, 이선희, 김선희(2019). **다문화 간호: 근거중심 사정과 중재**. 경기: 메디컬사이언스.

김옥순, 김진호, 신인순, 안선영, 이경화, 이채식, 전성민, 조아미, 최상호, 최순종(2009). **다문화교육 이론과 실제**. 서울: 학지사.

김윤나(2010). **북한이탈청소년의 적응유연성과 교육적 함의**. 충북: 한국교육개발원.

김재우(2005). 재한 중국인 유학생이 느끼는 차별과 대처방식이 문화적응유형에 미치는 영향. 충북대학교 대학원 석사학위논문.

김정열, 박수준, 유정욱(2014). 다문화가족의 상담과 실제. 경기: 공동체.

김주경(2015). 한국의 북한이탈주민지원정책 현황과 개선방안에 대한 연구. 경희대학교 NGO대학원 석사학위논문.

김주찬(2016). 탈북민 전문상담사들의 역량강화를 위한 수퍼비전 연구. 연세상담코칭연구, 16, 33-55.

김지윤(2012). 다문화사회 통합정책 비교 연구: 독일, 프랑스, 미국 및 캐나다의 다문화사회 비교. 숙명여자대학교 국제관계대학원 석사학위논문.

김지현, 정지나(2009). 유아의 위축행동에 영향을 주는 어머니 양육행동과 유아의 사회적 기술. 대한가정학회지, 49(9), 15-24.

김태원(2010). 다문화현상에 대한 사회통합관점에서 비판적 고찰. 민족문화논총, 44, 389-423.

김태임, 김미종, 권윤정, 전만길(2010). 일 농촌지역 여성결혼이주자 자녀의 신체 성장과 발달평가. 아동간호학, 16(2), 164-174.

김현경(2009). 다문화가정 유아의 유아교육기관 적용 관련 변인분석. 덕성여자대학교 대학원 박사학위논문.

김현식, 최송식, 김희재, 박봉현(2015). 외국인 노동자 건강정책의 쟁점과 정책 제언. 사회복지정책, 42(4), 203-229.

김현아(2007). 새터민 상담자의 역할과 과제: 치료적 관계 형성을 중심으로. 한국심리학회 학술대회자료집, 2007(1), 90-91.

김효주(2015). 다문화가정과 일반가정 청소년의 건강행태. 조선대학교 보건대학원 석사학위논문.

남북하나재단(2020). 2019 북한이탈주민 사회통합조사.

노기옥, 송미승, 전미순, 전정희, 정찬석(2019). 문화다양성 사회와 건강. 경기: 수문사.

노인숙, 전상희, 이명희, 이경혜, 장정미, 전정희(2012). 다문화사회와 건강간호. 서울: 현문사.

노인숙, 정종희, 전상희, 전정희, 유장학, 장정미(2018). 다문화사회의 이해와 건강. 서울: 현문사.

다문화가족과(2020). 다문화가족 관련 연도별 통계.

문영석(2005). 캐나다 이민정책에 대한 분석과 전망. 국제 · 지역연구, 14(1), 82.

문화콘텐츠기술연구원 다문화콘텐츠연구사업단(2009). 다문화의 이해: 주체와 타자의 존재방식과 재현양상. 경진문화.

바트어용(2017). 이주노동자의 건강실태와 의료서비스 이용실태조사: 몽골인 중심으로. 동덕여자대학교 대학원 석사학위논문.

박성옥, 김윤희, 곽선영, 이선숙(2017). 다문화학생 전문상담 현황 및 사례 분석 연구. 국가평생교육진흥원.

박성희(2001). **상담의 도구**. 서울: 학지사.

박세영(2019). 국내 이주노동자의 건강정보 습득 및 활용 경험에 관한 탐색적 연구. 이화여자대학교 대학원 석사학위논문.

박승락, 성옥석(2016). **세계화와 한국무역**. 서울: 두남.

박진영(2020). 중학교 역사교과서의 다문화적 관점 분석. 한국교원대학교 교육대학원 석사학위논문.

박채복(2007). 독일의 이주자정책: 사회적 통합과 배제의 딜레마. **한독사회과학논총**, **171**(1), 301-308.

박현아(2013). 뱅크스의 다문화 교육 접근법에 기초한 중학교 음악 교과서 분석. 부산대학교 대학원 석사학위논문.

박혜숙, 원미순(2010). 대학생들의 다문화 수용성과 관련변인 탐색. **교육심리연구**, **24**(2), 303-325.

법무부(2018). 법무부, 불법체류자 대책 본격 시행, 오늘부터 특별 자진출국 기간 시작. 보도자료.

법무부(2019). 2018 출입국·외국인정책 통계연보.

법무부(2019). 출입국통계.

법제처 국가법령정보센터(2020). 문화기본법(www.law.go.kr).

보건복지부(2005). 국제결혼 이주여성 실태조사를 통한 복지지원 정책 개발.

서윤호(2010). **다문화주의와 문화다양성(다문화법제의 기본개념 분석)**. 서울: 법학연구소.

서종남(2010). 결혼이민자 가정의 문제점과 해결방안 연구. **시민교육연구**, **42**(1), 103-126.

서종남(2011). **다문화교육 이론과 실제**. 서울: 학지사.

서종남(2013). **다문화교육 이론과 실제**. 서울: 학지사.

성상환, 김광수, 임은미(2009). **다문화가정 학생 지도교사를 위한 상담매뉴얼 개발연구**. 서울: 중앙다문화교육센터.

손수경, 권소희, 권수혜, 김민주(2014). **간호와 다문화 역량**. 경기: 수문사.

신명숙(2010). 다문화사회와 사회통합정책에 관한 연구. 한영신학대학교 상담복지대학원 석사학위논문.

신용일(2020). 다문화가족지원센터 운영에 관한 개선방안연구: 기관종사자 대상 설문조사. 동아대학교 대학원 박사학위논문.

심수명(2010). 이주 결혼여성의 심리적 어려움 이해 및 지원 방안 연구. **국제신학**, **12**, 203-224.

안옥희, 최혜정, 송미승, 전미순, 황윤영, 이경숙(2012). **다문화와 간호**. 서울: 정담미디어.

안옥희, 최혜정, 송미승, 전미순, 황윤영, 이경숙(2014). **다문화와 간호**. 서울: 정담미디어.

안옥희, 최혜영, 황윤영, 이경숙(2019). **다문화사회와 건강**. 학지사 메디컬.

양미진, 이동훈, 고홍월, 김영하, 남현주(2012). 현장전문가가 지각한 다문화 청소년 상담의 특성에 대한 질적분석. **상담학연구**, 13(3), 1181-1209.

여성가족부(2017). 다문화가족의 국민기초생활보장 사각지대 현황.

여성가족부(2019). 2018년 전국다문화가족실태조사 연구. 연구보고 2019-01. 한학문화출판사.

여성가족부(2019). 2019년 가족사업안내(Ⅰ).

여성가족부(2020). 2020년 가족사업안내(Ⅰ).

여성가족부(2020). 2020년 가족사업안내(Ⅱ).

여성가족부(2020). 제3차 다문화가족정책 기본계획 2020년도 이행계획.

오성은(2016). 다문화 배경 대학생의 한국인 정체성 관련 경험 분석. 이화여자대학교 대학원 박사학위논문.

오은경, 최미, 최한나(2016). 국내 다문화 상담 연구 동향: 학술지 및 학위 논문 분석(1993-2016.7). **상담학연구**, 17(5), 223-242.

외교부(2019). 해외이주신고.

우양호(2013). 지역사회 다문화 정책의 문제점과 발전방향: 해항도시 부산의 '다문화거버넌스' 구축 사례. **지방정부연구**, 17(1), 393-418.

원영희, 최선희(2011). 의료서비스 지원이 외국인 근로자의 한국사회 적응에 미치는 영향. **한국지역사회복지학**, 38, 29-50.

위키백과(2020. 02. 18.). https://ko.wikipedia.org/wiki/.

유계숙(2004). 가족의 다양성 수용에 영향을 미치는 요인. **한국가족학회**, 16(2), 211-233.

윤인진(2008). 한국적 다문화주의 전개와 특성: 국가와 시민사회를 중심으로. **한국사회학**, 42(2). 72-103.

윤지원(2015). 여성결혼이민자의 건강상태에 영향을 미치는 요인: 2012년 전국 다문화가족 실태조사를 중심으로. 중앙대학교 대학원 석사학위논문.

이가야(2009). 프랑스의 다문화 사회: 동화에서 통합으로. **프랑스문화예술연구**, 28, 259.

이경숙, 정빛나래, 정석진, 박진아(2016). 2-3세 발달지연 영유아의 발달양상, 양육환경 및 임상적 특징. **한국심리학회**, 29(2), 63-85.

이내영(2018). 결혼이주여성의 영유아 건강관리 교육 요구도 분석. **한국산학기술학회**, 19(5),

190-198.

이도희, 박희정(2020). 북한이탈주민의 남한사회 적응경험에 대한 현상학적 연구. **한국사이코드라마학회지, 23**(1), 49-63.

이미자(2016). 간호대학생의 문화적 역량 증진 프로그램의 개발 및 효과. 강원대학교 대학원 박사학위논문.

이병준, 김성숙, 김성재, 김소희, 김정희(2010). **문화역량과 문화예술교육**. 경기: 교육과학사.

이복임(2014). 외국인 근로자와 내국인 근로자의 건강수준 및 결정요인 비교. **한국직업건강간호학회지, 23**(3), 80-188.

이선주, 민무숙, 신현옥, 이태정(2009). 다민족 · 다문화사회로의 이행을 위한 정책패러다임 구축(Ⅲ). 한국여성정책연구원.

이수정(2007). 새터민 청소년의 학교적응에 관한 연구: 반차별 · 반억압 관점을 중심으로. 중앙대학교 일반대학원 석사학위논문.

이수정(2020). 북한 이탈주민과 남한 주민 간 질병 및 의료이용 현황 비교: 국민건강보험공단 자료를 이용하여. 고려대학교 대학원 석사학위논문.

이영란(2019). 다문화상담자 역량모형 개발. 숙명여자대학교 대학원 박사학위논문.

이영호(2001). 2001년 공동교육 자료집. 임상심리학회.

이용균(2017). **글로벌 이주: 이동 관계 주변화**. 전남: 전남대학교 출판부.

이유진(2005). 캐나다의 이민자 통합정책 레짐에 대한 연구: 온타이오 주를 중심으로. **다문화사회연구, 2**(1), 6-12.

이은주, 이장미(2014). 이주노동자의 의료서비스 이용실태 및 삶의 질. **한국산학기술학회, 15**(7), 4370-4379.

이인숙, 조주연(2014). 간호대학생의 문화적 역량과 다문화 교육 요구도에 관한 연구. **한국 산학기술학회 논문지, 15**(1), 283-290.

이장호(1986). **상담심리학 입문**. 서울: 박영사.

이재기(2004). **세계화 · WTO · FTA 포커스**. 서울: 한울출판사.

이정용(2012). 다문화가족의 부부갈등이 결혼만족도에 미치는 연구. 동국대학교 행정대학원 석사학위논문.

이정임(2012). 간호사의 문화적 역량과 공감과의 관계. 한림대학교 대학원 석사학위논문.

이진욱(2013). 초등 다문화교육 평가에 관한 연구. 서울대학교 대학원 석사학위논문.

이창식, 박지영, 임인택(2012). 농촌다문화 초등학교 학생의 사회적지지 및 부모-자녀 간 의사소통이 정서지능에 미치는 영향. 농촌지도와 개발, 19(4), 881-904.

이태원, 이유리(2010). 다문화가족 정책을 통한 사회통합수준 분석. 인문연구, 62, 335.

이현경, 김희순, 조은희, 김상희, 김정희(2015). 간호교육자가 인지한 국내 간호대학생들을 위한 국제보건 핵심역량. 한국간호교육학회지, 21(4), 560-572.

이혜림(2015). 다문화가청소년과 일반청소년의 건강행태 비교. 삼육대학교 보건복지대학원 석사학위논문.

임동선, 남지연, 변해원, 한지윤, 차슬기, 고승재(2018). 다문화가정 건강증진을 위한 빅데이터 기반 서비스 수요조사. 국민건강보험공단.

임동선, 백수정, 김송이, 한지윤(2020). 다문화 가정 내 모국어 사용에 따른 다문화 청소년의 언어능력 및 사회적 지지 탐색. 다문화교육연구, 13(3), 141-163.

임성주(2017). 여성결혼이민자의 건강상태 및 생활만족도: 2015년 전국다문화가족실태조사를 중심으로. 중앙대학교 대학원 석사학위논문.

임운(2019). 다문화사회 교수방법론. 서울: 신정.

장미미(2020). 종합병원 간호사의 자기효능감, 문화 간 의사소통 능력이 문화적 역량에 미치는 영향. 창신대학교 대학원 석사학위논문.

장성화(2010). 대안학교 학생들이 인식하는 가족건강성, 사회적지지, 자기효능감 및 학교적응의 인과적 구조분석. 건국대학교 대학원 박사학위논문.

장신근(2007). 공적실천신학과 세계화 시대의 기독교교육. 서울: 장로회신학대학교 출판부.

장윤재(2016). 경제양극화 극복을 위한 화해의 선교. 대학과 선교, 31, 73-106.

장인실(2003). 다문화 교육이 한국 교사 교육과정 개혁에 주는 시사점. 교육과정연구, 21(3). 409-431.

장인실, 김경근(2012). 다문화교육의 이해와 실천. 서울: 학지사.

전숙자, 박은아, 최윤정(2009). 다문화사회의 새로운 이해. 서울: 역민사.

전정희(2010). 북한이탈주민의 건강신념이 건강행위에 미치는 영향. 서울: 한국방송통신대학교 대학원 석사학위논문.

정금희, 남경아, 김영희, 박혜숙, 김선희(2012). 문화와 간호. 강원: 엑스엘엠아카이브.

정금희, 박혜숙, 김경원, 김영희, 이선희, 김현경(2016). 문화간호역량 개념 분석. 여성건강간호학회지, 22(2), 86-95.

정지원, 김영환(2012). 이문화 집단에 대한 편견과 문화교류 역량을 중심으로 본 부산지역 대학생들의 문화적 역량. 시민교육연구, 44(3), 219-244.

정현미(2015). 영유아발달선별검사에 대한 어린이집 보육교사의 인식 및 요구. 광운대학교 교육대학원 석사학위논문.

제미순(2004). 전문대학 간호과 전공심화과정 운영방안. **한국간호교육학회지**, 10(1), 64-74.

조금희(2007). 아동언어장애와 언어치료에 관한 유아교사의 인식. 명지대학교 사회교육대학원 석사학위논문.

조미영(2020). 세계화 시대의 포용적 평화교육 모형 연구. 연세대학교 연합신학대학원 박사학위논문.

조원섭(2017). 결혼이주여성의 정신건강증진에서 레질리언스의 의의: 요인과 과정을 중심으로. 서울대학교 대학원 박사학위논문.

조원탁(2019). **다문화사회의 이해와 실천**. 경기: 양서원.

조원탁, 박순희, 서선희, 안효자, 송기범, 이형아(2012). **다문화사회의 이해와 실천**. 경기: 양서원.

조현상(2009). 한국 다문화주의의 특징과 정책 방향에 관한 연구. 원광대학교 대학원 박사학위논문.

주은선, 이현정(2010). 결혼이주여성 대상 다문화 상담 관련 종사자들의 현장 경험에 대한 질적 연구. **한국심리학회지: 일반**, 29(4), 817-846.

중앙건강가정지원센터(www.familynet.or.kr).

질병관리본부(2018). 2018년 외국인 결핵 현황 및 잠복결핵감염검진 시범사업 결과 분석. **주간 건강과 질병**, 12(17).

차용호(2009). 이민정책과 통합정책의 관계성 및 연계방안 연구: 결혼이민자 통합정책을 중심으로. 출입국외국인정책본부.

채덕희(2013). 한국 간호사의 문화적 역량 측정도구 개발. 연세대학교 대학원 박사학위논문.

채보근(2011). 이민자 사회통합을 위한 다문화 교육정책에 관한 연구. 청주대학교 사회복지 · 행정대학원 석사학위논문.

채인선(2012). **다문화 백과사전**. 경기: 한권의 책.

천수연(2017). 다국가 이주 경험 한국 청소년의 문화정체성 연구. 연세대학교 대학원 석사학위논문.

최명애, 이명선, 최정안, 신기수(2012). 북한이탈주민의 건강지식, 건강증진행위 및 건강증진행위에 영향을 주는 요인. **한국간호학회**, 42(5), 622-631.

최성희(2016). 어머니의 정신건강과 양육 행동이 유아의 정신건강 문제에 미치는 영향. 충북대학교 대학원 석사학위논문.

최종렬(2008). 다문화주의의 이론적 패러다임과 국가별 유형비교. 한국여성정책연구원.

최주희(2017). 유아의 부정적 정서성과 부모의 온정적 양육방식에 따른 유아의 내재화 및 외현화 문제행동. 이화여자대학교 대학원 석사학위논문.

출입국 · 외국인정책본부(2020). 2020년 6월 출입국 외국인정책 통계월보 .

출입국 · 외국인정책본부(2020). 2020년 9월 출입국 외국인정책 통계월보.

통계청(2018). 인구주택총조사.

통계청(2018). 한국의 사회 동향.

통계청(2019). 2018 인구주택총조사.

통계청(2019). 2019년 이민자 체류실태 및 고용조사.

통계청(2019). 아동청소년인권실태조사: 죽고 싶다는 생각 여부 및 이유.

통계청(2020). 2019년 다문화 인구동태 통계.

통일부(2018). 2018 북한이탈주민 정착지원 실문편람.

통일부(2019). 2019년도 북한이탈주민 정착지원 시행계획.

통일부(2020). 북한이탈주민정책.

통일부, 북한이탈주민지원재단(2017). 북한이탈주민지역적응센터 운영매뉴얼.

페이스북(2009). 뒤지는 정보기관. 한겨레: 08-09.

하상근(2005). 지역 간 인구이동의 실태 및 요인에 관한 연구: 경상남도의 기초자치단체를 중심으로. **지방정부연구**, 9(3), 309-332.

한국교육개발원(2019). 교육통계서비스 자료.

한국교육심리학회(2000). **교육심리학용어사전**. 서울: 학지사.

한국여성정책연구원(2019). 2018년 전국다문화가족실태조사 연구.

한서연(2012). 다문화가정 자녀양육을 위한 부모교육 프로그램 개발. 중앙대학교 대학원 박사학위논문.

한석영(2016). 간호대학생의 문화적 역량 수준과 영향요인. **한국학습자중심교육연구**, 16(4), 73-86.

한주성(2015). **인구 지리학**. 경기: 한울아카데미.

허세미(2016). 북한이탈주민의 건강증진행동에 영향을 미치는 요인. 이화여자대학교 대학원 석사학위논문.

홍기원, 백영경, 노명우, 이재은, 정보원(2006). **다문화정책의 방향과 문화적 지원방안 연구**. 서울: 한국문화관광정책연구원.

홍지영, 정경자(2018). 이주여성상담원이 지각한 상담 성과 요인. **다문화와 평화**, 12(2), 143-167.

황진영(2012). **한국 다문화 사회의 이중언어 교육연구**. 전남: 전남대학교출판부.

Aastles, Stephen & Mark J. (2003). *The Age of Migration; International Population in the Modern World, 3. Edition.* New York: Guilford Press.

Achenbach, T. M., & Edelbrock, C. (1983). *Manual for the childbehavior checklist and revised child behavior profile*. Burlington, VT: University of Vermont.

Anderson, L. M., Shinn, C., Fullilove, M. T., Scrimshaw, S. C., Fielding, J. E., Normand, J. (2003). The effectiveness of early childhood development programs: A systematic review. *American Journal of Preventive Medicine, 24*(3), 32-46.

Anthony Mcgrew, A. (2007) Globalization and global politics. In, Baylis, John and Smith, Steve (eds.) *The Globalization of World Politics: an introduction to international relations, 7th ed.* New York: Oxford University Press.

Asendorpf, J. B. (1990). Development of inhibited children's coping with unfamiliarity. *Child Development, 62*, 1460-1474.

Atkinson, M., & Hornby, G. (2002). *Mental health handbook for schools.* London: Routledge.

Banks, J. A. (2008). **다문화 입문.** [An Introduction to Multicultural Education(4th ed.)] (모경환 역). 서울: 아카데미프레스(원저출판: 2007년).

Bennett, C. I. (2009). **다문화교육: 이론과 실제.** [Comprehensive Multicultural Education: Theory and Practice] (김옥순, 김진호, 신인순, 안선영, 이경화, 이채식, 전성민, 조아미, 최상호, 최순종 역). 서울: 학지사(원저출판: 2007년).

Betty, C. B. (2006). Multicultural counseling training and competency and its impact on multicultural populations: A critical analysisand review of relevant literature. Unpublished Doctoral Dissertation, University of Wisconsin-Stout.

Campbell, R. J. (1989). *Psychiatric Dictionary.* New York: Oxford University Press.

Daniel Stoffman(2002). Who gets in. *Macfarlane Walter and Ross*, pp.39-176.

David Held(2002). **전지구적 변환.** [Global transformations: politics, economics and culture] (조효제 역). 서울: 창작과비평사(원저출판: 1999년).

Debbasch, Charles & Pontier, Jean-Marie(2004). **프랑스 사회와 문화.** [La société française] (김지은, 김정곤, 김미현 역). 서울: 서울대학교 출판부(원저출판: 2000년).

Hertzman, C., & Wiens, M. (2006). Child development and longterm outcomes: A population health perspective and summary of successful interventions. *Social Science Medicine, 43,* 1083-1095.

Ivey, A. E., D'Andrea, M. D., & Ivey, M. B. (2015). **상담이론과 실제: 다문화 관점의 통합적 접근.** [Theories of Counseling and Psychotherapy: A Multicultural Perspective(7th ed.)] (김병석, 김지현, 최희철, 선혜연 역). 서울: 학지사(원저출판: 2012년).

Ivey, A. E., Ivey, M. B., & Zalaquett, C. P.(2017). **상담의 기술: 다문화 시대의 상담역량 강화.** [Intentional Interviewing and Ccounseling: Facilitating Client Developmentin a Multicultural Society(8th ed.)](방기연, 김희수, 박현주, 이수 진 역). 서울: 센게이지러닝코리아(원저출판: 2014년).

James A. Banks, Cherry A. McGee Banks(2011). **다문화교육: 현안과 전망.** [Multicultural education: issues and perspectives] (차윤경, 부향숙, 윤용경 역). 서울: 박학사(원저출판: 1989년).

Ron Schmidt(2007). Comparing Federal Government Immigrant Settlement Policies in Canada and the United States. American Review of Canadian Studies, 120-190.

Roy, S. C., & Andrews, H. A.(1999). *The Roy adaptation model(2nd ed.).* MetroHartford, CT: Appleton & Lange.

Stephen Castles & Mark J. Mille(2003). *The Age of Migration: International Population Movements in the Modern World 3rd Edition.* New York: Guilford Press.

Sue, D. W. (2001). Multidimensional facets of cultural competence. *The Counseling Psychologist, 29*(6), 790-821.

Sue, D. W., & Sue, D. (2011). **다문화 상담: 이론과 실제.** [Counseling the Culturally Diverse: Theory and Practice(5th ed.)] (하혜숙, 김태호, 김인규, 이호준, 임은미 역).서울: 학지사(원저출판: 2008년).

Sue, D. W., Bernier, J. E., Durran, A., Feinberg, L., Pedersen, P., Smith, E. J. (1982). Position paper: Cross-culturalcounseling competencies. *Counseling Psychologist, 10,* 45-52.

Sue, D., Arrendondo, P., & McDavis, R. J. (1992). Multiculturalcounseling competencies and standards: A call to the profession. *Journal of Counseling & Development, 70*(4), 477-486.

찾아보기

ㅊ

ㅋ

ㅌ

ㅍ

ㅎ

기타

저/자/소/개

박혜숙 동양대학교 간호학과 교수
성정혜 수성대학교 간호학과 교수
신승이 동아보건대학교 간호학과 교수
임정희 호산대학교 간호학과 교수
정정희 선린대학교 간호학과 겸임교수
조귀영 대경대학교 간호학과 교수
허금희 영남외국어대학교 간호학과 교수
허현점 대동대학교 간호학부 겸임교수

다문화의 이해와 건강

1판 1쇄 발행 – 2021년 1월 28일
1판 2쇄 발행 – 2022년 2월 28일

저　　자 - 박혜숙 성정혜 신승이 임정희 정정희 조귀영 허금희 허현점
발 행 인 - 강철원
발 행 처 - 양성원
주　　소 - 경기도 파주시 검산로 173번길 29-20
전　　화 - 031-946-3861(代)
팩　　스 - 031-946-3864
이 메 일 - tnwpub@naver.com
홈페이지 - tnwpub.co.kr
출판등록 - 2015년 8월 31일 제 2015-000211 호

ISBN 979-11-6126-336-6

정가 27,000원